AF132174

La santé publique sous Georges Pompidou

Georges Pompidou – Études
Vol. 13

Christine Manigand et Pascal Griset (dir.)

La santé publique sous Georges Pompidou

Politique, recherche et société (1962-1974)

PETER LANG

Bruxelles - Berlin - Chennai - Lausanne - New York - Oxford

Illustration de couverture : Inauguration du Centre international de recherche sur le cancer, 9 juin 1972. Source Archives nationales, cote AG/5(2)/981/N/1/ reportage photographique n°2521).

Publié avec le soutien financier de l'Institut Georges Pompidou.

Cette publication a fait l'objet d'une évaluation par les pairs.

Toute représentation ou reproduction intégrale ou partielle faite par quelque procédé que ce soit, sans le consentement de l'éditeur ou de ses ayants droit, est illicite. Tous droits réservés.

© 2024 Peter Lang Group AG, Lausanne
Publié par Peter Lang Éditions
Scientifiques Internationales - P.I.E. SA,
Bruxelles, Belgique info@peterlang.com
http://www.peterl ang.com/

ISSN 1782-4931
ISBN 978-3-0343-4933-8
ePDF 978-3-0343-4934-5
ePub 978-3-0343-4935-2
DOI 10.3726/b21919
D/2024/5678/22

Information bibliographique publiée par « Die Deutsche Bibliothek »
« Die Deutsche Bibliothek » répertorie cette publication dans la « Deutsche Nationalbibliografie » ; les données bibliographiques détaillées sont disponibles sur le site <http://dnb.ddb.de>.

Table des matières

Introduction 11
  Pascal GRISET

La pensée de Georges Pompidou en matière de
santé : humanisme et lucidité 17
  Sylvie GUILLAUME

Financer la modernisation de l'hôpital public sous Georges
Pompidou (1962–1974) 27
  Lidia ALVAREZ

Pour une microhistoire de la création des centres hospitalo-
universitaires : premières pistes à partir du cas de Besançon
(1955–1967) 45
  Pierre VERSCHUEREN

La fin de l'hygiène sociale ? Dispensaires et prévention de la
tuberculose en France (années 1950–1960) 61
  Kylian GODDE

De la santé publique à l'environnement : politiques de
lutte contre la pollution atmosphérique sous Georges Pompidou
(1961–1974) 77
  Stéphane FRIOUX

« À votre santé ! » La sûreté alimentaire en France durant les
mandats de Georges Pompidou 93
  Jean-Pierre WILLIOT

Objets et produits de consommation de masse : un risque sanitaire quotidien, 1962–1974 109
Yves BOUVIER

La contraception au cœur de l'agenda des politiques publiques pendant les années Pompidou 123
Myriam CHOPIN–FARON et Olivier FARON

Au croisement des vulnérabilités sanitaires et sociales : comment les personnes âgées deviennent-elles une cible prioritaire des pouvoirs publics (1962–1974) ? 135
Christophe CAPUANO

La santé publique des jeunes : entre nécessités et difficultés 145
Jean-Christophe COFFIN

L'Institut national de la santé et de la recherche médicale (Inserm) : origines, création et premiers développements 161
Pascal GRISET

Comment concilier recherche et expertise ? La santé publique en France des années 1950 au milieu des années 1970 183
Luc BERLIVET

La Françafrique du vaccin 197
Gaëtan THOMAS

La santé publique européenne et internationale sous Georges Pompidou : partages, experts et perspectives d'action au Conseil de l'Europe 215
Christian BONAH et Paul-Arthur TORTOSA

Conclusion
Une transformation sans précédent du système de santé sous l'impulsion de Georges Pompidou 235
    ANTOINE DURRLEMAN

Introduction

Pascal GRISET

Professeur à Sorbonne Université
(SIRICE/CRHI)
Président du Comité pour l'Histoire de l'Inserm

Ce volume est issu d'une collaboration entre l'Institut Georges Pompidou et le Comité pour l'Histoire de l'Inserm. Il résulte d'un constat commun : les questionnements relatifs à la santé n'avaient été qu'effleurés lors des travaux, pourtant particulièrement riches, de l'Institut Georges Pompidou. Ce paradoxe était d'autant plus fort, qu'au cours des années 1960 à 1974, période traditionnellement couverte par ces travaux, les mutations du système de santé français furent considérables.

Les travaux constituant l'historiographie de la santé et de la recherche biomédicale adoptent très fréquemment des focales temporelles très larges, mettant en lumière les évolutions du long terme. Ils peuvent également, en choisissant une échelle de temps différente, développer des questionnements centrés sur des domaines particulièrement précis en adoptant des approches sociologiques et culturelles, voire anthropologiques, qui s'articulent mal aux questionnements plus politiques et institutionnelles susceptibles de permettre une meilleure compréhension de l'action de Georges Pompidou. Les travaux plus généraux sur la période accordent symétriquement assez peu de place aux questions relatives à la santé. Ce domaine semble comme éclipsé par d'autres secteurs plus emblématiques de la période. Il peut également être considéré comme secondaire lorsque les problématiques se fixent sur les enjeux politiques et sociétaux.

Ce volume se propose de corriger, certes partiellement, cette situation. Il présente les recherches les plus spécifiques sur cette période en les replaçant dans le contexte d'une époque qualifiée de conservatrice par nombre d'analystes, alors qu'elle est, dans bien des domaines, une époque de changements décisifs. Humanisme et lucidité ont caractérisé la pensée de Georges Pompidou en matière de santé. Son action dans le domaine est marquée par cette vision tout comme elle intègre les axes fort des principes qu'il appliqua dans le domaine économique et social.

Le système hospitalier est marqué par la réforme Debré et la création des CHU puis par la réforme hospitalière promulguée par la loi du 31 décembre 1970. Sous l'égide d'une Direction spécifique créée au sein du ministère de la Santé, les hôpitaux ont radicalement changé au cours de la période. Ils deviennent le lieu privilégié de prise en charge de la santé des populations. Tout n'est pas simple. Robert Debré doit batailler pour convaincre ses confrères du bien-fondé des changements apportés par la loi. Sa mise en place bute au niveau des établissements sur une multitude de pratiques et de normes locales car l'individualisation des services est presque toujours mal vue par l'administration locale. La réforme permet cependant à l'État de réaliser une réelle modernisation du système en affirmant de manière beaucoup plus nette son pouvoir dans le champ hospitalier. Alors que la médecine évolue radicalement et dispose de nouveaux outils, ces changements touchent l'ensemble du système de santé. C'est le cas des dispensaires antituberculeux qui doivent s'adapter dans le cadre de nouvelles concurrences entre institutions et des changements intervenant dans les activités prophylactiques prioritaires. Les responsables de la lutte antituberculeuse doivent ainsi gouverner un domaine dont ils ne sont plus les seuls propriétaires, tout en adaptant leurs activités au déclin épidémiologique de la tuberculose enregistré en France métropolitaine depuis la fin des années 1940. Si certaines maladies régressent, au point de penser qu'elles pourraient totalement disparaître, d'autres préoccupations émergent. Loin d'être nouvelle l'inquiétude des populations face aux pollutions s'articule de plus en plus fortement à des préoccupations liées à leur santé. La structuration d'une administration centrale en charge de la pollution industrielle marque la période sans cependant prendre en compte l'ensemble des problèmes. Le mécontentement des Français ordinaires persiste. Pétitions et manifestations expriment le besoin d'un aménagement du territoire réalisé en concertation avec les populations locales. En une dizaine d'années, les enjeux sanitaires ont changé de dimension. Portés presque exclusivement par des experts de la santé publique jusqu'à la fin des années 1950, les enjeux liés à la consommation, à l'environnement et à la santé sont de manière croissante intégrés aux périmètres d'autres acteurs tels que les associations de consommateurs, les médias, les administrations en charge de l'environnement et de la consommation. La période produit donc de nouveaux savoirs, – médicaux mais également sociaux et politiques, – sur ces questions de santé liées au cadre de vie quotidien et aux objets matériels qui s'y trouvent. La toxicité des produits du quotidien ouvre bien davantage la production d'incertitudes que la production de doutes, situation qui justifie les engagements croissants dans la recherche médicale.

Comme le montre la multiplication des textes réglementaires, la sûreté alimentaire est une priorité nouvelle des années 1960–1970. L'action gouvernementale en rend aussi compte de manière structurelle. En 1968, le gouvernement dote le ministère de l'Agriculture d'une direction des industries agricoles et alimentaires. Les nouvelles procédures de contrôle de la qualité adoptées en 1971 concrétisent la prise en compte des inquiétudes en fixant par arrêtés les normes sanitaires et qualitatives des denrées. La reconnaissance de cette science de la nutrition apporte de nouveaux repères sur l'hygiène alimentaire. La sûreté alimentaire est donc devenue un nouveau sujet relié à la santé d'un côté, aux enjeux économiques internationaux de l'autre, dans un cadre où l'Europe commence à jouer un rôle normatif plus sensible. Les questions de santé croisent des enjeux sociétaux particulièrement sensibles. La question de la contraception connaît au cours de cette période une spectaculaire accélération du calendrier. Réprimée, interdite, rejetée, la contraception dite « moderne », à savoir l'utilisation de pratiques non naturelles et surtout chimiques, devient en effet un droit le 19 décembre 1967 avec le vote de la loi Neuwirth. Autre retournement historique, l'attention portée aux personnes âgées et aux personnes handicapées qui tend à les placer pour la première fois au centre de l'action sociale de l'État-providence. Des mesures majeures sont prises, notamment en matière de services à domicile et de sectorisation, mais elles restent insuffisantes. Les tentatives pour réformer les hospices échouent. La question de la fragilité des populations avec des incapacités est loin d'être résolue et la situation des personnes âgées en institution connaît peu d'amélioration. La création de la Fondation Claude Pompidou en 1970, destinée à développer le bénévolat d'accompagnement et à contribuer à la création d'établissements spécialisés dans le domaine du handicap et du grand âge, démontre que d'autres initiatives sont sans doute encore nécessaires.

Au cours des années 1960, la jeunesse est identifiée de manière croissante comme une force sociale avec laquelle il faut compter. Un consensus se forme pour engager une véritable politique de santé à son égard.

Il se fonde sur les notions de protection, de dépistage et de prévention qui légitiment le sens même d'une santé publique pour les jeunes. La population des mineurs bénéficie d'un « progrès médical » qui change profondément sa situation face à la maladie. Cette évolution est cependant estompée par l'apparition de nouvelles préoccupations, comme les accidents de la route, les addictions, voir même le « mal-être » d'une jeunesse sur laquelle on s'interroge.

La recherche biomédicale devient au cours de la période un domaine privilégié par les efforts d'organisation et de financement. La création de l'Inserm en 1964 dote la France d'une institution soutenue par un financement très significatif. Elle s'organise de manière moderne à partir de 1969 et contribue de manière majeure à ce rapprochement entre la recherche et l'hôpital, favorisé par la réforme Debré. Certes, la cohésion du dispositif entre médecins hospitaliers et nouvelle génération de chercheurs s'avère difficile, mais l'avancée est décisive. Les questions de santé sont également bien présentes dans le domaine des Affaires étrangères. En Afrique, en contrepartie du soutien matériel, financier et humain aux politiques africaines de développement, les intérêts français maintiennent leurs positions. Cette influence doit cependant composer avec la présence accrue d'experts internationaux, missionnés par l'OMS ou par d'autres gouvernements qui utilisent, eux aussi, la science comme un levier diplomatique. Au sein des institutions européennes, la France cherche également à occuper des positions d'influence en matière de santé. Entre Conseil de l'Europe et OMS, les stratégies sont parfois difficiles à mettre en place, mais les délégués français dans ces organisations constituent des agents d'une « Health Diplomacy » discrète mais pionnière et bien menée.

Alors que les succès font naître d'autres attentes, les politiques de santé menées par Georges Pompidou, Premier ministre puis président de la République, semblent, malgré leur ampleur, poursuivre sans cesse un objectif inatteignable. Au cours de la période, on passe ainsi progressivement d'une époque où la santé publique devait lutter contre les fléaux sociaux à un temps où elle semble devoir prendre en charge l'équilibre et le bien-être individuel. Cette tendance se poursuivra d'ailleurs par la suite et fait de ce moment un véritable tournant.

Georges Pompidou n'était pas toujours en phase avec les mutations que sa politique accompagnait. L'homme sut mettre de côtés certaines de ses convictions profondes pour répondre autant que possible aux besoins d'une société en quête d'une santé de plus en plus globale. Ainsi, la puissance publique sut répondre de manière massive et innovante à une multitude de défis qui font de cette quinzaine d'années un moment de profond changement. Celui-ci fut mené avec la volonté de maîtriser les moyens engagés et, comme dans d'autres domaines, la politique menée par Georges Pompidou fut pensée et financée.

La pensée de Georges Pompidou en matière de santé : humanisme et lucidité

Sylvie GUILLAUME

Analyser la pensée d'une personnalité très présente dans nos mémoires est un exercice complexe d'autant que s'il fallait comptabiliser les occurrences des termes « santé » et « politique de santé publique » dans les discours de Georges Pompidou le calcul serait très rapidement fait. Ce n'est que très rarement que Georges Pompidou, Premier ministre puis président de la République, utilise directement ces mots.

Faut-il en déduire un manque d'intérêt de sa part. Certainement pas. Par exemple il inclut la santé dans sa présentation des grands problèmes de l'heure dans son entretien télévisé du 8 février 1973 et dans son message au Parlement du 3 avril 1973. De même dans ses vœux présidentiels de 1970, il souhaite aux Français « santé, bonheur familial ». Mais comme toujours et sur tous les sujets abordés Georges Pompidou a une approche plus philosophique que technocratique des problèmes et sa conception de la santé découle d'une pensée humaniste autour des concepts de bien-être, de bonheur et de foi en l'avenir. Tels sont les mots utilisés encore une fois dans ses vœux annuels. La politique de « santé publique » est indissociable d'« une politique sociale hardie et généreuse ». Georges Pompidou[1] n'est ni un doctrinaire, ni un idéologue.

Néanmoins par ses fonctions il assume pleinement ses responsabilités politiques et sans se référer à une idéologie il a, sur la politique de santé, un regard concret, conscient des problèmes, tout en reconnaissant volontiers les acquis qui sont liés au progrès social visant à amoindrir

---

[1] Sylvie Guillaume, « La philosophie générale de Georges Pompidou sur la société française et son avenir » dans Alain Beltran, Gilles Le Béguec (dir.), *Action et pensée sociales chez Georges Pompidou*, Paris, PUF, «Politique d'aujourd'hui», 2004, p. 25–43.

les inégalités. Georges Pompidou est soucieux des deniers publics, des équilibres budgétaires et son inquiétude porte sur d'une part le déficit croissant de la Sécurité sociale, et d'autre part sur la nécessité de réformer l'hôpital. Après les années de croissance, la crise de 1973 pose le problème de la régulation des dépenses en matière de santé. Ainsi on ne peut sous-estimer les préoccupations du Premier ministre puis du chef de l'État en matière de santé publique[2]. On lui doit l'extension de la couverture sociale, des réformes structurelles pour améliorer la gestion de la Sécurité sociale. Ce sera mon deuxième point.

Notons également que c'est sous sa présidence que le ministère de la Santé devient autonome comme le souhaitait Robert Debré, père de Michel et inspirateur de l'ordonnance du 30 décembre 1958 créant les CHU. En effet le secteur santé entre 1966 et 1969 relève du ministère des Affaires sociales qui résulte de la fusion entre le ministère du Travail détenu en 1962 par Gilbert Grandval et celui de la Santé publique occupé par Raymond Marcellin. Jean-Marcel Jeanneney détient le portefeuille des Affaire sociales dans le 4e gouvernement de Georges Pompidou. En 1969, le ministère de la Santé est à nouveau plein et entier lorsque Georges Pompidou est à l'Élysée avec pour ministre Robert Boulin dans le gouvernement Chaban-Delmas, puis lui succèdent Jean Foyer et Michel Poniatowski sous les gouvernements de Pierre Messmer[3].

Enfin, avec son épouse Claude, fille de médecin, qui créé la fondation Claude Pompidou pour l'accueil de personnes âgées et handicapées, et avec son fils Alain, professeur de médecine, le milieu médical n'est pas étranger à Georges Pompidou[4].

---

[2]   Pierre Guillaume, « La politique de santé des années Pompidou », dans Pascal Griset (dir.), *Georges Pompidou et la modernité : les tensions de l'innovation, 1962–1974*, Bruxelles, Peter Lang, 2006, p. 259.

[3]   Christian Chevandier, « Inscrire dans la durée l'évolution du monde hospitalier 1969–1974 », dans Alain Beltran, Gilles le Béguec (dir.), *Action et pensée sociales chez Georges Pompidou, op. cit.*, p. 213.

[4]   Cette communication s'appuie sur les discours, les déclarations programme, les vœux présidentiels, les déclarations aux médias de Georges Pompidou, les entretiens recueillis par l'Institut Georges Pompidou, ainsi que l'ouvrage de Georges Pompidou, *Le nœud gordien*, Paris, Flammarion, 1974.

Une approche philosophique et humaniste de la santé

Dans ses discours comme dans ses entretiens Georges Pompidou s'attarde volontiers sur son évocation positive de l'être humain. Sa pensée s'inscrit ainsi dans un héritage européen en particulier celui des Lumières nourri aussi d'une culture gréco-latine acquise durant sa formation de normalien. Pour Georges Pompidou on ne peut parler de santé sans évoquer le progrès. Il a une foi dans le progrès qu'il soit scientifique, technique qui ne peut que conforter l'homme dans la perspective d'un avenir radieux qui n'est pas celui de la société soviétique qu'il récuse totalement ou même qui diffère de la société capitaliste nord-américaine. On donnera pour exemple cet extrait du discours qu'il prononça devant l'Union des associations familiales le 5 décembre 1970 :

> Toute l'évolution de la civilisation occidentale depuis deux siècles a tendu à exalter et à libérer l'individu. Même si les forces naturelles se rappellent parfois à l'homme avec le sombre éclat de la tragédie, le progrès scientifique et technique l'a, dans une large mesure, libéré des contraintes physiques dues à son impuissance millénaire face à des phénomènes qu'il ne pouvait que subir. Ce progrès a également réduit les contraintes physiologiques grâce aux découvertes de la médecine et de la chirurgie. Il a fourni des instruments qui allègent considérablement l'exercice des métiers. Il a permis la production des biens indispensables à la vie dans des conditions qui permettent d'éliminer les formes extrêmes du dénuement : dans les pays développés dont je parle ici, on ne meurt plus de faim ni de froid. Tout cela nous paraît naturel, mais tout cela est récent et sans précédent dans l'histoire de l'humanité[5].

On pourrait nuancer l'affirmation de l'avant-dernière phrase en raison de la précarité persistante dans nos pays, mais cela ne veut pas dire que Pompidou ne soit pas conscient de son existence. Il oppose dans d'autres textes le relatif bien-être de nos pays occidentaux à celui de pays comme le Nigéria, et dans d'autres discours il évoque le drame de la guerre civile en 1969–1970 qui a provoqué la terrible famine du Biafra. Ses vœux sont avant tout des messages d'espoir ; par exemple dans ceux prononcés le 31 décembre 1970, il précise : « Nous ne sommes pas les plus riches, mais nous sommes les plus heureux. Il suffit de regarder autour de nous ».

---

[5] Les citations de Georges Pompidou ont pour référence les discours numérisés par Émilia Robin et consultables à l'Institut Georges Pompidou, soit *Les discours de Georges Pompidou de 1962 à 1967*, Institut Pompidou, 2014 ; *les vœux présidentiels 1969–1974*, 2014 et *Investiture à la Présidence, 1969*, 2017.

La place de l'individu dans la société est un autre thème récurrent de sa pensée et n'est pas sans lien avec la santé et sa politique. Comme le souligne Didier Tabuteau dans un article très dense : « La santé est une notion paradoxale ; la santé est individuelle, singulière et intime. Elle est aussi collective, statistique et politique »[6].Georges Pompidou évoque ce paradoxe lorsqu'il prononce en 1966 un discours important alors qu'il était Premier ministre au Congrès de morale médicale, organisé par l'Ordre national des médecins. Le premier eut lieu en octobre 1955, le second en mai 1966 ; l'ouverture solennelle est présidée par Charles de Gaulle au château de Versailles et la séance de clôture le 27 mai à la Sorbonne est animée par André Maurois de l'Académie française, le professeur Robert de Vernejoul, président de l'ordre national des médecins et Georges Pompidou, Premier ministre. Celui-ci commence par souligner un point commun entre le médecin et le politique « Vous médecins, nous politiques avons en effet choisi également de nous occuper des hommes. Vous comme nous prétendrons le faire pour leur bien » Et après avoir cité Platon, il précise sa pensée : « Que serait la politique si elle n'était pas régie par la passion de l'humain ? C'est cette passion qui nous est commune et qui fait que nous n'exerçons pas un métier mais répondons à une vocation ». En revanche il souligne une différence dans la démarche : « L'intérêt que le médecin porte aux hommes s'applique à l'individu. Le politique pense d'abord au groupe… Priorité de l'individu c'est nécessairement la loi médicale. Priorité de la collectivité c'est nécessairement la loi politique ».

Mais il nuance son propos en démontrant que l'évolution des sociétés politiques a mis l'accent sur la défense de l'individu à l'intérieur du groupe en se référant à l'*habeas corpus* ou à la Déclaration des droits de l'homme. Mais en libéral, il ne cache pas son inquiétude face aux revendications incessantes de l'individu qui favorisent pour l'État des devoirs et accroissent son intervention au point « de mettre en péril l'individu qu'elles prétendent protéger ».

Il donne de la Sécurité sociale une définition intéressante qui est celle d'un homme soucieux des rapports entre l'individu et le collectif lorsqu'il affirme encore une fois devant l'Ordre national des médecins : « Il n'est question que des droits de l'individu et les devoirs de la société envers

---

6   Didier Tabuteau, « Santé et politique en France », *Recherches en soins infirmiers*, n° 109, juin 2012, p. 6–15.

lui éclipsent souvent dans la morale politique des démocraties les devoirs de l'individu envers la société. Notez à ce propos que sécurité sociale ne veut pas dire sécurité de la société mais sécurité due à l'individu par la société. »

Ainsi, s'il ne récuse pas la nécessité de l'intervention de l'État, il est favorable à un juste équilibre qui ne le rende pas trop contraignant. Dans son esprit, il s'agit de concilier protection sociale et respect d'une pratique libérale de la médecine telle qu'elle a été définie dans la charte de la médecine libérale du 30 novembre 1927 (libre installation et libre choix du médecin), charte qui n'a pas été remise en cause avec la création de la Sécurité sociale de 1945. Notons que le 19 mai 1971, le Conseil des ministres se prononce clairement en faveur du maintien de la médecine libérale affirmé avec force par le ministre Robert Boulin qui dénonce le modèle allemand fondé sur les caisses et le modèle anglais avec le Service national de santé.

Enfin sa conception de la santé rejoint la définition qu'en a donné l'OMS dans le préambule de sa charte constitutive signée à San Francisco le 22 juillet 1946 : « La santé est un état complet de bien-être physique, mental et social et ne constitue pas seulement une absence de maladies ou d'infirmités »[7]. C'est bien ce souci d'un bien-être qui anime Georges Pompidou. Un bien-être lié à la qualité de la vie telle qu'elle fut définie par Philippe d'Iribarne, chargé de mission au secrétariat général de l'Élysée.

Une approche lucide et constructive de la politique de santé

Georges Pompidou prend soin, avant toute référence à la santé, d'insister sur les aspects positifs du modèle français de l'État-providence et les progrès réalisés depuis des décennies. Il souligne avec réalisme l'augmentation de l'espérance de vie dans sa déclaration gouvernementale du 18 avril 1967. Il y voit les bienfaits des progrès de la médecine ce qui peut modifier l'action et les responsabilités des gouvernants. En effet, l'espérance de vie est passée entre 1967 et 1974 de 67 à 68,9 pour les hommes et de 73,9 à 76,7 pour les femmes. Devant les médecins au Congrès national déjà cité, il se réjouit du rajeunissement de la population et dans

---

[7] Cité par Pierre Guillaume, *op. cit.*, p. 262.

ses vœux prononcés le 31 décembre 1970, il qualifie les naissances « d'un acte de foi dans l'avenir ».

La santé, si elle ne fait pas l'objet d'un chapitre particulier, surgit en filigrane dans ses chapitres sur la politique économique et sur la politique sociale dans *Le nœud gordien*. Prospérité et progrès réduisent les inégalités que l'on ne peut nier même s'il constate qu'elles sont moindres que dans le passé.

Néanmoins, les pressions sur les devoirs de l'État doivent être moins pressantes dans le cadre d'une prospérité économique. Elle seule peut contribuer à amoindrir les inégalités. Comme il le souligne dans sa déclaration gouvernementale du 18 avril 1967 : « il n'y a de prospérité économique que dans le progrès social et il n'y a de progrès social que dans la prospérité économique », ce qui lui vaut les applaudissements nourris des députés de l'Union démocratique pour la Ve République et du groupe des Républicains indépendants. Selon lui, la politique de santé est liée à une politique sociale qui a pour objectif de « réduire l'écart entre les riches et les pauvres ». Mais il ajoute que l'égalité complète est « un vain mirage ». En revanche, « l'homme dans toute la mesure du possible doit être garanti contre les difficultés prévisibles, l'accident, la maladie, la vieillesse ». Dans ses déclarations il définit l'État-providence comme un aménagement nécessaire de l'État libéral pour contrecarrer les idées communistes.

Il est partisan d'une société consciente de ses responsabilités qui s'affirment par le dialogue avec les différents partenaires ; en témoigne sa gestion de la crise de mai 1968 et les Accords de Grenelle. Si Georges Pompidou craint que les revendications constantes des individus aient pour conséquence une pression sur les devoirs de l'État, celui-ci doit se faire le protecteur des déshérités, des handicapés et des personnes âgées. On se permettra alors d'évoquer l'opinion du regretté Gilles Le Béguec qui a parlé « d'éthique et de politique de la compassion »[8]. Par exemple, Georges Pompidou impulsa la loi du 13 juillet 1971 qui institue une allocation des mineurs handicapés et une allocation pour adultes handicapés.

---

[8] Gilles Le Béguec, « Origine de la pensée sociale de Georges Pompidou », dans Alain Beltran et Gilles le Béguec (dir.), *Action et pensée sociales chez Georges Pompidou*, *op. cit.*, p. 22.

Il manifeste aussi son souci de protéger les familles dans le programme du 5 décembre 1970 présenté devant la Caisse nationale des allocations familiales qui tient son congrès du 25ᵉ anniversaire. On lui reconnaît que « la politique menée en faveur de la famille porte ainsi indéniablement sa marque personnelle »[9], d'où ses réserves sur la loi Neuwirth sur la contraception, même s'il ne s'y oppose pas, et sur le projet de l'IVG qu'il veut assorti de règles strictes et contraignantes. La loi du 3 janvier 1973 réforme l'allocation de salaire unique, et celle de la mère au foyer qui est supprimée pour les hauts revenus et augmentée pour les bas revenus. Est en augmentation l'aide au troisième enfant. Il porte également son intérêt sur les retraités avec la loi du 31 décembre 1971 qui porte de 30 à 37 ans et demi les nuitées comptabilisables pour les retraites qui passent à un maximum de 50 % des salaires contre 40 % antérieurement.

Georges Pompidou, en tant que responsable politique, ne peut s'empêcher de développer le problème de la lourdeur des charges : « L'assurance contre la maladie que nous avons donnée en France à tous les citoyens constitue pour la collectivité un poids considérable et pour l'État une préoccupation majeure » dit-il au congrès de l'Ordre national des médecins. Mais sa dimension internationale n'est pas étrangère à son paragraphe sur ce qu'il nomme le problème majeur du XXᵉ siècle c'est-à-dire « le spectacle de continents entiers sous-alimentés et livrés aux endémies crée pour les nations prospères une responsabilité nouvelle, dont nous ne faisons que commencer d'avoir conscience ».

Georges Pompidou ne manque jamais de comparer l'état de la France aux autres pays et de rappeler que malgré les difficultés la France est une nation prospère et donc privilégiée. Ainsi sans nier les difficultés que rencontre une population fragilisée par des inégalités de revenus ou par les accidents de la vie il convient d'évaluer les besoins réels. On peut parler alors de l'approche budgétaire voire comptable des problèmes de santé. Toujours dans sa déclaration de 1967 il dit avec fermeté :

L'extension de la Sécurité sociale à la quasi-totalité des Français, l'accroissement des charges de la vieillesse dû à l'allongement de la vie humaine et qui ne peut que s'accentuer à la fois par les progrès de la médecine et par la nécessité d'élever le niveau des prestations, la montée en flèche des dépenses d'assurance maladie, tout cela aboutit à une augmentation infiniment plus rapide des dépenses que des recettes, à l'augmentation des subventions

---

[9] Pierre Guillaume, *op. cit.*, p. 262.

budgétaires en faveur de tel ou tel régime particulier et enfin au fait qu'en 1966 et 1967 d'importantes avances ont dû et devront être consenties au régime général. Et encore cette déclaration a-t-elle lieu dans une période de croissance avant la crise pétrolière de 1973.

Il n'est pas de notre propos d'analyser les mesures prises par les gouvernements successifs du Premier ministre puis sous sa Présidence, thèmes traités dans ce colloque, mais notons que le déficit inquiète Pompidou. On rappellera, pour mémoire, que le Premier ministre Pompidou dès sa déclaration gouvernementale du 26 avril 1962 inscrit sa politique dans la continuité de celle menée par le gouvernement de Michel Debré tels que : « L'amélioration du remboursement des frais médicaux, l'augmentation des prestations familiales, la majoration des allocations destinées aux personnes âgées ou invalides, la généralisation des retraites complémentaires, les aides aux rapatriés d'outre-mer, l'institution de l'assurance maladie et d'une allocation complémentaire de vieillesse pour les exploitants agricoles. »

Il exprime sa volonté d'étendre à tous le régime de la Sécurité sociale. La loi du 12 juillet 1966 qui met en place l'assurance maladie et maternité des non-salariés est une mesure qui résulte de sa prise de position en Conseil des ministres du 18 mai 1966.

Alors que Jean-Marcel Jeanneney est ministre des Affaires sociales du gouvernement Pompidou sont votées après de vifs débats à la Chambre les quatre ordonnances du 21 août 1967 qui réforment le régime de la Sécurité sociale, sa réorganisation administrative et financière ; s'y ajoutent les réformes de l'assurance maladie, des prestations familiales et la généralisation des assurances sociales volontaires. Bien évidemment ces réformes sont conduites par les ministres et les collaborateurs, et il s'agit là d'un travail collectif mais nul doute qu'elles répondent aux préoccupations de Georges Pompidou dans son souci d'une meilleure gestion administrative, tout en précisant qu'en matière sociale « le verbalisme est vain ». Ces sujets sont très largement repris dans son discours à propos des accords de Grenelle lorsqu'il présente le 27 mai 1968 les mesures relatives à la sécurité sociale.

Avec le déficit de la Sécurité sociale, la seconde préoccupation porte sur les difficultés de l'hôpital public d'où l'ordonnance de 1970 qui créé la carte sanitaire. Cette politique s'inscrit dans le prolongement de la grande loi du 1958 initiée par Robert Debré qui créé les centres hospitalo-universitaires avec des médecins à temps plein hospitalo-universitaires.

L'hôpital public devient ainsi un lieu de soins pour tous et un lieu de recherche médicale. Il n'est pas de notre propos de détailler ici les mesures prises en faveur des institutions hospitalières avec la création des CHU, les réformes de l'enseignement et de la recherche médicales, l'établissement d'une carte sanitaire visant à amoindrir les inégalités territoriales en favorisant un maillage du territoire par un réseau hospitalier dense. Mais le fonctionnement et l'efficacité de l'hôpital ouvert à tous depuis la loi de 1941 et perdant ainsi ses fonctions d'hospice pour les déshérités a un coût. On constate entre 1967 et 1974 une augmentation très sensible de la consommation médicale qui passe en francs courants de 12 milliards en 1960 à 97 milliards en 1975, l'augmentation touchant plus particulièrement les soins hospitaliers dus également à la qualité et à la technicité des soins de plus en plus innovants avec le développement des systèmes d'imagerie. Si Georges Pompidou accompagne ces réformes en tant que Premier ministre ou président de la République, il reste soucieux des coûts de fonctionnement et des remboursements par la Sécurité sociale comme il le rappelle notamment dans ses déclarations gouvernementales ou devant le Congrès des médecins déjà cité.

Ainsi l'intérêt que porte Georges Pompidou à la santé et à la politique de santé publique est incontestable ; il a donné l'impulsion des réformes, même si elles sont mises en pratique par plusieurs acteurs. Quelques grands principes chers à Georges Pompidou sont à retenir. La politique de santé publique s'inscrit dans le cadre d'une politique du progrès social lui-même lié au progrès économique. Autre principe, maintenir la protection sociale notamment avec une attention particulière aux plus déshérités tout en restant fidèle au principe de la médecine libérale. On peut en conclure que les années Pompidou ont été un tournant important dans l'affirmation d'une politique de santé publique. La santé ne se réduit plus comme le souligne David Djaïz dans son ouvrage *Le nouveau modèle français*[10] aux relations de soins entre le médecin et son patient mais s'inscrit pleinement dans « l'économie du bien-être », terme cher à Georges Pompidou dans son analyse des problèmes de santé soucieux du sens de l'humain.

---

[10] David Djaïz, *Le nouveau modèle français*, Paris, Allary éditions, 2021, p. 118.

Financer la modernisation de l'hôpital public sous Georges Pompidou (1962-1974)

Lidia ALVAREZ

À l'heure où les questions de financement de l'hôpital public français sont régulièrement sur le devant de la scène politique, il paraît utile de revenir sur la manière dont ces questions se sont posées après la Seconde Guerre mondiale avec l'ouverture progressive de cette institution à toutes les catégories sociales, et plus seulement aux indigents, aux assistés ou aux salariés modestes. Ce processus est juridiquement consacré par la réforme hospitalière de 1941[1] et connaît une accélération avec la création de la Sécurité sociale en 1945. Lorsque Georges Pompidou arrive au pouvoir en tant que Premier ministre en 1962, l'hôpital public est en pleine transformation, notamment du fait de la réforme dite des « études médicales » de 1958 ou réforme Robert Debré, du nom de son principal promoteur.

Adopter le prisme du financement pour aborder l'histoire de l'hôpital public dans la France de la seconde moitié du XXe siècle permet, au-delà de l'angle purement financier, de mettre en évidence des enjeux qui sont également d'ordres politique, juridique, économique et social. Il est ainsi possible de distinguer, parmi ces enjeux, la place de l'hôpital public dans le système de santé français, mais aussi la gouvernance des établissements hospitaliers. Ils impliquent plusieurs catégories d'acteurs, l'État, les collectivités territoriales, les caisses de Sécurité sociale, les personnels

---

[1] Voir l'article 2 de la loi du 21 décembre 1941 relative aux hôpitaux et hospices civils, publiée au *Journal Officiel de l'État Français* du 30 décembre 1941 : cette loi est adoptée sous le régime de Vichy, mais préparée sous la IIIe République, et très largement inspirée du décret du 29 juillet 1939 relatif aux hôpitaux et hospices et publié au *Journal Officiel de la République Française* du 2 août 1939, qui n'a pu être mis en application du fait de la déclaration de guerre.

hospitaliers, ainsi que les malades et, au-delà de ces différentes catégories, l'ensemble de la société.

En ce qui concerne la période pompidolienne de 1962 à 1974, cet angle d'approche est riche d'enseignements, dans la mesure où c'est une période d'expansion exceptionnelle de l'équipement hospitalier. Dans un ouvrage de 1986, Christian Maillard, à la fois historien de l'hôpital et acteur du monde hospitalier en tant que secrétaire général de l'Assistance publique de Marseille dans les années 1980, désigne la période 1960–1975 comme le temps du « miracle hospitalier »[2]. C'est en effet le moment où la consommation de soins hospitaliers[3] connaît la croissance la plus forte si l'on considère la seconde moitié du XXe siècle. De 1962 à 1974, cette variable, donnée en volume (public et privé confondu), a été multipliée par 2,8, avec un taux de croissance annuel moyen de 9 % sur les douze ans : le graphique 1 ci-dessous met en évidence combien les taux de croissance de la période pompidolienne sont bien supérieurs à ceux de la période qui suit[4]. La part de la consommation de soins hospitaliers

---

[2] Christian Maillard, *Histoire de l'hôpital de 1940 à nos jours : comment la santé est devenue une affaire d'Etat*, Paris, Dunod, 1986, p. 63 : « 180000 lits apparaissent en quinze ans, le nombre de médecins formés triple en dix ans, la densité du personnel au lit du malade double ».

[3] Les statistiques de la Direction de la recherche, des études, de l'évaluation et des statistiques, organe dépendant du ministère de la Santé, permettent d'isoler la consommation de soins hospitaliers. Cette variable est une des composantes de la Consommation de soins et de biens médicaux, agrégat élaboré par les statisticiens, constitué essentiellement de trois postes que sont les soins hospitaliers, les soins de ville et les médicaments. Les statistiques de la DREES se placent dans l'héritage du long travail d'élaboration des « comptes de la santé », processus qui a connu une impulsion précisément sous la présidence de Georges Pompidou et le ministère de la Santé de Robert Boulin avec la création de la Commission des comptes de la santé en 1971. Voir Marina Serré, « La santé en comptes. La mise en forme statistique de la santé », *Politix. Revue des sciences sociales du politique*, vol. 12, n° 46, 1999, p. 49–70 ; ainsi que Daniel Benamouzig, *La santé au miroir de l'économie : une histoire de l'économie de la santé en France*, Paris, PUF, « Sociologies », 2005.

[4] Série élaborée par l'autrice à partir de données de la DREES publiées dans Marie-Anne Le Garrec, Malik Koubi, Annie Fénina, « Soixante ans de dépenses de santé : une rétropolation de 1950 à 2010 », *Études et Résultats*, n° 831, février 2013. Les données utilisées (celles du graphique 4 représentent la structure de la consommation de soins et de biens médicaux en valeur) sont accessibles en ligne sur le site de la DREES.

dans le PIB augmente parallèlement, passant de 1,6 % en 1962 à 2,4 % en 1974, comme le montre le graphique 2[5].

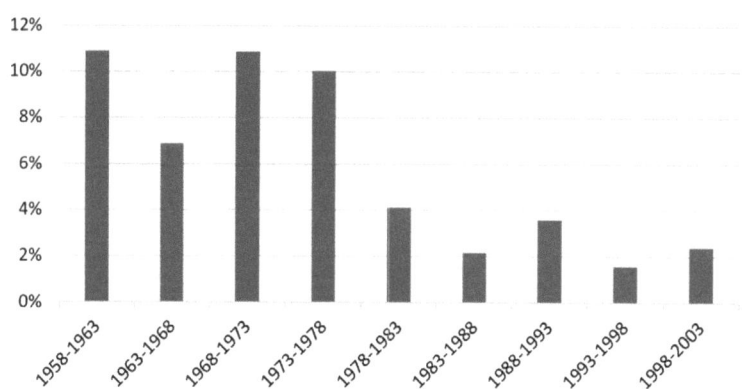

Graphique 1 - Évolution du taux de croissance de la consommation de soins hospitaliers en France entre 1958 et 2003

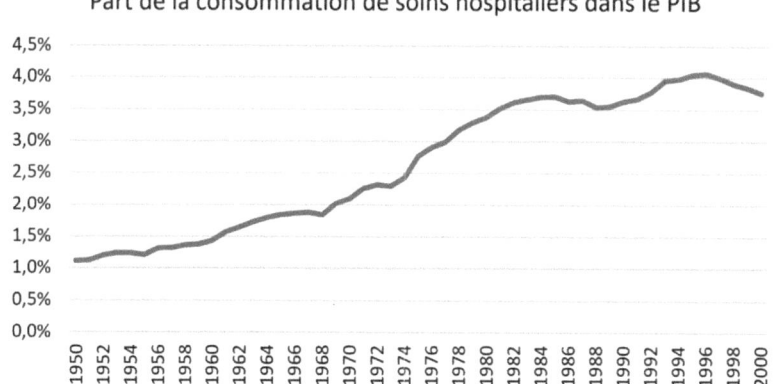

Graphique 2 - Évolution de la part de la consommation de soins hospitaliers dans le PIB en France entre 1950 et 2000

---

[5]   Graphique élaboré à partir des données de la DREES publiées dans *Ibid*. Les données utilisées ici sont celles du graphique 6 présentant les principaux postes de la CSBM en % du PIB.

Les questions qui se posent ici sont les suivantes. Comment cette expansion a-t-elle été financée ? Au-delà des problèmes de financement, comment s'articulent les différents enjeux de la transformation de l'hôpital public en cette période pompidolienne ? Comment, enfin, les différents acteurs concernés se positionnent-ils face à ces enjeux ? Trois types d'enjeux peuvent d'emblée être évoqués. Les premiers sont d'ordre sanitaire, avec l'objectif de sortir du sous-équipement hospitalier et de financer les investissements nécessaires dans ce but. Puis viennent des enjeux politiques, liés à la volonté de l'État de rationaliser le fonctionnement administratif des établissements hospitaliers, qu'il juge archaïque. S'y ajoutent des enjeux économiques, avec l'objectif de maîtriser la hausse des dépenses de santé, enjeux qui commencent à faire l'objet d'une prise de conscience dès le milieu des années 1960.

Dans cette perspective, ce texte développera dans un premier temps la façon dont la réforme hospitalo-universitaire de 1958 est mise en œuvre, puis analysera le mode de financement des hôpitaux sous Georges Pompidou. Pour terminer, il étudiera le cheminement de l'État vers la nouvelle réforme hospitalière de 1970, témoignant de la poursuite de l'effort de rationalisation du système hospitalier par les pouvoirs publics.

Le « chantier » des CHU ou la mise en œuvre de la réforme hospitalo-universitaire de 1958

Les Centres hospitaliers et universitaires (CHU) sont créés par l'ordonnance du 30 décembre 1958[6], pendant la période de transition entre IVe et Ve Républiques. Cette réforme fait des hôpitaux des villes de faculté et d'école de médecine les moteurs d'une triple transformation de l'hôpital, en lieu de soins et de diagnostic s'adressant à l'ensemble de la population, en lieu d'un enseignement de qualité et en lieu de recherche. Elle se fonde sur un triple constat. Le premier concerne l'organisation des hôpitaux jugée archaïque car les médecins hospitaliers ne viennent visiter les malades que quelques heures dans la matinée, en vertu du statut libéral de ces praticiens qui exercent par ailleurs en cabinet ou dans une clinique privée. Le deuxième constat porte sur l'inadéquation des études

---

[6] *Journal officiel de la République française*, Ordonnance n°58–1373 du 30 décembre 1958 relative à la création de centres hospitaliers et universitaires, à la réforme de l'enseignement médical et au développement de la recherche médicale, 31 décembre 1958.

médicales à une formation scientifique et clinique suffisante. Enfin le troisième constat est celui d'un retard de la recherche médicale en France. La réforme se veut aussi une réponse à l'état de vétusté de l'équipement hospitalier constaté par de nombreux rapports dans les années 1950[7], le peu d'investissements consentis alors ayant été exclusivement utilisé pour gommer les dégradations dues à la guerre. Les réalisations opérées par la IVe République dans le domaine sanitaire ont en effet été très modestes[8].

L'ordonnance du 30 décembre 1958 reprend les principes essentiels d'un projet de loi prêt à l'été 1958, élaboré au sein du Comité interministériel d'étude des problèmes de l'enseignement médical, de la structure hospitalière et de l'action sanitaire et sociale formé en septembre 1956. Cette initiative naît de la rencontre entre deux générations de réformateurs[9]. Un groupe de jeunes médecins radicaux et socialistes (dont Jean Dausset et André Roussel) se retrouve en 1956 dans différentes directions des ministères de l'Éducation nationale et des Affaires sociales avec l'appui de Pierre Mendès-France, et veut mettre en œuvre une réforme sanitaire. Ils vont chercher une figure d'autorité pour asseoir la légitimité de leur réforme en la personne de Robert Debré, pédiatre éminent, qui bénéficie d'un grand prestige dans le monde médical et qui a lui-même, dans le cadre du Comité médical de la résistance élaboré un projet novateur pour réformer le système de santé. Ils lui demandent de présider le Comité interministériel, lequel continue à se réunir de 1959 à 1968, avec la mission de suivre la mise en œuvre de la réforme, par la proposition de textes règlementaires et en lien avec l'administration du Commissariat général du Plan. Au moment où Georges Pompidou arrive au pouvoir

---

[7]   Les rapports du Conseil économique de 1952 (*Journal Officiel de la République Française – Avis et rapports du Conseil Economique*, Rapport du Conseil économique sur la réforme de la législation hospitalière, 14 novembre 1952, p. 469–496), de la Commission de l'équipement sanitaire et social du Commissariat général au Plan de 1953 (Rapport général de la Commission de l'équipement sanitaire et social – février 1953 –, 119 p., Archives Nationales, 80AJ/42) et 1957 (Rapport de la Commission de l'équipement sanitaire et social – mai 1957 –, 136 p., Archives Nationales, 80AJ/131), de la Cour des comptes de 1956 (*Journal Officiel de la République Française - Document administratif*, 17 février 1956, p. 106–112 pour la partie concernant les dépenses d'hospitalisation) vont tous dans ce sens.

[8]   Christian Maillard parle à ce propos de « nuit hospitalière » de 25 ans. Voir Christian Maillard, *op. cit.*, p. 62.

[9]   Haroun Jamous, *Sociologie de la décision : la réforme des études médicales et des structures hospitalières*, Paris, Éditions du CNRS, 1969.

comme Premier ministre en avril 1962, il est donc confronté à ce chantier des CHU.

Ce chantier est au premier sens du terme celui de la construction de nouveaux établissements et plus largement celui de l'essor de l'appareil hospitalier. Ainsi, le nombre de lits dans les hôpitaux publics (non compris hospices et hôpitaux psychiatriques) passe de 214 400 en 1962 à 255 300 en 1974, soit un accroissement de 20 % avec 40900 lits créés[10]. Cette phase d'expansion s'inscrit dans le programme des Ve et VIe Plans, pour les périodes respectives de 1966–1970 et 1971–1975. Le Ve plan fixe comme objectif la création de 67000 lits supplémentaires et le remplacement de 53000 autres, privilégiant le CHU comme « pôle d'attraction de l'investissement sanitaire ». En effet, plus de la moitié de l'enveloppe totale dédiée à l'équipement sanitaire et social est affectée aux CHU[11]. Les résultats sont là : en 1975, 3/5 des surfaces existantes ont été construites dans les quinze années précédentes ; près de la moitié du patrimoine existant en 1960 a été reconstruit en 1975[12]. Dans le cadre du VIe Plan, l'accent est particulièrement mis sur l'humanisation des hôpitaux c'est-à-dire sur la suppression des salles communes et leur transformation en chambres d'un à quatre lits[13]. En 1960, deux lits sur trois se trouvent en salle commune, c'est-à-dire dans des chambres à plus de quatre lits ; en 1974, il ne s'agit plus que d'un lit sur trois[14]. Par ailleurs, dans les CHU, le chantier est aussi celui de l'aménagement des locaux existants ou de la construction de nouveaux locaux pour intégrer les activités d'enseignement et de recherche.

La réforme hospitalo-universitaire comporte par ailleurs un autre volet, celui de la mise en place du plein-temps hospitalier. En vertu de l'article 5 de l'ordonnance, les praticiens hospitaliers doivent désormais consacrer à leurs fonctions hospitalières, à l'enseignement et à la

---

[10]   Institut national de la statistique et des études économiques, *Annuaire rétrospectif de la France (séries longues) : 1948–1988*, Paris, INSEE, 1990.

[11]   Jean-Paul Domin, *Une histoire économique de l'hôpital, XIXe-XXe siècles : une analyse rétrospective du développement hospitalier. Tome 2, 1946–2009*, Paris, Comité d'histoire de la sécurité sociale, 2013, p. 100.

[12]   Christian Maillard, *op. cit.*, p. 64.

[13]   Frédéric Tristram, « La politique erratique de la dépense. Croissance de la dépense publique et transformations de l'État en France, 1969–1985 », Mémoire d'Habilitation à diriger des recherches, Université Paris 1 Panthéon-Sorbonne, 2018, p. 75.

[14]   Christian Maillard, *op. cit.*, p. 66. Les chiffres cités concernent l'ensemble formé par les hôpitaux et les hospices publics.

recherche la totalité de leur activité professionnelle. Il s'agit là d'un des changements les plus radicaux apportés par la réforme, qui vient heurter l'attachement des médecins hospitaliers à leur statut libéral, dont elle a pu surmonter l'hostilité grâce à des circonstances politiques exception-nelles[15] et à une disposition constitutionnelle temporaire qui permet son adoption sans discussion parlementaire[16]. En outre, la réforme procède à la fusion des carrières universitaires et hospitalières : à chaque niveau hiérarchique hospitalier correspond un grade universitaire, tandis que le recrutement des médecins hospitaliers se fait désormais par l'inter-médiaire d'un concours national et anonyme (alors que jusque-là les concours étaient régionaux).

Néanmoins, face à la résistance d'une partie des médecins, plusieurs concessions ont été accordées. Ainsi l'ordonnance adoptée peu aupa-ravant, le 11 décembre 1958, et concernant l'ensemble des hôpitaux publics, prévoit la possibilité de mettre en place des « lits privés » dans les établissements publics[17] : ceux-ci sont en effet autorisés « à réserver des lits pour la clientèle personnelle des médecins, chirurgiens, spécialistes de l'établissement lorsque ceux-ci lui consacrent toute leur activité pro-fessionnelle et à permettre à ces praticiens de recevoir en consultation des

---

[15] Dans ses mémoires publiées en 1977, intitulées *L'honneur de vivre,* le professeur Robert Debré évoque ainsi l'hostilité rencontrée par sa réforme : « Il n'est pas dou-teux que jamais la réforme n'aurait pu être appliquée devant la coalition bruyante et agissante des passions et des intérêts si des circonstances exceptionnelles ne s'étaient montrées favorables. Le Général de Gaulle m'avait bien dit un jour : "Vous voulez forcer tous les médecins à rester toute la journée auprès de leurs malades à l'hôpital, vous n'y parviendrez jamais [...] ils tiennent trop à leur clientèle privée... ". Mais [...] ce fut par sa volonté et son autorité que le gouvernement dirigé par mon fils fit siens les projets élaborés par le Comité interministériel... Les pleins pouvoirs per-mettaient au gouvernement de procéder par ordonnance [...]. La réforme a pu pro-fiter de ce dispositif... ». Cf. *L'honneur de vivre,* p. 355 et suivantes, cité par Maurice Rochaix, *Les questions hospitalières de la fin de l'Ancien Régime à nos jours : contri-bution à l'étude des problèmes hospitaliers contemporains,* Paris, Berger-Levrault, « Manuels B.L. Santé », 1996, p. 668.

[16] Cette ordonnance est adoptée par le gouvernement en vertu de l'article 92 de la Constitution du 4 octobre 1958, qui délègue au Conseil des ministres, pour une période limitée de quatre à six mois, le pouvoir de prendre les « mesures législatives nécessaires à la mise en place des institutions », ainsi que « les mesures qu'il jugera nécessaires à la vie de la Nation, à la protection des citoyens ou à la sauvegarde des libertés », sous la forme « (d')ordonnances ayant force de loi ».

[17] *Journal Officiel de la République Française,* n°290, Article L680 de l'ordonnance n° 58–1198 du 11 décembre 1958 portant réforme de la législation hospitalière, 12 décembre 1958.

malades qui leur sont adressés personnellement ». Par ailleurs, face à la crainte de la « fonctionnarisation » des médecins hospitaliers, est maintenue la fiction du paiement à l'acte : le malade rémunère le médecin hospitalier par des honoraires regroupés en masses d'honoraires (distincts pour les temps-pleins et les temps partiels), contrairement aux préconisations de la Sécurité sociale ou de certaines commissions gouvernementales, qui souhaitaient voir l'intégration des honoraires au prix de journée que payent les malades (ou les organismes de Sécurité sociale) pour leur hospitalisation.

La réforme hospitalo-universitaire de 1958 a donc initié une grande entreprise de modernisation de l'appareil hospitalier. Il s'agit maintenant d'étudier comment cette entreprise a été financée.

Le financement des hôpitaux en question

Les investissements massifs que nécessitent la mise en œuvre des IVe et V^e plans dans le domaine sanitaire sont financés conjointement par l'État, avec des subventions à hauteur de 40 % à 50 %, la Sécurité sociale, les hôpitaux eux-mêmes et les collectivités territoriales (notamment par des emprunts à la Caisse des dépôts et consignations). Les observateurs des différentes commissions de l'équipement sanitaire et social réunies dans le cadre de ces plans mettent en évidence la complexité des procédures de financement qui dépendent d'acteurs différents et ne sont pas toujours coordonnées. Pour ce qui est des établissements eux-mêmes, leur capacité d'investissement repose sur le financement par le système du « prix de journée ».

Ce système de financement a été introduit à l'occasion de l'ouverture progressive des hôpitaux à d'autres publics que les indigents auxquels ils étaient originellement destinés, à une époque où ils finançaient leur activité sur leurs ressources propres. Dans un premier temps, les hôpitaux s'ouvrent aux bénéficiaires des politiques d'assistance : à partir de 1893 et la loi créant l'Assistance médicale gratuite, ce sont les collectivités locales qui prennent en charge les frais d'hospitalisation des assistés. Puis les hôpitaux s'ouvrent aux assurés sociaux à partir de 1930, avec les lois sur les assurances sociales, et plus largement aux malades dits « payants ». À chaque catégorie de malades correspond un mode de calcul du prix de journée[18]. Puis, à partir de 1945, les frais d'hospitalisation sont de plus

---

[18]   L'article 22 du décret du 17 avril 1943 prévoit, outre les assistés et les assurés
       sociaux, trois catégories de malades payants en fonction de leurs revenus et de leurs

en plus pris en charge par les caisses de Sécurité sociale. En effet, la part de la Sécurité sociale dans le financement des soins hospitaliers augmente nettement pendant la période pompidolienne, passant de 64 % en 1962 à 83 % en 1974[19].

Dès les années 1950, les organismes de Sécurité sociale et différentes institutions étatiques se plaignent de la croissance excessive des prix de journée. La réforme de 1958 revient sur les règles de fixation du prix de journée[20]. Le prix de journée est fixé par arrêté préfectoral sur proposition de la commission administrative qui gère l'établissement et correspond au prix de revient prévisionnel, divisé par le nombre de journées par an, calculé sur une moyenne des trois dernières années[21]. La réforme de 1958 apporte une simplification par rapport à la législation antérieure qui distinguait différentes catégories de malades selon qu'ils étaient indigents, assistés, assurés sociaux ou simples malades payants. Cette simplification permet une évolution vers l'hôpital « toutes classes ». La législation distingue désormais deux régimes, un régime commun ouvert à tous les malades et pensionnaires admis en salle commune pour qui le prix de journée équivaut au prix de revient prévisionnel[22] et un régime particulier dans lequel, moyennant paiement d'un supplément variable selon les établissements (10 à 50 % du prix de journée commun), les personnes non bénéficiaires de l'aide sociale sont admises sur leur demande en chambre à un ou deux lits[23].

Plusieurs historiens des hôpitaux qui furent aussi des acteurs du monde hospitalier de la deuxième moitié du XXᵉ siècle, comme Christian Maillard ou encore Maurice Rochaix, directeur général des hospices civils de Lyon de 1976 à 1984, mettent en évidence la souplesse de ce mécanisme du prix de journée qui a permis l'expansion du système

conditions d'accueil. Voir *Journal Officiel de l'État Français*, n°100, décret n° 891 du 17 avril 1943 portant règlement d'administration publique pour l'application de la loi du 21 décembre 1941 relative aux hôpitaux et hospices publics, 27 avril 1943.

[19] Données de la DREES publiées dans Hélène Soual, « Les dépenses de santé depuis 1950 », *Études et résultats*, n° 1017, juillet 2017, (voir le graphique 6).

[20] *Journal Officiel de la République Française*, décret n° 58–1202 du 11 décembre 1958 relatif aux hôpitaux et hospices publics, complété par le décret n°59–1510 du 29 décembre 1959 relatif aux dispositions financières et comptables à adopter à l'égard des hôpitaux et hospices publics, 30 décembre 1959.

[21] Article 32 du décret n° 58–1202 du 11 décembre 1958.

[22] Article 7 du décret n°59–1510 du 29 décembre 1959 précité.

[23] Article 8 du décret précité.

hospitalier. Christian Maillard le désigne ainsi, en référence à la publicité automobile alors en vogue, comme « un tigre dans le moteur hospitalier »[24]. Maurice Rochaix souligne que ce mécanisme « fait que l'hôpital vit désormais en fonction des besoins constatés des usagers [...] et non comme il vivait depuis des siècles en fonction des revenus disponibles. Le système va donner à l'hôpital les moyens du financement de son expansion »[25].

Néanmoins, ce système de financement commence à être progressivement remis en cause, essentiellement face à la croissance très forte des prix de journée. Ainsi, en 1965, le secrétaire d'État au Budget, Robert Boulin, institue un groupe de travail sur les prix de journée hospitaliers en réponse au constat d'une « progression constante des prix de journée des hôpitaux publics français qui s'est nettement accélérée ces dernières années, le taux de cette progression [étant] très supérieur à ceux du niveau général des prix et de l'accroissement du revenu national »[26]. La présidence du groupe est confiée à Edmond Dobler, inspecteur général des Finances[27]. Le groupe de travail constate à partir d'un échantillon d'établissements hospitaliers de diverses catégories une multiplication pouvant aller jusqu'à 3,5 ou 4 du prix de journée des services de médecine et de chirurgie entre 1957 et 1964 en moyenne. De plus, il pointe l'importance des disparités dans les coûts journaliers d'établissements de même catégorie[28].

---

[24] Christian Maillard, *op. cit.*, p. 90.

[25] Maurice Rochaix, *op. cit.*, p. 593.

[26] Le rapport de 52 pages de ce groupe de travail est publié en octobre 1965 et consigné dans les archives du Groupe « procédures et financement » de la Commission de l'équipement sanitaire et sociale du Ve Plan (AN 19930277/81, 80 AJ 370). Toutes les citations qui suivent en sont extraites.

[27] Edmond Dobler a déjà présidé en 1963 une commission dans le cadre du IVe plan alertant sur la croissance exponentielle des dépenses de santé à l'horizon 1970 et la nécessité pour le Ve Plan d'intégrer cette évolution des prestations sociales dans la programmation : voir Bruno Valat, *Histoire de la sécurité sociale (1945–1967) : l'État, l'institution et la santé*, Paris, Economica, « Économies et sociétés contemporaines », 2001, p. 448.

[28] Le prix de journée est fixé chaque année par le préfet sur proposition des commissions administratives en vertu de l'article 32 du décret n° 58–1202 du 11 décembre 1958 relatif aux hôpitaux et hospices publics, *Journal Officiel de la République Française*, n° 290, 12 décembre 1958. Il est donc différent pour chaque hôpital. De plus, au sein de chaque établissement, le prix de journée doit être distinct selon les services (médecine, chirurgie, maternité).

Le groupe de travail se fixe pour objectif « d'analyser systématiquement tous les éléments concourant à déterminer la productivité de l'hôpital, qu'ils entrent ou non dans le calcul de son prix de journée, en vue de dégager les mesures propres à infléchir la courbe ascendante des dépenses hospitalières ». Il met ainsi en évidence que l'augmentation des coûts est le fait presque exclusif des dépenses médicales (traitements du personnel soignant, dépenses de produits pharmaceutiques, actes de radiologie, analyses de laboratoires), tandis que les dépenses des prestations hôtelières se stabilisent.

Le rapport souligne le caractère contre-productif de ce système : « le bon directeur d'hôpital s'expose à des difficultés de gestion si son prix de journée augmente en même temps que diminue la durée moyenne de séjour, alors qu'auront été sans doute obtenues de réelles économies ». Cette situation est donc considérée comme absurde, car « elle constitue une incitation à conserver le malade plus longtemps que cela ne serait nécessaire ».

Mais le groupe de travail ne propose pas la mise en place d'un autre système de financement, se contentant d'indiquer des solutions qui permettraient de contrôler davantage le système existant. En effet, il s'agit de parvenir « plus rationnellement et plus commodément à contrôler la variation des prix de journée » en les fractionnant entre dépenses hospitalières, charges d'amortissement et dépenses médicales. Cette méthode de facturation aurait pour avantage de « mettre en valeur le coût et l'évolution des dépenses à caractère médical et par là-même en faciliterait le contrôle ».

Ces questions de financement mettent donc en évidence les difficultés de l'administration centrale à contrôler la transformation des hôpitaux publics : celle-ci lui échappe en grande partie, car l'État ne dispose pas encore des instruments adéquats pour contrôler l'évolution des dépenses. Plus largement c'est la question de la gouvernance et de l'organisation du système hospitalier qui est posée pendant la période pompidolienne.

Poursuivre l'effort de rationalisation du système hospitalier

Le système hospitalier français a été révolutionné par la création des CHU en 1958. Mais la réforme Debré est concomitante d'une autre réforme beaucoup plus timide, dite réforme Barrot, du nom de son

principal promoteur, inspirée par un long travail législatif effectué sous la
IVe République. En effet, dès 1948, les pouvoirs publics avaient cherché
à initier une réforme en réponse à l'inadaptation des institutions hospitalières. Noël Barrot, député MRP de Haute-Loire, par ailleurs pharmacien, a été chargé de rédiger un rapport sur les multiples propositions de
loi de réforme hospitalière entre 1954 et 1957, au nom de la commission
de la famille, de la population et de la santé publique de l'Assemblée
nationale : un premier rapport est déposé en 1954[29], puis à nouveau en
1956, avant d'être modifié et déposé en 1957[30]. Le projet de loi inclus
dans le rapport est discuté du 3 au 5 décembre 1957 mais échoue face à
l'opposition du lobby des collectivités locales[31]. C'est finalement grâce au
dispositif constitutionnel provisoire relevant de l'article 92 de la constitution de 1958, et vraisemblablement du fait de la volonté réformatrice
d'Eugène Aujaleu, directeur général de la santé publique au ministère de
la Santé de 1956 à 1964[32] que cette réforme aboutit, avec la promulgation

---

[29] *Journal Officiel de l'Assemblée nationale, débats parlementaires*, séance du 28 août
1954, annexe 9234, p. 1806–1819.

[30] *Journal Officiel de l'Assemblée nationale, débats parlementaires*, séance du 11 avril
1957, annexe 4859 p. 2063–2069.

[31] La Commission de l'intérieur de l'Assemblée nationale adopte en effet une motion
préjudicielle à l'encontre du projet de loi, considérant qu'il « porte atteinte à l'autonomie des collectivités locales ». Ces propos rapportés par le *Journal Officiel de la
République Française, Débats parlementaires, Assemblée Nationale*, séances des 5 et 6
décembre, p. 5157–58, sont cités par Olivier Faure, dans Olivier Faure, Dominique
Dessertine, *Les cliniques privées. Deux siècles de succès*, Rennes, PUR, 2012, p. 112.

[32] Voir plus haut sur ce dispositif. Dans le cas de la réforme hospitalière adoptée par
les ordonnances du 11 décembre 1958, l'hypothèse peut être émise que les hauts
fonctionnaires du ministère de la Santé ont profité de l'opportunité donnée par cette
disposition constitutionnelle temporaire pour faire passer une réforme hospitalière
considérée comme urgente et nécessaire, et que la IVe République avait échoué à
promulguer. Parmi eux, le rôle du Professeur Eugène Aujaleu, à la tête de la Direction générale de la santé publique de 1956 à 1964, a vraisemblablement été déterminant, lui dont le parcours a croisé plusieurs fois celui de Robert Debré. Eugène
Aujaleu est en effet une figure centrale de la politique française de santé publique
depuis les organisations de la France libre à Alger dès 1943 jusqu'aux années 1960.
Conseiller du ministre communiste de la santé François Billoux aux côtés de Robert
Debré à la Libération, il est ensuite nommé directeur de l'hygiène sociale puis premier directeur général de la santé publique de 1956 à 1964 : à ce titre, il pilote avec
Robert Debré la réforme des études médicales ; il est ensuite le premier directeur
général de l'Inserm de 1964 à 1969. Voir Daniel Benamouzig, *op. cit.*, p. 24. Voir
aussi la biographie d'Eugène Aujaleu en ligne sur le site de l'Inserm, https://www.
inserm.fr/portrait/histoire/eugene-aujaleu/

de deux ordonnances le 11 décembre 1958 et un décret de la même date, qui précèdent l'ordonnance créant les CHU de vingt jours. Le souci de Noël Barrot était de promouvoir une réforme hospitalière de compromis, donnant plus de place à l'État central sans brusquer les collectivités locales, qui ont la tutelle des établissements hospitaliers, ni les médecins hospitaliers et les intérêts des établissements privés, qui sont bien représentés dans les milieux parlementaires.

Alors que la tutelle communale sur les hôpitaux était considérée par les tenants d'une réforme radicale comme périmée et inefficace[33], elle est maintenue par la réforme Barrot, puisque le maire reste le président de la commission administrative. En revanche, la réforme accorde des pouvoirs plus grands au directeur de l'établissement hospitalier, désormais nommé par le ministre de la Santé[34], dont celui de nomination du personnel non médical[35]. Par ailleurs, cette réforme esquisse un début de contrôle de l'État sur les établissements privés, en instaurant notamment la déclaration préalable pour la création ou l'extension de ces établissements et en prévoyant des sanctions en cas d'ouverture ou d'agrandissement non autorisés[36]. En effet, jusque-là, l'État n'avait aucun contrôle sur un secteur privé qui a connu une croissance importante dans les années 1950 (même si l'administration centrale a beaucoup de mal à l'évaluer précisément). En 1963, l'hospitalisation privée (hors établissements de repos, de retraite et de convalescence) représente plus de 37 % des lits d'hospitalisation[37]. Cette politique nouvelle vise à coordonner au niveau régional l'ouverture de lits dans le but d'éviter les doublons[38] c'est-à-dire la création d'établissements là où les besoins sont déjà couverts. Elle est d'abord perçue comme une menace pour les organisations représentantes

---

[33] Ce point de vue revient notamment dans les rapports de la Commission de l'équipement sanitaire et sociale du Plan, en 1953 et 1957.

[34] La fonction de directeur d'hôpital a été créée par la réforme hospitalière de 1941, il était nommé par le préfet jusqu'à 1958.

[35] Le personnel non médical était jusque-là nommé par le maire.

[36] *Journal Officiel de la République Française*, article 3 de l'ordonnance n°58–1199 du 11 décembre 1958 relative à la coordination des établissements de soin comportant hospitalisation, n° 290, 12 décembre 1958, p. 11170.

[37] Avec 186000 lits sur 500000, selon les chiffres rapportés par Olivier Faure : voir Olivier Faure, Dominique Dessertine, *op. cit.*, p. 155.

[38] Cette coordination est assurée par une commission nationale et des commissions régionales créées par le décret du 24 avril 1959 relatif à la coordination des établissements de soins comportant hospitalisation.

du secteur privé. Mais sa mise en place se révèle assez vite favorable à ce secteur, comme le montre Olivier Faure[39].

La réforme Barrot apparaît donc rapidement comme insuffisante, notamment parce qu'elle laisse de côté les nombreux établissements sanitaires ayant un statut différent de celui des hôpitaux, notamment les établissements de lutte contre la tuberculose, contre le cancer ou encore les hôpitaux psychiatriques[40]. Après un premier projet de réforme élaboré par Jean-Marcel Jeanneney (ministre des Affaires sociales de Georges Pompidou en 1967–1968) mais qui n'a pu aboutir du fait des événements de mai 1968[41], une nouvelle impulsion est donnée à la réforme hospitalière sous la présidence de Georges Pompidou, à partir de 1969, dans le cadre du gouvernement de Jacques Chaban-Delmas, qui veut mettre l'accent sur le renforcement de l'État social avec son projet de « nouvelle société ». Cette dynamique nouvelle est mise en œuvre au sein du ministère de la Santé publique par Robert Boulin[42].

Tout d'abord, le ministre se dote de moyens pour mieux connaître l'activité sanitaire, dont en particulier l'activité hospitalière. Ainsi, Robert Boulin passe commande d'une quinzaine de rapports préparant la définition de sa politique de santé, dont un sur l'hôpital, rédigé par Roger

---

[39] « La coordination dans les années 1960 n'est pas le monstre qu'avaient redouté certains tenants de l'hospitalisation privée », cf. Olivier Faure, *op. cit.*, p. 203.

[40] Ces établissements de soins sont issus de la législation dite « d'hygiène sociale », luttant contre les « fléaux sociaux » qui s'est déployée depuis 1838 (avec la loi obligeant chaque département à disposer d'un asile, nommé plus tard hôpital psychiatrique) jusqu'aux années de l'après-Première Guerre mondiale, qui voient la création de nombreux sanatoriums, aériums et préventoriums au nom de la lutte contre la tuberculose, ainsi que de centres anticancéreux autonomes. Cette multiplicité des législations étaient dénoncés par les tenants d'une réforme hospitalière radicale sous la IVe République.

[41] Pour une analyse du projet de réforme de J.-M. Jeanneney, voir Renaud Gay, « L'État hospitalier (années 1960 - années 2000) : réformes hospitalières et formation d'une administration spécialisée en France », Thèse de doctorat en science politique sous la direction d'Olivier Ihl, Grenoble Alpes, 2018, p. 130 et suivantes.

[42] Ministre de la santé publique de 1969 à juillet 1972, Robert Boulin est un gaulliste de longue date, député de Gironde et maire de Libourne. Il a exercé différentes fonctions ministérielles de manière continue depuis 1961. On peut mentionner la fidélité de R. Boulin à J. Chaban-Delmas, sous le patronage de qui il a conquis ses premiers mandats politiques locaux, cf. Renaud Gay, *op. cit.*, p. 151–152. Voir aussi Hubert Bonin, Bernard Lachaise, Christophe-Luc Robin, (dir.) *Robert Boulin : itinéraires d'un gaulliste (Libourne, Paris)*, Bruxelles, P.I.E. Peter Lang, « France contemporaine », 2011.

Grégoire[43]. Par ailleurs, afin d'évaluer plus rigoureusement le poids des dépenses médicales, il crée la Commission des comptes de la santé[44]. Enfin, au sein du ministère de la Santé publique est créée une Direction spécifiquement chargée des hôpitaux[45]. Les conditions sont ainsi réunies pour préparer puis mettre en œuvre la réforme hospitalière qui est promulguée par la loi du 31 décembre 1970.

Le législateur cherche explicitement à poursuivre le processus de rationalisation du système hospitalier engagé en 1958. Dans son rapport préparatoire, Roger Grégoire rappelait que la réforme de 1958 a mis l'accent sur les CHR[46] et CHU et « (qu')après avoir abordé pendant une dizaine d'années le problème "par le haut", il serait utile de le reprendre

---

[43] Fils d'un chirurgien des hôpitaux, premier directeur de la Fonction publique de 1945 à 1954, ce conseiller d'État est à la fin des années 1960 un spécialiste de la planification hospitalière au sein de l'administration centrale. En effet, il préside la commission de l'équipement sanitaire et social du Vᵉ Plan puis la commission de la santé du VIᵉ Plan ; il est également président de la Commission nationale de l'équipement hospitalier qui sélectionne les travaux à réaliser dans le cadre du Plan avant de les présenter à la commission de l'équipement sanitaire et social depuis 1966 et du Conseil supérieur des hôpitaux à partir de 1968. Voir Renaud Gay, *op. cit*, p. 155–156. Le rapport de Roger Grégoire sur l'hôpital ainsi que les autres rapports concernant la santé sont publiés en 1971 en trois volumes : *Pour une politique de la santé. Rapports présentés à Robert Boulin*, Paris, La Documentation française, 3 vol., 1971.

[44] Arrêté interministériel du 19 août 1970 portant création de la Commission des comptes de la santé. Présidée par l'inspecteur général des finances Robert Blot, la commission travaille à l'élaboration d'une méthodologie pour établir des comptes annuels rétrospectifs, avec l'objectif d'harmoniser les données utilisées par l'INSEE, la Comptabilité publique et le CREDOC (Centre de recherche pour l'étude et l'observation des conditions de vie) créé en 1953 dans l'orbite du Commissariat général au Plan, et qui compte à partir de 1955 une Division de l'économie médicale, dont les travaux furent pionniers en matière de comptes de la santé). Les travaux de la commission aboutissent à une première rétropolation publiée en 1979. Voir Institut national de la statistique et des études économiques, *Les comptes satellites du SECN, les comptes de la Santé, méthodes et séries (1950–1977)*, Paris, Imprimerie nationale, « Les collections de l'INSEE », 1979.

[45] La Direction des Hôpitaux est créée le 13 novembre 1970, issue du regroupement entre la Direction de l'équipement sanitaire et social, désormais détachée de la Direction générale de la santé publique, et le Service des établissements, ancienne sous-direction des hôpitaux : elle est chargée d'assurer la tutelle des établissements du service public hospitalier et de gérer le personnel et l'équipement hospitalier.

[46] Les 27 CHU créés après 1958 en France métropolitaine ont dans leur quasi-totalité le statut de Centres hospitaliers régionaux.

"par le bas" »[47]. L'exposé des motifs de la loi affirme ainsi l'objectif de « substituer à la "balkanisation" actuelle un dispositif rationnel destiné à couvrir progressivement l'essentiel des besoins du pays ».

La réforme innove en définissant pour la première fois un « service public hospitalier » auquel a vocation à être intégré le secteur privé, du moins dans un premier temps les établissements privés sans but lucratif dont le fonctionnement est assez comparable à celui des hôpitaux publics. La loi permet également l'unification des législations, puisque les établissements de lutte contre la tuberculose ou le cancer ainsi que les hôpitaux psychiatriques acquièrent désormais le statut de centres hospitaliers spécialisés, aux côtés des centres hospitaliers généraux. Pour mieux mettre en œuvre ce service public hospitalier, la réforme pose également le principe de la sectorisation de l'offre de santé par le biais d'une carte sanitaire, qui s'avère exclusivement hospitalière, avec le triple objectif d'assurer l'accès de toute la population à des soins de qualité, d'accroître le contrôle de l'État sur la gestion des établissements hospitaliers et de maîtriser la croissance des dépenses de santé[48].

La réforme Boulin impose aussi une réorganisation de l'administration interne aux établissements hospitaliers, en poursuivant le renforcement des pouvoirs du directeur d'hôpital par rapport à la commission administrative, qui devient conseil d'administration, au sein duquel la part des représentants des organismes de Sécurité sociale augmente[49]. Cette loi détermine à bien des égards l'organisation du système hospitalier jusqu'aux années 1990. Néanmoins, en matière de tarification hospitalière, le texte législatif se contente de renvoyer à une réforme ultérieure,

---

[47] Voir « Pour une réforme hospitalière. Rapport présenté par M. Roger Grégoire », *Pour une politique de la santé : rapports présentés à Robert Boulin. Vol. 3, L'hôpital*, Paris, La Documentation française, 1971, p. 30.

[48] Le territoire national métropolitain est ainsi découpé à partir de 1974 en 256 secteurs sanitaires qui doivent bénéficier d'un plateau technique minimum (laboratoires, blocs opératoires, équipements de radiologie) et de capacités d'accueil en fonction du nombre d'habitants. Sur ce sujet, voir Emmanuel Vigneron, *L'Hôpital et le territoire. De la coordination aux GHT : une histoire pour le temps présent*, Paris, SPH Éditions, 2017.

[49] Les représentants des organismes de sécurité sociale sont au nombre de 2 sur un total de 9 membres selon l'ordonnance du 11 décembre 1958, soit 22 % de la commission administrative ; avec la loi de 1970, ils passent à quatre sur un total de 14 soit 28 % du conseil d'administration.

à adopter « dans un délai d'un an[50] ». Mais cette réforme peine à aboutir rapidement.

En effet, la nouvelle Direction des hôpitaux propose en 1971 la mise en place du « prix de journée fractionné » (déjà évoqué en 1965 par le groupe de travail autour d'Edmond Dobler) mais le projet est refusé par le ministre des Finances[51]. Dans les années 1970, le prix de journée fait l'objet de critiques de plus en plus virulentes, mais ce n'est que dans le contexte de la crise économique qui s'amorce au milieu des années 1970 qu'émerge la solution alternative de l'enveloppe globale[52]. Cette solution est mise en place à titre expérimental en 1978, de pair avec le prix de journée fractionné, puis généralisée en 1983 sous l'impulsion de Pierre Bérégovoy.

La période pompidolienne est donc marquée par l'expansion et la modernisation du système hospitalier français, notamment avec le lancement du chantier des CHU dans les années 1960. Mais elle se distingue aussi par une prise de conscience par l'État que cette expansion entraîne une hausse des dépenses difficile à contrôler et qu'il faut trouver les moyens de maîtriser. Les fondements sont alors posés pour permettre un contrôle plus affirmé de l'État sur les structures hospitalières, à travers un effort de rationalisation qui doit faire face au poids des particularismes locaux, à l'attachement des médecins hospitaliers à leur statut libéral, aux intérêts du secteur privé, et à la volonté d'autonomie des organismes de Sécurité sociale. Néanmoins, en matière de financement, les solutions proposées ne visent alors qu'à mieux mesurer les différentes composantes du prix de revient des hôpitaux, sans mettre fin au système du prix de journée, suffisamment souple pour permettre cette expansion hospitalière.

---

[50]   Article 52 de la loi du 31 décembre 1970.

[51]   Voir Renaud Gay, *op. cit.*, p. 220.

[52]   Selon ce système, les établissements sont financés par une dotation globale fixe, revalorisée chaque année sur la base du budget de l'année précédente en fonction d'un taux directeur national, ce qui « ramène l'institution [hospitalière]à la gestion financière traditionnelle d'un établissement public administratif » (Christian Maillard, *op. cit.*, p. 91). Ce nouveau système de financement est instauré pour tous les hôpitaux publics et les établissements privés participant au service public hospitalier par la loi n°83–25 du 19 janvier 1983 portant diverses mesures relatives à la Sécurité sociale.

Pour une microhistoire de la création des centres hospitalo-universitaires : premières pistes à partir du cas de Besançon (1955-1967)

Pierre VERSCHUEREN

Un petit hôpital face à une grande réforme

À partir de 1955, le constat d'une crise profonde du secteur hospitalier et de l'enseignement supérieur médical est devenu un lieu commun : un « Comité interministériel d'étude des problèmes de l'enseignement médical, de la structure hospitalière et de l'action sanitaire et sociale » est institué par décret du 18 septembre 1956, présidé et animé par le célèbre pédiatre Robert Debré. L'avènement de la Vᵉ République et les pouvoirs conférés au gouvernement par la nouvelle constitution permettent de concrétiser le travail des réformateurs en deux ordonnances : celle du 11 décembre 1958, qui touche à l'administration de l'hôpital, pour permettre au ministère de la Santé publique et de la Population d'assurer la coordination des équipements hospitaliers, et prévoit la création dans les centres hospitaliers régionaux d'au moins un poste à plein temps de chef de service d'électroradiologie, de biologiste chef de service et d'assistant d'anesthésie-réanimation ; celle du 30 décembre de la même année, « relative à la création de centres hospitaliers et universitaires, à la réforme de l'enseignement médical et au développement de la recherche médicale »[1]. Cette dernière s'organise autour de trois idées principales, considérées comme des leviers cruciaux de modernisation de l'activité médicale. La première est le rapprochement et la coordination des activités de l'hôpital

---

[1] *Journal officiel de la République française*, ordonnance n°58–1373 du 30 décembre 1958 relative à la création de centres hospitaliers et universitaires, à la réforme de l'enseignement médical et au développement de la recherche médicale, 31 décembre 1958, p. 12070–12071.

et de la faculté, ce qui passe par la passation obligatoire de conventions et la création de Centres hospitalo-universitaires (CHU) ; au sein de ces CHU ces institutions doivent « [organiser] conjointement l'ensemble de leurs services en centres de soins, d'enseignement et de recherches », réunissant trois missions qui relevaient jusque-là d'institutions séparées. La deuxième est le principe du temps-plein des services et du personnel hospitalo-universitaire, ce qui signifie en particulier la fusion des carrières hospitalières et universitaires, avec l'attribution d'un double titre systématique à partir de l'internat ; en conséquence, les titulaires de chaire à la faculté devraient désormais être tous de droit être chefs de service à l'hôpital. Ces personnels doivent désormais relever conjointement du ministère de l'Éducation nationale et du ministère de la Santé publique et de la Population, et la triple mission de soin, d'enseignement et de recherche des CHU se répercute ainsi sur les carrières des médecins qui y exercent (sans que la valence entre ces différentes missions ne soit précisée). Le troisième est l'institution d'un concours final de recrutement des maîtres de conférences/médecins des hôpitaux, ce qui recouvre une fusion du médicat des hôpitaux et de l'agrégation, remplacés par un unique concours national et anonyme. Le but est de permettre le « brassage des élites médicales » et de lutter contre les « féodalités », en particulier le recrutement par trop localiste. Cette réforme Debré, à la fois globale et unilatérale, cherche ainsi à résoudre à la fois le problème des études, des soins et de la recherche, en définissant un nouveau rapport de force et en remettant en question le caractère libéral de la profession hospitalo-universitaire.

Les ambitions de cette réforme, et les circonstances qui l'ont permise, ont très rapidement été l'objet de recherches, les sciences politiques en faisant un cas paradigmatique pour l'étude de l'action publique : il faut citer en particulier l'ouvrage fondamental publié en 1969 par Haroun Jamous, *Sociologie de la décision. La réforme des études médicales et des structures hospitalières*[2]. Mais ces études s'intéressent avant tout au centre du système, à l'échelon ministériel, à la genèse et au processus d'élaboration de la réforme, à ce qui a permis à un petit groupe de réformateurs d'obtenir aussi rapidement une réforme aussi profonde du système universitaire et hospitalier, dont les structures institutionnelles sont alors globalement inchangées depuis le début du XIXe siècle. Cet article exploratoire entend

---

[2]   Haroun Jamous, *Sociologie de la décision. La réforme des études médicales et des structures hospitalières*, Paris, CNRS Éditions, 1969. Voir aussi Alexandre Dhordain (dir.), *CHU, l'hôpital de tous les défis. Jubilé des CHU*, Toulouse, Privat, 2007, et Jean Imbert (dir.), *Histoire des hôpitaux de France*, Toulouse, Privat, 1982.

donc suggérer de déplacer la focale, d'adopter une perspective microhistorique pour explorer les enjeux locaux de mise en place de cette réforme, concrètement, sur le terrain – en l'occurrence, à partir du cas de Besançon. De fait, la création des CHU s'étale sur de longues années, couvrant toute la présidence Pompidou, tant les hôpitaux dépendent à ce moment-là surtout des communes et des pouvoirs locaux, le ministère de la Santé créé en 1920 n'ayant sur eux qu'un pouvoir de tutelle.

Ce premier travail est modeste, ne se fondant à ce stade que sur le dépouillement systématique des procès-verbaux de la Commission administrative (CA) et de la Commission médicale consultative (CMC) de l'hôpital bisontin[3] – modestie d'autant plus grande que le choix du cas est avant tout circonstanciel. Circonstanciel mais sans doute pas absurde : la convention bisontine qui officialise la création du CHU est signée en 1966, soit huit ans après la réforme, ce qui en réalité est relativement tôt – la première de ces conventions, qui met en place le CHU Saint-Antoine à Paris, date de 1965 (le CHU Cochin apparaissant en 1968, le CHU Necker en 1969). La mise en place n'est donc sans doute pas sensiblement plus difficile à Besançon qu'ailleurs, et elle l'est peut-être même moins : le maire de 1953 à 1977, le socialiste Jean Minjoz, est un homme que les questions hospitalières intéressent, en témoigne le fait qu'il préside la Fédération hospitalière de 1957 à 1980, association nationale des établissements hospitaliers publics (qui représente en particulier les commissions administratives dirigeant ces établissements). Il a en outre été secrétaire d'État au Travail et à la Sécurité sociale en 1956–1957, et président de la commission des Affaires sociales du Sénat. Le cas de Besançon est donc sans doute dans un cas de succès, au moins relatif : la création du CHU permet d'obtenir une première unité de l'Inserm en 1966, et surtout la transformation, demandée depuis bien longtemps, de l'École nationale de médecine en faculté de médecine de plein droit, en 1967.

Pour quelques mètres carrés de plus

Quelle est la situation à Besançon à la veille de la réforme ? La grande majorité des services du centre hospitalier régional (CHR) sont installés

---

[3] Ces documents sont conservés dans les archives du CHU Jean Minjoz, à Besançon ; je tiens à remercier vivement l'archiviste, Bruno Allard, qui m'a ouvert généreusement l'accès aux fonds dont il a la conservation, ainsi que Laurent Tatu, qui m'a largement prodigué conseils, orientations et discussions.

dans les cinq hectares de l'hôpital Saint-Jacques, ancien hôpital général, d'un beau style classique de la fin du XVIIᵉ siècle, construit de 1686 à 1703, classé aux monuments historiques depuis 1938. L'hôpital est situé dans le centre historique de la ville, dans la « boucle » que forme le Doubs (fig. 1). Si les locaux sont en relatif bon état, la fin des années 1940 voient les difficultés arriver : la charte hospitalière du 21 décembre 1941, en ouvrant l'hôpital à toutes les catégories de malades, et non aux seuls indigents, provoque un début de croissance du nombre de patients. Cette croissance est encore renforcée par la mise en place de la Sécurité sociale à partir de 1945 et la vitalité démographique dont fait preuve la région dès la fin de la Seconde Guerre mondiale. L'hôpital passe ainsi de 8000 entrées en 1951 à 13500 en 1958, 15980 en 1962. Ce développement de l'action médicale et sanitaire impose des agrandissements, les premiers depuis les années 1920, reprenant la logique pavillonnaire qui avait alors été adoptée : en 1953–1954, l'hôtel de Montmarin (acquis par la ville en 1907 pour accueillir la maternité) est agrandi pour recevoir la neuropsychiatrie, en 1955–1958 le pavillon Bersot se voit adjoindre un bâtiment de quatre étages, en 1957 le pavillon Sainte-Lucienne est édifié, pour la médecine des femmes – ce qui permet de dépasser les 1000 lits (Fig. 2). Le CHR commence donc déjà à être à l'étroit au moment des ordonnances de 1958 : c'est avant tout sur la question de l'espace que les enjeux vont se concentrer.

Fig. 1. L'hôpital Saint-Jacques : un hôpital de centre-ville

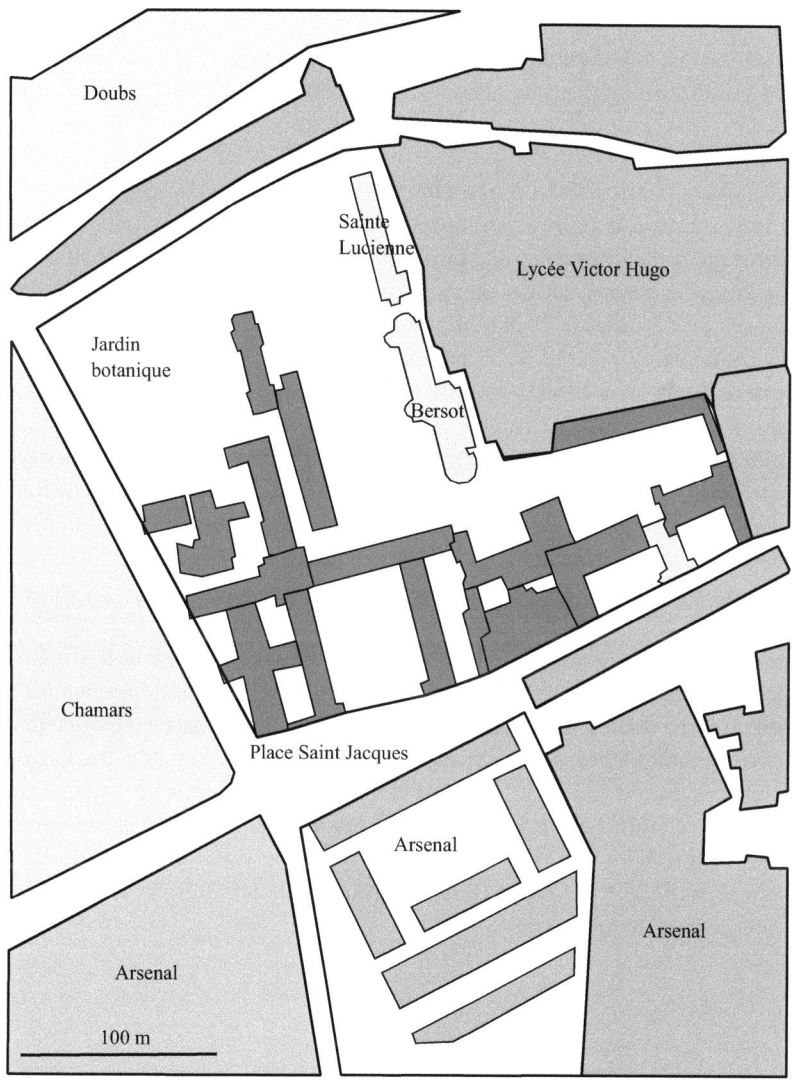

Fig. 2. L'hôpital Saint-Jacques avant la réforme Debré (1957)
Note : l'hôpital Saint-Jacques est entouré en noir.
Source : © Ville de Besançon, 2017.

De fait, toutes les perspectives de développement de l'hôpital s'avèrent consommatrices d'espace. L'augmentation tendancielle du nombre de patients, d'une part, pousse mécaniquement à l'augmentation du nombre de lits. Il faut y ajouter les campagnes de ce qu'on appelle alors « l'humanisation des hôpitaux »[4], puisque Saint-Jacques dispose encore, dans de nombreux services, de grandes salles communes de plusieurs dizaines de lits, qu'il s'agit de remplacer par des chambres. Le cas de la maternité est révélateur : elle ne dispose au milieu des années 1950 que de deux chambres particulières, d'une chambre à deux lits et de trois salles communes. Enfin, le rapprochement avec l'École nationale de médecine renforce encore la pression : l'hôpital doit lui réserver depuis 1840 au moins 50 lits pour constituer des services d'enseignement permettant de mettre en contact étudiants et patients pour l'enseignement clinique ; mais dès la transformation de l'école préparatoire en école de plein exercice (par arrêté du 14 mai 1956)[5], le centre hospitalier doit prévoir la création de services nouveaux (neurochirurgie, chirurgie pulmonaire, traumatologie, rhumatologie, etc.) et l'extension de certaines spécialités (urologie, cardiologie, obstétrique, etc.), nécessaires à la formation des étudiants de quatrième et cinquième année – la sixième année, et la soutenance de thèse, relevant de la faculté de médecine de Nancy, qui organise aussi les examens[6]. L'école est alors logée en périphérie de l'hôpital, mais en mai 1957, en vue de l'inscription de l'extension au IIIe Plan de modernisation et d'équipement, le ministère de l'Éducation nationale transmet le « schéma d'une cité hospitalière et universitaire de ville de faculté ou d'école de médecine », ouvertement inspiré des débats en cours de la commission Debré, qui précise : « l'enseignement de la médecine gagnera considérablement à être fait dans des locaux juxtaposés ou mieux complètement imbriqués avec ceux de l'hôpital, formant ainsi une véritable cité hospitalière et universitaire, dans laquelle professeurs et étudiants vivent toute la journée, se livrant à la fois aux activités de soin, d'enseignement et de recherche. »

---

[4]   Christian Chevandier, *L'Hôpital dans la France du XXe siècle*, Paris, Perrin, 2009.

[5]   Pour un panorama de l'histoire de l'école de médecine de Besançon, voir Philippe Vichard, Patrick Garbuio, « L'école de médecine de Besançon, 1820–1967, ou les vicissitudes de l'enseignement médical dans une métropole provinciale, entre deux révolutions », *Histoire des sciences médicales*, vol. 31, n° 3–4, 1997, p. 301–314 ; Jean-Pierre Maurat, Jean Royer, *L'enseignement médical et pharmaceutique en Franche-Comté. Dole-Besançon 1422–1997*, Besançon, Cêtre, 1997.

[6]   Cette sujétion de l'école de Besançon vis-à-vis de la faculté de Nancy provoque de nombreuses frictions, qui encouragent à la prise d'indépendance. Voir Claude Fabert, « Crise à l'école de médecine de Besançon après les mauvais résultats du dernier examen », *Le Monde*, 29 mai 1964.

Les seuls à échapper à cette imbrication sont les étudiants de première et deuxième année, qu'au contraire « il paraît souhaitable de ne pas inclure dans le bloc hospitalier et universitaire, afin de ne pas troubler le fonctionnement normal des services hospitaliers, tant dans l'intérêt des malades que dans celui du personnel traitant. » Cela implique la construction à part d'amphithéâtre, mais aussi des locaux des chaires d'anatomie, d'embryologie, d'histologie (avec les salles de dissection et de démonstration correspondantes), ainsi que des locaux de démonstration de chimie, de physique et de physiologie. Le bloc hospitalier et universitaire doit quant à lui héberger les locaux des autres chaires, au moins quatre ou cinq laboratoires de recherche et éventuellement de démonstration (au moins un laboratoire de chimie, de bactériologie et d'anatomie pathologique). Pour Besançon, les normes indiquées par le ministère amènent à viser les 12000 m², alors que l'école en occupe alors moins de 8000 – et cela avant même de prendre en compte les charges supplémentaires liées à la transformation en école de plein exercice, et sans que la surélévation des bâtiments ne puisse être envisagée au-delà des quatre étages puisque, à en croire le recteur, « il n'existe pas d'ascenseur susceptible de résister aux étudiants français ». La contradiction est soulevée par la commission administrative de l'hôpital : il faut à la fois « construire en surface et construire au centre de la ville ». Les débats de la commission administrative se font dès lors l'écho de la concurrence de plus en plus vive entre besoins de l'école et besoins de l'hôpital, besoins qui peuvent être tous les deux défendus au nom de l'enseignement et du soin : le passage de l'école au plein exercice, voire au statut de faculté, impose la création de services et réduit les marges de manœuvre de l'hôpital à court terme mais est perçu par la CA comme le meilleur levier pour, à moyen terme, conserver en Franche-Comté les étudiants en médecine bisontin. Le débat porte ainsi, tout bien considéré, sur l'arbitrage entre les besoins présents et les besoins futurs, et ne mène jamais à la rupture, malgré la vivacité des mots échangés : les relations sont de fait suffisamment bonnes pour qu'un premier projet de convention, en octobre 1957, soit établi, par lequel le CHR mettrait à disposition pour l'enseignement 110 lits de clinique médicale et 110 lits de clinique chirurgicale.

Le jardin botanique, installé sur un terrain municipal, et où la commission administrative a prévu dès 1948 de reconstruire la maternité, se retrouve au centre de la controverse, en particulier avec l'arrivée de sept nouveaux agrégés de médecine en novembre 1958, en lien avec la première promotion d'étudiants de cinquième année. Ces universitaires ne disposent en effet à leur installation ni de bureaux ni de locaux, que ce soit pour la recherche ou pour les travaux pratiques de leurs étudiants. L'hôpital espère les loger temporairement dans l'institut de botanique, ce dernier est considéré comme trop petit par le rectorat pour accueillir des étages devant, à ses yeux, dépasser les 1500 m². Devant le blocage, la CA finit par loger temporairement ces universitaires et leurs étudiants dans la grande salle Saint-Bernard, trop imposante pour être un dortoir encore acceptable – et qu'il est moins coûteux de transformer en salles de cours qu'en chambres hospitalières « humanisées ». L'expédient est à nouveau réutilisé quand, en 1961, la suppression du PCB[7] fait passer brutalement la première année d'études médicales de 40 à 138 inscrits, posant de graves problèmes pour les travaux pratiques. Dans un tel contexte, la réforme Debré ne peut qu'encore aggraver la situation : il devient impératif de fournir à ces universitaires un service à diriger, alors même que pour citer le représentant de la Sécurité sociale à la commission administrative, Louis Convers, en 1959 : « l'hôpital ne peut abandonner le moindre terrain sans risquer de compromettre irrémédiablement l'avenir ». À la suite d'une réunion d'information des 26–27 septembre 1960, la CA calcule que si toutes normes ministérielles qui lui ont été présentées à cette occasion par le docteur Maumy sont appliquées[8], soit la transformation des salles communes en chambres à un, deux, trois et quatre lits et les aménagements liés à la réforme Debré, l'hôpital devrait passer de 1022 lits à environ 400, s'il ne parvient pas à s'étendre. Les besoins étant estimés à 1500 lits, il faudrait donc construire pour 1100 lits, soit par exemple « un bâtiment de 550 mètres de long sur 12 de large avec 5 niveaux ».

Sont alors successivement explorés une série de possibilités. La première, proposée par le ministère de l'Éducation nationale et l'architecte des monuments historiques Georges Jouven, serait de construire l'école le long de l'avenue Canot, pour une surface totale de 15000 m² sur quatre étages, du bâtiment Saint-Denis à la rue Girod de Chantrans ;

---

[7]   Le certificat d'études physiques, chimiques et biologiques (dit PCB, créé en 1934), était nécessaire à l'entrée dans les facultés de médecine. En 1961, le PCB est intégré aux deux premières années d'études de médecine, dans le cadre du certificat préparatoire aux études médicales (CPEM).

[8]   Le schéma du docteur Maumy propose un CHU de 1200 lits, 850 étudiants, pour 30000 m². L'Éducation nationale devrait y occuper entre le quart et le cinquième de la superficie. Il estime qu'en moyenne « La transformation des salles communes en chambres à 1, 2, 3 et 4 lits réduit la capacité de l'ordre de 30 %, les aménagements de la réforme médicale réduit encore de 10 à 20 %. »

mais cela s'avère incompatible avec le plan directeur établi par l'architecte du CHR Paul Painchaux. La deuxième serait de l'installer sur la promenade de Chamars, en la reliant à l'hôpital par un sous-terrain, mais le projet est refusé par le ministère de la Construction à la fin de l'année 1960, après un avis défavorable de la commission des sites et de celle de l'urbanisme – la promenade datant du XVIIIᵉ siècle. La troisième serait de s'installer dans les locaux du lycée Victor Hugo mais le rectorat, lui-même confronté à la massification de l'enseignement secondaire, écarte immédiatement la proposition. Une quatrième explore la possibilité d'un terrain aux Saint-Martins, site proche de la future faculté des sciences, pour y installer « les vieillards, les convalescents, et une partie des services généraux », mais le prix s'avère rapidement trop élevé ; en outre, l'exemple de Dijon, « qui pensait avoir trouvé le terrain idéal et dont le futur Centre hospitalier et universitaire se trouve aujourd'hui dans l'axe de départ des avions à réaction » échaude la CA sur un éventuel déplacement en banlieue – qui, de toute façon, irait à l'encontre du modèle d'hôpital monobloc et « imbriqué » promu par les ministères de l'Éducation nationale et de la Santé publique.

Le blocage se prolongeant, la situation remonte la voie administrative jusqu'aux acteurs ministériels, en particulier Eugène Aujaleu, directeur général de la Santé au ministère de la Santé publique et de la Population, et Pierre Donzelot, directeur de l'Équipement universitaire, scolaire et sportif au ministère de l'Éducation nationale[9], avant l'heureuse surprise de janvier 1961 : à titre officieux, le représentant du ministère des Armées fait savoir au maire que l'Armée entend se dessaisir des terrains qui lui appartiennent entre la rue Megevand et le Doubs, y compris la Gare d'Eau (ancien port fluvial), l'école des Ponts du bataillon du Génie, les ateliers de Chamars, et surtout son ancien arsenal (construit à partir de 1840). Un protocole de cession est signé en mars 1962, ce qui permet d'établir un programme de besoins, et de faire adopter un nouveau plan directeur, grâce en particulier à la médiation active de Minjoz : 6 800 m² doivent être attribués à l'hôpital et 12 500 m² à l'école, dans les locaux

---

[9] Pierre Donzelot connaît bien la situation bisontine : né à Valentigney, dans le Doubs, il a commencé ses études à la fois à la faculté des sciences et à l'école mixte de médecine et de pharmacie de Besançon, et a exercé comme professeur suppléant de physique et chimie dans la seconde institution en 1925–1927. Voir Pierre Labrude, « Les "années pharmaceutiques" du professeur Pierre Donzelot (Besançon, Nancy, 1925–1947) », *Revue d'histoire de la pharmacie*, n° 319, 1998, p. 293–302.

de l'ancien arsenal. Devraient ainsi s'y implanter le centre de transfusion sanguine, les trois laboratoires centraux avec leurs sections de recherche et d'enseignement (c'est-à-dire le laboratoire de biochimie, celui de bacté-riologie, hématologie, parasitologie, virologie, et celui d'anatomie patho-logique), mais aussi l'internat (un logement pour trente internes, avec cuisine, salle à manger, salle de lecture), une cafétéria pour les étudiants, une bibliothèque, les archives, et enfin un ou deux services hospitaliers. Mais la commission réalise alors que ces bâtiments ne suffiront pas à répondre aux besoins : la CA du 26 avril 1962, prévoyant une augmen-tation de 40 % du nombre de lits à l'horizon 1968, soit un passage de 1124 à 1680 pour un hôpital qui ne pourrait dépasser les 1300 (soit un besoin estimé de 52550 m^2 pour un bâtiment qui ne pourra pas dépasser les 43000 m^2) estime qu'il « faut prévoir un second hôpital » – puisque la CA, en particulier son président et le représentant de la Sécurité sociale Louis Convers, entendent « conserver le maximum d'espace vert et sur-tout respecter au mieux la perspective que l'on a depuis le fond du jar-din ». Apparaît ainsi un second projet de long terme, la construction d'un hôpital à Chateaufarine, qui après de nombreuses péripéties, après un chantier ouvert en 1977 sera l'hôpital Jean-Minjoz, inauguré en 1982[10] – établissement architecturalement monobloc, suivant les normes voulues par les modernisateurs. Dans tous les cas, le temps nécessaire à la construction de ce second hôpital ne permet pas que la pression se relâche sur les locaux de l'hôpital Saint-Jacques (Fig. 3) : de 1963 à 1969 est construits, le long de la rue de l'Orme de Chamars, un bâtiment neuf, Sainte-Elizabeth, à la place du centre de transfusion sanguine transféré dans l'ancien arsenal, et destiné à un centre de traumatologie, orthopé-die et rééducation fonctionnelle ; en 1969, des pavillons provisoires sont élevés dans le jardin pour abriter la clinique médicale, l'hémodialyse, l'ophtalmologie et la réanimation (pavillon Claude Bernard) ; en 1973, le bâtiment « La mère et l'enfanté », qui devait depuis 1948 remplacer le jardin botanique, est inauguré, fermant la marche des chantiers par les services d'obstétrique et de gynécologie.

---

[10] Au moment d'écrire cet article le transfert des services de l'hôpital Saint-Jacques à l'hôpital Jean Minjoz, débuté en 2012, n'est pas encore totalement achevé.

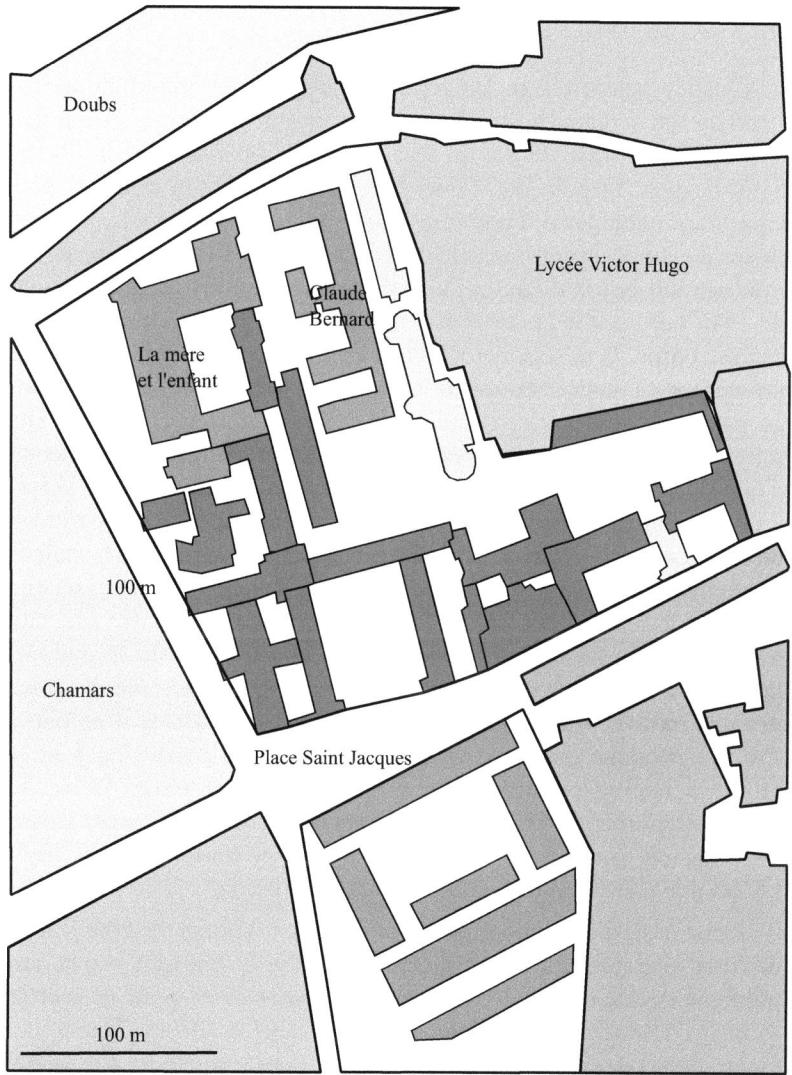

Fig. 3. L'hôpital Saint-Jacques après la réforme Debré (1973)

Un cas : la neuropsychiatrie

Quelles peuvent être les répercussions de ces reconfigurations à l'échelle des services hospitaliers ? Pour essayer d'éclaircir la question, je propose d'étudier le cas du service de neuropsychiatrie de l'hôpital Saint-Jacques. Depuis 1947, le service est dirigé par son créateur, André Charlin, notable local d'une importance sociale considérable, alors président de la Fédération radicale du Doubs ; il s'agit d'un proche de l'administration hospitalière, qui a saisi l'opportunité de la loi hospitalière de 1946 qui impose la création de services de neuropsychiatrie dans les centres hospitaliers régionaux. Selon les normes alors habituelles, il est présent trois à quatre heures par jour dans son service de 120 lits, installé au pavillon Pasteur ; les circulations de patients sont fréquentes entre son service hospitalier et son cabinet en ville. Parallèlement, un médecin d'origine franc-comtoise mais de formation parisienne, Robert Volmat, est recruté médecin de l'hôpital en 1956. Spécialiste de psychopathologie de l'expression, c'est un élève de Jean Delay, de la clinique des maladies mentales et de l'encéphale, à l'hôpital Sainte-Anne de Paris. Les relations personnelles entre Charlin et Volmat se sont manifestement vite envenimées, le premier ressentant vivement la concurrence du second, à tel point qu'un arbitrage doit être passé : Volmat aurait accepté de demander son transfert sur un tableau de l'ordre des médecins situé plus de 110 km pendant cinq ans, et se serait engagé en particulier à ne pas exercer la neuropsychiatrie à titre privé. Mais Volmat réussit le concours de l'agrégation en 1958 ; il devient alors maître de conférences à l'école de médecine. Toutefois la place de chef de service étant prise par Charlin, l'hôpital le maintient dans une situation subalterne.

Cette situation a une conséquence grave : Volmat ne bénéficie pas de lits d'enseignement. Face à cette situation, le ministère de la Santé publique décide de scinder le service en février 1959, pour permettre à Volmat d'exercer à temps plein, comme le veut la réforme Debré, et ce malgré l'opposition de la CA et de la CMC, qui y voient un très fâcheux précédent. La CA se pourvoit ainsi devant le tribunal administratif de Besançon, pour excès de pouvoir. L'enjeu est lourd, comme l'a bien vu la CA :

> Il s'agit de savoir si l'hôpital doit être géré par la commission administrative ou directement par l'administration – et si celle-ci non contente d'assurer le rôle de tutelle qui lui est dévolu par les lois et règlements peut effectivement

diriger l'hôpital en négligeant délibérément les avis formels de la commission médicale consultative et de la commission administrative.

Si le tribunal annule bien l'arrêté de scission en janvier 1961, le ministère se pourvoit en réaction devant le conseil d'État. L'école réclame pour sa part, en attendant, au moins 40 lits d'enseignement pour Volmat, faute de quoi il faudrait envoyer les étudiants de quatrième année faire leur stage de neuropsychiatrie au Centre hospitalier régional de Nancy. Or, en l'attente des décrets d'application, la réglementation ne prévoit de lits d'enseignement que pour les chaires, non pour les maîtrises de conférences. Les débats sur le sujet au sein de la CA sont particulièrement vifs, comme le souligne dans le procès-verbal du 31 mars 1961 l'adjoint au maire Henri Huot, « chargé de la famille et des bureaux de bienfaisance » :

> Lors de la séance du 1er février, il eût été très difficile de taire complètement des prises de positions aussi nettement affirmées mais le rédacteur du compte-rendu les a carrément châtrées. En réalité, chacun sait que le débat a rapidement pris un tour assez vif. […] J'admets volontiers qu'il ne soit pas fait mention des paroles un peu aigres échangées entre les professeurs Bruchon[11] et Roland[12]. […] Je souhaite qu'il soit désormais fait usage dans les cas très importants de la sténo ou de la bande magnétique pour pallier les défaillances éventuelles de mémoire auxquelles me paraît sujet le rédacteur du compte rendu.

Dans tous les cas, conseil d'État donne finalement raison au ministère en mars 1962 : deux services sont créés, un de 68 lits pour Charlin, qui va vite s'orienter vers la neurologie, un de 52 lits pour Volmat, dont l'activité est plus psychiatrique, ce qui permet d'atténuer la concurrence entre les deux hommes – la séparation des deux spécialités n'est cependant officielle qu'en 1969.

Volmat, désormais titulaire de chaire (pour la « clinique neurologique et psychiatrique »), fait alors un choix, qu'il décrit comme militant, d'exercer à temps plein, alors même qu'il n'est pas encore officiellement « intégré » dans le nouveau système car la décision ministérielle nécessaire se fait attendre. Dans un rapport de 1964, il estime cependant

---

[11]   Maurice Bruchon est le directeur de l'école nationale de médecine à partir de 1961.

[12]   Henri Roland est alors chef de service de clinique médicale n°1 et professeur titulaire de la chaire de clinique médicale ; il préside la CMC à partir de 1960. Il est le créateur du centre de transfusion sanguine, en 1948.

devoir faire un bilan « entièrement négatif, pour ne pas dire anti-
positif, en ce qui concerne l'administration » de l'hôpital. L'absence d'intégration en particulier dispense celle-ci de lui fournir salle de cours ou
internes en proportion du nombre d'étudiants. Plus sûrement : « je suis
bien obligé de constater que, au cours de ces deux dernières années, cette
même administration, dont je fais cependant partie, a eu, non peut-être
le but de m'éliminer, mais certainement celui de réduire mes activités,
de les niveler par rapport à celle du service voisin » – c'est-à-dire celui
de Charlin. De manière révélatrice, l'administration refuse d'affranchir
les courriers internationaux, qu'elle estime relever du luxe – alors que
pour Volmat il y a là un enjeu d'insertion dans les réseaux scientifiques
mondiaux. Ces frictions et ces heurs ne cessent pas après l'intégration de
Volmat par arrêté du 1er mars 1965 : lorsque que le professeur souhaite,
par exemple, équiper son service en électroencéphalographie, l'administration lui en refuse l'autorisation, le service de Charlin possédant déjà ce
type de matériel. Lorsqu'il obtient finalement un appareil de ce type par
le biais de l'Éducation nationale, et qu'il demande à ce qu'il soit installé
dans son service, le directeur de l'hôpital, mis devant le fait accompli,
lui signale vertement l'absence d'entente préalable sur les dépenses occa-
sionnées par l'emploi de cet appareil ; en riposte Volmat, devant toute
la commission administrative, « élève la voix pour déclarer que s'il n'a
pas la possibilité d'utiliser l'appareil, il le mettra à la disposition d'un de
ses confrères dans un autre CHU, ne doutant pas que le chef de service
aussi bien que l'Administration de cet établissement seront très heureux
d'accepter ce don ». De fait, le directeur doit finalement céder face à une
opération parfaitement en phase avec les objectifs de la réforme Debré.

Conclusion

D'autres exemples auraient pu être cités, comme celui du service de
gynécologie-obstétrique avec des affrontements parfois physiques entre
Henri Leconte des Floris, Colette et Yves Malinas – où l'arrivée en 1962
d'un chef de service rapatrié d'Algérie, le maître de conférences agrégé
André Raffi, rend la situation plus complexe et plus conflictuelle encore –
ou celui de Pierre Magnin, agrégé de pharmacologie en 1961, qui n'obtient qu'en 1964 la création d'un service de physiopathologie respiratoire
et cérébrale, la direction de l'hôpital ne percevant pas l'intérêt hospitalier d'un tel service. C'est par ailleurs précisément avec l'aide de Volmat
que Magnin obtient l'individualisation de son service et, à terme, son

intégration dans le cadre des professeurs des universités – praticiens hospitaliers. Pourtant, son homologation par l'Inserm en 1966, est accueillie avec joie par la CA le 12 juillet 1966, « unanime à se féliciter de cette homologation qui donne un éclat tout particulier à notre école de médecine et au CHU » – venant à cette occasion au secours de la victoire. La mise en place de la réforme Debré bute ainsi concrètement sur une multitude de pratiques et de normes locales, qui jouent toujours à plusieurs niveaux, en particulier sur les arguments qui permettent ou non d'« individualiser » les services, condition *sine qua non* à l'intégration. Or cette intégration est considérée, malgré une multitude d'expédients (nomination de médecins contractuels, ou attachés rémunérés à la vacation), comme la voie normale : il faut attendre 1978 pour qu'un décret fixe le statut de praticiens hospitaliers à plein temps mais non universitaires dans les CHU. Reste que cette individualisation est presque toujours mal vue par l'administration locale, qui y voit surtout un coût financier supplémentaire, une complexification de la gestion, et une diminution du nombre total de lits à surface constante, les praticiens prennent de plus en plus l'habitude de recourir directement au ministère de la Santé publique et de la Population, à Eugène Aujaleu lui-même puis à ses successeurs, ainsi qu'au ministère de l'Éducation nationale : dès lors que l'École de médecine est de statut national, le ministère doit s'assurer que les universitaires ont les moyens de travailler. Les décisions de création de service, jusque-là prérogative de la Commission administrative, tendent ainsi de plus en plus à se prendre au niveau du pouvoir central : on peut ainsi penser que l'ordonnance du 30 décembre 1958 s'avère être un moyen de montée en puissance de l'État dans le champ hospitalier plus discret, mais tout aussi important, que celle du 11 décembre.

La fin de l'hygiène sociale ? Dispensaires et prévention de la tuberculose en France (années 1950-1960)

Kylian Godde

Au XXe siècle, la tuberculose est une cible prioritaire de la santé publique française, et la lutte antituberculeuse est un pilier de l'hygiène sociale et de la lutte contre les fléaux sociaux au moins jusqu'à la fin des années 1960. Si un nombre important de recherches se sont attelées à analyser la genèse d'un tel domaine d'intervention sur les populations, la fin de la tuberculose comme maladie sociale a en revanche suscité peu d'attention, tant les antibiotiques et leurs promesses ont paru rendre évidente sa relégation parmi les pathologies du passé après la Seconde Guerre mondiale.

La lutte antituberculeuse est en effet absente des grands récits des transformations des mondes de la santé de la seconde moitié du XXe siècle en France. Ces derniers ont plus volontiers été consacrés à la montée des maladies chroniques, à l'essor de traitements « miracles » comme les antibiotiques ou aux créations législatives et institutionnelles qui transforment le paysage de la santé français, au moins en métropole. On peut citer la réforme de 1958, dite « Debré », qui créé les Centres hospitaliers universitaires et fait de l'hôpital public un lieu privilégié de croisement entre la prise en charge, l'enseignement et la recherche, ou encore la création de l'Institut national de la santé et de la recherche médicale (Inserm) en 1964, qui devient la principale agence de recherche publique sur les thématiques de santé. L'institutionnalisation progressive d'une « biomédecine à la française »[1] est ainsi une des principales caractéristiques de la

---

[1] Jean-Paul Gaudillière, *Inventer la biomédecine : la France, l'Amérique et la production des savoirs du vivant, 1945-1965*, Paris, La Découverte, 2002.

modernisation et de la planification du système de santé français défendu
par les pouvoirs publics depuis la fin de la Seconde Guerre mondiale.
Pourtant, l'attention portée à ces transformations en santé laisse dans
l'ombre le rôle de l'hygiène sociale dans la santé publique jusqu'à la fin
des années 1960, et la place de la prévention dans les politiques de santé
est un point aveugle de la focale mise sur l'hôpital. La tuberculose est
rarement évoquée, si ce n'est pas pour affirmer sa disparition des priorités
de santé publique.

Dans ce texte, je déploie mon enquête sur la lutte antituberculeuse en
France à partir d'un matériau empirique spécifique : les archives des différentes commissions au sein des administrations de l'État chargées d'organiser la lutte contre la maladie, et de gouverner le fonctionnement des
dispensaires, les principales institutions dédiées à sa prévention. L'histoire
que j'écris se déroule à grande distance des transformations les plus visibles
du système de santé, sans grands élans modernisateurs ni héros triom-
phants. Elle repose au contraire sur le travail discret des acteurs de l'hygiène
sociale et des administrateurs de la lutte antituberculeuse qui se mobilisent
pour tenter de maintenir une activité de plus en plus déconsidérée mais
qui leur parait essentielle pour empêcher la tuberculose de nuire. À travers
l'exemple du dispensaire antituberculeux, j'analyse les profondes reconfigurations de l'hygiène sociale et des politiques de prévention dans un système
de santé dont les priorités sont ailleurs. Je décris d'abord la genèse de la
lutte antituberculeuse et de l'hygiène sociale dans la santé publique, et le
fonctionnement des dispensaires dans cette configuration. J'analyse ensuite
les transformations de la prévention de la tuberculose dans les années 1950,
et le rôle joué par les dispensaires à cette occasion. Je montre enfin les difficultés rencontrées par les dispensaires et leur déclin dans les années 1960.

Une maladie au cœur de la santé publique

La lutte antituberculeuse est un des piliers de la santé publique française du début du XXe siècle aux années 1970. Historiens et historiennes
de la santé ont bien décrit la genèse de ce domaine d'intervention sur les
populations en France[2], et ont mis en évidence plusieurs de ses caractéristiques.

---

[2]   Dominique Dessertine et Olivier Dominique, *Combattre la tuberculose : 1900-
1940*, Lyon, Presses universitaires de Lyon, 1988 ; Isabelle Grellet et Caroline Kruse,

La première est l'importance de la construction de la tuberculose comme maladie sociale, c'est-à-dire comme maladie dont la trajectoire biologique – la contagion par un bacille puis le développement anatomique des lésions – est indissociable des conditions de vie et de travail des personnes touchées[3]. L'essor de la bactériologie a fait du bacille tuberculeux une cible privilégiée de la prévention de la maladie[4] en même temps que le développement des statistiques sanitaires a été un vecteur d'objectivation des inégalités de santé face à la tuberculose, cette dernière touchant avant tout les populations les plus pauvres. La tuberculose est ainsi intégrée au cadre conceptuel plus large de la lutte contre les « fléaux sociaux »[5], comme les maladies vénériennes, l'alcoolisme[6], le cancer[7], ou encore les maladies mentales[8]. L'hygiène sociale désigne alors les administrations sanitaires mandatées par l'État pour prendre en charge ces problèmes de santé et leurs conséquences sur la quantité et la qualité de la population[9].

Histoires de la tuberculose. Les fièvres de l'âme, 1800 – 1940, Paris, Ramsay, 1983 ; Pierre Guillaume, *Du désespoir au salut. Le tuberculeux aux XIXᵉ et XXᵉ siècles*, Paris, Aubier, 1986 ; Stéphane Henry, *Vaincre la tuberculose (1879-1939). La Normandie en proie à la peste blanche*, Mont-Saint-Aignan, Presses universitaires de Rouen et du Havre, 2018.

3   Alain Cottereau, « La tuberculose : maladie urbaine ou maladie de l'usure au travail ? Critique d'une épidémiologie officielle : le cas de Paris », *Sociologie du travail*, vol. 20, n° 2, 1978, p. 192-224.

4   Christoph Gradmann, *Laboratory Disease. Robert Koch's Medical Bacteriology*, Baltimore, Johns Hopkins University Press, 2009.

5   Virginie De Luca Barrusse, *Population en danger ! La lutte contre les léaux sociaux sous la Troisième République*, Bern, Peter Lang, 2013.

6   Luc Berlivet, « Les démographes et l'alcoolisme : du "fléau social" au "risque de santé" », *Vingtième Siècle. Revue d'histoire*, n° 95, 2007, p. 93-113.

7   Patrice Pinell, *Naissance d'un fléau. Histoire de la lutte contre le cancer en France (1890-1940)*, Paris, Éditions Métailié, 1992.

8   Nicolas Henckes, « Le nouveau monde de la psychiatrie française. Les psychiatres, l'Etat et la réforme des hôpitaux psychiatriques de l'après-guerre aux années 1970 », thèse de doctorat en sociologie, sous la direction d'Isabelle Baszanger, EHESS, 2007 ; et du même auteur, « Un tournant dans les régulations de l'institution psychiatrique : la trajectoire de la réforme des hôpitaux psychiatriques en France de l'avant-guerre aux années 1950 », *Genèses*, vol. 76, n° 3, 2009, p. 76-98.

9   Lion Murard et Patrick Zylberman, *L'hygiène dans la république. La santé publique en France, ou l'utopie contrariée (1870-1918)*, Paris, Fayard, 1996.

La seconde est la force de la mobilisation collective à partir des années 1890 qui a constitué la tuberculose en problème de santé publique. La profession médicale joue un rôle important dans cette mobilisation, notamment à travers la constitution de sociétés savantes et d'associations de prévention consacrées à la tuberculose[10]. L'État s'investit au nom de l'hygiène sociale – et de sa mission de préservation de la santé des populations – dans la lutte contre la maladie à partir de la fin des années 1910. La lutte antituberculeuse dispose alors de budgets exclusivement consacrés à la tuberculose, de services dédiés au sein des administrations de santé de l'État – des collectivités locales à la Commission de la tuberculose du ministère de la Santé – et son activité est encadrée par une législation spécifique, alternative au code de la santé publique, qui isole ses institutions et ses personnels du reste des organisations de santé françaises, hôpital en tête. On peut citer quelques législations : la loi Bourgeois de 1916 prévoit la création de dispensaires antituberculeux spécialisés et de comités locaux d'entraide dans toute la France tandis que la loi Honnorat de 1919 impose la création de lits en sanatorium dans chaque département. L'ordonnance du 31 octobre 1945 introduit des centres de phtisiologie hospitaliers – des services spécialisés contre la maladie – dans le dispositif. La tuberculose est à bien des égards le fléau social emblématique de la santé publique française. Elle est dans la première moitié du XXe siècle une des premières causes de mortalité : l'Institut national d'hygiène (INH) dénombre encore plus de 30000 décès de la maladie en France en 1947[11]. Mais elle dispose également du réseau d'institutions le plus dense. En 1960, en métropole, on recense – public et privé confondus – environ 950 dispensaires, 30000 lits en sanatorium et 25000 lits dans les services hospitaliers.

Le dispensaire est la principale institution de prophylaxie pour la tuberculose[12], et il doit être, aux yeux de ses promoteurs, le « pivot » de la lutte antituberculeuse. C'est un établissement chargé à la fois de

---

[10]   Pierre Guillaume, *op. cit.*

[11]   Poussier Lotte, « Mortalité par tuberculose en France en 1947 », *Bulletin de l'Institut National d'Hygiène*, t. 4, n°1, 1949.

[12]   Sylvie Poncelet, « Le dispensaire antituberculeux ou la difficile émergence d'un établissement prophylactique (1901-1943) », thèse de doctorat en histoire, sous la direction d'Isabelle Lespinet-Moret, Université Paris I Panthéon-Sorbonne, 2020.

l'éducation antituberculeuse et la surveillance des malades et de leur famille[13], du dépistage radiologique et bactériologique de la tuberculose[14], du placement des malades dépistés en sanatorium – les institutions de traitement de la maladie – et, dès 1950, de la vaccination par le BCG. Le dispensaire emploie un personnel spécifique, infirmières-visiteuses et médecins spécialistes de la tuberculose, à qui toute activité thérapeutique est interdite au nom de la concurrence avec la médecine libérale. Il dépend des administrations départementales de lutte antituberculeuse et fournit des prestations gratuites à toute la population de sa circonscription, d'où l'importance de penser la lutte antituberculeuse à l'échelle du réseau de dispensaires qui quadrille le territoire métropolitain français. Le dispensaire incarne ainsi l'ambition d'une institution de prévention agissant au plus près des populations les plus vulnérables, intégré à un territoire dans lequel il peut recruter les malades qui s'ignorent.

Redéploiement de la prévention dans les années 1950 et transformations de l'hygiène sociale

À la fin des années 1940, la lutte antituberculeuse est donc un dispositif de santé publique dans lequel un réseau de dispensaires installé au cœur du tissu urbain travaille à prévenir la tuberculose sous la direction d'administrations dédiées au sein de l'État. Cette caractéristique est pour beaucoup dans la discrétion que j'ai annoncée plus haut. Le fonctionnement des institutions antituberculeuses est routinisé et codifié dans les différents échelons d'intervention de l'État. Il existe bien des politiques de prévention contre la tuberculose, mais elles sont portées et mises en œuvre par des bureaucraties sanitaires plutôt que par des personnalités politiques ou des mouvements sociaux[15].

---

[13] Yvonne Knibiehler, « La "lutte antituberculeuse" instrument de la médicalisation des classes populaires (1870-1930) », *Annales de Bretagne et des pays de l'Ouest*, vol. 86, n° 2, 1979, p. 321-336.

[14] Stéphane Henry, « La médecine libérale et le dispensaire d'hygiène sociale ou l'histoire d'une délicate cohabitation pour vaincre la tuberculose (1916-1939) », *Revue d'histoire de la protection sociale*, vol. 3, n° 1, 2010, p. 55-70.

[15] La situation après la Seconde Guerre mondiale contraste grandement avec les premiers moments de la lutte antituberculeuse, dans le premier quart du XXe siècle, où les politiques de prévention reposent justement sur la mobilisation massive d'associations médicales et de réformateurs politiques proches de l'hygiène sociale, cf. Pierre Guillaume, *op. cit.*

Les années 1950 marquent un redéploiement de l'intervention de
l'État dans la lutte antituberculeuse, qui s'incarne dans de nouvelles lois
imposant des dépistages radiologiques systématiques et la vaccination
par le BCG à certaines franges de la population et par l'organisation
de grandes campagnes de prévention[16]. Les technologies au cœur de
la prévention de la tuberculose ne sont pas nouvelles. Ce qui change,
c'est l'échelle et l'ampleur des programmes de prévention. Pour le dire
autrement, les acteurs qui se consacrent à la lutte antituberculeuse n'ont
jamais eu autant d'outils disponibles que dans les années 1950, d'autant
plus qu'ils s'appuient de surcroît sur le réseau d'institutions antituberculeuses existant, et les acteurs de la lutte antituberculeuse sont unanimes
à constater l'explosion du nombre de vaccinations et de dépistage radiologique durant cette décennie. Dans le cas du BCG, les documents[17]
rassemblés par la Commission de la tuberculose au conseil permanent
d'hygiène sociale du ministère de la Santé font état du passage d'environ
145000 vaccinations d'individus assujettis en 1954, l'année de mise en
œuvre effective de l'obligation vaccinale, à plus de 800000 par an en
1965. Le même mouvement est observable dans le département de la
Seine, où les dispensaires antituberculeux sont particulièrement intégrés
au tissu d'institutions de santé locales. Un rapport d'activité des services
de la sous-direction de l'hygiène sociale de la Seine de 1964 enregistre
par exemple la multiplication du nombre de vaccinations par le BCG
effectuées par les dispensaires du département[18] : de 15000 environ en
1954, il passe à plus de 80000 en 1962. Une tel essor concerne également le dépistage radiologique. Dans la Seine, le dépistage radiologique des étudiants[19], auquel participent les dispensaires, touche environ
110000 individus durant l'année universitaire 1945–1946, contre plus
de 370000 sur l'année 1964-1965. L'hygiène sociale bénéficie donc directement du redéploiement de l'État en santé : le nombre de dispensaires
antituberculeux a continué d'augmenter de 856 en 1950 à 950 en 1960,

---

[16] Respectivement promulguées en 1948 et 1950, les législations sur le dépistage
radiologique des collectivités et la vaccination par le BCG sont en réalité l'objet de
dizaines de décrets précisant les conditions de leur mise en œuvre tout au long des
années 1950.

[17] Archives nationales, 19760164/97, note « Résultats de la vaccination par le BCG
depuis 1954 », anonyme, non daté.

[18] Archives de Paris, 109W32.

[19] Rapport anonyme « Dépistage de la tuberculose chez les étudiants », non daté.
Archives nationales, 19760164/97.

et les financements alloués à la lutte antituberculeuse ont augmenté de 2,5 milliards de francs en 1953 à 4,5 milliards en 1958[20] – même si cette hausse a surtout financé des postes de personnel administratif et d'assistantes sociales.

Ces transformations de l'échelle des campagnes de prévention ont des effets importants sur la dynamique épidémiologique de la tuberculose, au point qu'il soit possible de dire que les années 1950 marquent une apogée de la lutte antituberculeuse. L'action conjointe du dépistage radiologique, de la vaccination BCG et des antibiotiques nouvellement disponibles[21] entraînent une nouvelle chute de la mortalité tuberculeuse[22], alors que ces nouveaux outils thérapeutiques permettent de soigner des cas dépistés toujours plus précocement. Le déclin épidémiologique de la tuberculose est mis en évidence dans les travaux d'épidémiologie de l'INH[23], que les acteurs de la lutte antituberculeuse utilisent ensuite pour gouverner le dispositif. Ainsi, dans les rapports préliminaires à la préparation du IVe Plan d'équipement sanitaire[24], il est affirmé à la suite de l'INH que la mortalité tuberculeuse est passée en France de 58 décès pour 100000 en 1950 à 23 décès pour 100000 en 1959. Elle diminue encore jusqu'à atteindre 14,6 décès pour 100000 en 1965[25]. Ces succès épidémiologiques en viennent à fragiliser la lutte antituberculeuse, dispensaires en tête.

L'essor des campagnes de dépistage radiologique et de vaccinations se fait en effet à la faveur d'un nombre important de créations d'institutions qui entendent prendre en charge la prévention de la tuberculose. On peut citer, à titre d'exemples, l'hygiène scolaire, la médecine universitaire, la protection maternelle et infantile, ou encore la médecine du travail. Ces nouvelles institutions mettent en place leur propre campagne. C'est en particulier vrai de la médecine du travail, qui tente d'asseoir sa légitimité

---

[20] *Ibid.* 19760164/95, Comité central d'enquête, « Rapport sur la législation et l'organisation de la lutte contre la tuberculose », 1961.

[21] Jean-Paul Gaudillière, *op. cit.* ; Pierre Guillaume, *op. cit.*

[22] En Europe de l'Ouest et d'Amérique du Nord, la mortalité tuberculeuse baisse régulièrement depuis le début du XXe siècle. À la suite des controverses ouvertes par les travaux d'Illich (1982), de nombreux travaux en histoire ont tenté de déterminer l'impact respectif de l'amélioration des traitements, de la prévention ou des conditions de vie sur cette baisse de la mortalité.

[23] L'INH, créé en 1941, devient l'Inserm en 1964.

[24] *Ibid.* 19760164/40.

[25] *Ibid.* 19760164/97, Rapport « Pour un programme de lutte antituberculeuse adapté au temps présent », 1968.

en investissant massivement le dépistage systématique radiologique. En termes de prévention, il semble que les dispensaires antituberculeux soient de moins en moins les seuls propriétaires du problème de la tuberculose en France, au point que les médecins de dispensaire eux-mêmes s'inquiètent de l'avenir de leur activité : « Il me semble qu'en dehors des dispensaires antituberculeux beaucoup trop de gens s'occupent, non seulement du traitement de la tuberculose, mais encore de son dépistage, les uns pour des fins particulières, les autres pour le compte de collectivités ou d'institutions[26]. » Un rapport à l'attention de la commission de la tuberculose du ministère de la Santé du 20 juin 1961 va dans le même sens et alerte face à certains déplacements de l'offre prophylactique dans l'Allier, qui entraînent une baisse de l'activité des dispensaires du département dès les années 1950 : « Le fait important et dangereux est que certaines collectivités et même un bon nombre de collectivités publiques qui étaient depuis toujours la clientèle des dispensaires, passent de la surveillance de ces derniers, à celle de la médecine du travail[27]. »

En somme dans les années 1950, « beaucoup trop de gens » effectuent donc les dépistages pour un trop grand nombre d'institutions, et la prévention de la tuberculose se reconfigure en partie autour des médecines de collectivité, qui ciblent des franges spécifiques des populations. Cette frustration des médecins de dispensaires, c'est donc celle de la difficulté à gérer la nouvelle concurrence entre institutions de médecine sociale. À leurs yeux, les cas de tuberculose qui échappent au dispensaire échappent à la lutte antituberculeuse dans son ensemble.

Mais les médecins de dispensaire éprouvent également de grandes difficultés à intéresser les médecins libéraux à leur activité, d'autant plus que ces derniers ont à leur disposition des antibiotiques efficaces contre la tuberculose. Au début des années 1960, de nombreux médecins dispensaires appellent à de nouveaux liens avec la médecine de ville :

> Des médecins-traitants, il faut obtenir qu'ils considèrent le dispensaire non comme le concurrent, mais comme le meilleur et le plus désintéressé

---

[26] *Ibid.* 19760164/98. Rapport « Les liaisons indispensables du dispensaire antituberculeux » à l'occasion de la réunion des médecins de dispensaire de la commission de la tuberculose du ministère de la Santé du 21 juin 1960.

[27] *Ibid.*, rapport « Diminution de la demande des collectivités en matière d'examens systématiques par les dispensaires antituberculeux » à l'occasion de la réunion des médecins de dispensaire de la commission de la tuberculose du ministère de la Santé du 20 juin 1961.

des conseillers ; il faut surtout obtenir d'eux qu'ils comprennent qu'il n'y a pas que la thérapeutique de la tuberculose, qu'il y a aussi et surtout les méthodes de prophylaxie et de prémunition ; il faut les amener à connaître ces méthodes, à en tenir compte, et à se décharger sur le dispensaire du soin de les appliquer ; il faut qu'ils ne cachent pas et ne conservent pas jalousement par devers eux leurs clients tuberculeux : en un mot il faut obtenir leur confiance[28].

Cet extrait permet de saisir la distance entre la médecine de soins et la médecine sociale, et de la nécessité d'intéresser des professionnels de santé à une conception de maladie dans laquelle « il n'y a pas que la thérapeutique de la tuberculose ». Cet écart est assez caractéristique des relations entre la profession médicale et la santé publique, la première s'inquiétant régulièrement que la seconde lui ôte des clients et nuise à son activité libérale. Surtout, il montre que le consensus interne à la lutte antituberculeuse quant à l'importance de la prophylaxie de la maladie n'apparaît pas si évident aux médecins qui travaillent au-delà de ses frontières institutionnelles.

Ces différents extraits mettent en évidence le changement du rapport de force à l'œuvre en matière de lutte contre la tuberculose. Les dispensaires sont aux yeux de la loi les principales institutions de prévention de la tuberculose, mais ils dépendent pour leur bon fonctionnement de la bonne volonté des médecins de ville et des collectivités de se décharger sur eux de leurs patients ou de leurs activités de prévention, vaccination et dépistage radiologique en tête. Dans cette nouvelle configuration, c'est l'idée même d'un dispositif d'hygiène sociale focalisé sur un fléau social spécifique qui est mise en difficulté.

Vers une désaffection des dispensaires

La transformation de la situation épidémiologique de la tuberculose a d'autres effets sur l'hygiène sociale et le fonctionnement des dispensaires. D'abord, les administrateurs de la lutte antituberculeuse sont les porteurs d'un savoir situé, construit depuis les bureaux des commissions de la tuberculose des pouvoirs publics et depuis leur service hospitalier, pour la grande partie d'entre eux qui sont médecins. Ils découvrent d'année

---

28 *Ibid.*, rapport « Les liaisons indispensables du dispensaire antituberculeux » à l'occasion de la réunion des médecins de dispensaire de la commission de la tuberculose du ministère de la santé du 21 juin 1960.

en année les travaux de l'INH, qui font par ailleurs écho à leur propre expérience clinique, cependant dans leur présent, la situation connaît de multiples incertitudes : est-ce que le déclin de la tuberculose va se poursuivre ? À quelle vitesse ? L'enjeu central pour ces acteurs est de parvenir à allouer des ressources limitées dans le dispositif antituberculeux pour maintenir la mobilisation contre une maladie dont l'impact sur la santé des populations diminue, sans qu'elle ne disparaisse jamais pour autant.

Dans les années 1960, face au déclin épidémiologique de la tuberculose, les médecins siégeant dans les différentes commissions de la tuberculose craignent que le dispensaire ne puisse plus remplir son rôle de prophylaxie de la maladie. Surtout, ils s'inquiètent de la diminution de l'activité des dispensaires. De nombreux rapports s'inquiètent des difficultés de recrutement. En 1963, quatre postes de médecins des services publics antituberculeux sont pourvus sur les trente-cinq mis au concours[29]. En 1966, ce sont cinq postes pourvus seulement sur cinquante. Durant les séances des commissions de la tuberculose, les mêmes raisons sont évoquées durant toute la décennie : les traitements reçus sont trop faibles – d'autant plus que la législation interdit aux médecins de dispensaire à temps partiel d'exercer en clientèle dans la même circonscription que leur dispensaire – et l'absence d'activités thérapeutiques nuit à la reconnaissance professionnelle des praticiens.

Aux problèmes de personnel s'ajoutent des préoccupations matérielles. Pour le dépistage systématique radiologique, les dispensaires sont principalement équipés d'appareils de radioscopie, qui permettent l'observation des poumons en temps réel par la projection de rayons x à travers le thorax jusqu'à un écran fluorescent. Mais durant les années 1950 et 1960, les appareils de radioscopie sont au cœur des controverses quant aux dangers liés aux radiations ionisantes, au point que l'Académie de médecine appelle à limiter leur utilisation et recommande le recours aux radiophotographies – qui consiste à prendre une photographie de l'image pulmonaire obtenue – au nom de la moindre dose de rayons x nécessaire à la réalisation d'un diagnostic, et de la plus grande qualité des images obtenues. Dans un rapport présenté à la commission de la tuberculose en 1963, un médecin de dispensaire présente en ces termes les difficultés soulevées par le recours à l'imagerie médicale :

---

[29]   *Ibid.*, 19760164/97, note sur le « Recrutement des médecins des services publics antituberculeux », Bureau MS.2, 18 juillet 1966.

Malheureusement, nos services ne sont pas équipés pour cette tâche : la plupart n'ont même pas la possibilité de faire des radiographies pulmonaires et encore moins des tomographies. Ainsi, par exemple, quand un service radio-photographique du travail nous signale des images suspectes, nous sommes dans l'impossibilité d'effectuer les examens complémentaires nécessaires à la précision du diagnostic. Il est donc indispensable avant tout de moderniser et équiper les dispensaires, qui fonctionnent encore avec les mêmes méthodes et moyens (et ceci aussi bien pour le classement des fiches !) qu'il y a 30 ans[30].

Lors des réunions annuelles des médecins de dispensaire au ministère de la Santé du 21 juin 1960, un autre commente : « Il appartient à l'État de donner l'exemple. Il faudrait veiller au bon équipement du dispensaire trop souvent vieillot, installé dans des bâtiments vétustes, mal équipé, incapable de faire les examens complémentaires, de cette manière il perd le malade[31]. »

Dans les années 1960, parmi les médecins de dispensaire participant aux réunions des commissions de la tuberculose, il existe un consensus quant à l'impossibilité grandissante pour le dispensaire de remplir son rôle, l'une des raisons étant la qualité des établissements et de leurs instruments. Un équipement « vieillot », des bâtiments « vétustes » constituent un bon rappel de ce que les pratiques de prévention reposent elles aussi sur des infrastructures sans lesquelles elles ne peuvent aller au bout de leur mission. Pourtant, utiliser les « mêmes méthodes et moyens qu'il y a 30 ans » n'est pas un mal en soi. L'appel à moderniser les dispensaires est plutôt à replacer dans la situation des années 1960 et les déplacements au sein de la médecine sociale que j'ai décrits ici : un mauvais équipement ne suffit plus aux dispensaires pour lutter contre la concurrence des nouvelles institutions qui s'emparent du problème de la tuberculose, au point que les médecins aient le sentiment que leur dispensaire « perd le malade ».

La concurrence d'autres institutions, les problèmes de recrutement ou d'équipement sont autant de facteurs à l'origine d'une progressive désaffection des dispensaires antituberculeux dans les années 1960,

---

[30]   L'auteur souligne. *Ibid.*, 19760164/98, rapport « Orientation actuelle de la lutte antituberculeuse » à l'occasion de la réunion des médecins de dispensaire de la commission de la tuberculose du ministère de la santé du 08 novembre 1963.

[31]   *Ibid.*, Intervention d'un médecin de dispensaire durant la réunion des médecins de dispensaire de la commission de la tuberculose du ministère de la santé du 21 juin 1960.

que de nombreux rapports administratifs mettent en évidence. Un bon exemple est celui du rapport du Comité central d'enquête sur le coût et le rendement des services publics, publié en 1960. Pour le département de la Seine, l'enquête menée[32] met en évidence une diminution de l'activité des dispensaires entre 1952 et 1959, au-delà de l'essor de la vaccination et du dépistage radiologique. À populations et nombres de dispensaires égaux, le nombre de consultations données passe de 371364 à 304739, tandis que le nombre de nouveaux consultants chute de 74458 à 54421. Pour les activités de prophylaxie à proprement parler, le même mouvement est observable : le nombre de familles surveillées passe de 91909 à 70883 et le nombre de visites à domicile effectuées de 140087 à 124356. Cette diminution de l'activité des dispensaires est l'indice des difficultés grandissantes de ces derniers à atteindre les populations : non seulement de moins en moins de personnes se présentent au dispensaire, mais les personnels des dispensaires eux-mêmes – assistantes sociales et infirmières-visiteuses en tête – diminuent leur activité hors les murs.

En effet, la place prise par les vaccinations et les dépistages radiologiques induit un important travail administratif de suivi des campagnes, qui se fait au détriment d'autres activités médico-sociales de la prophylaxie antituberculeuse, comme l'éducation antituberculeuse, ou encore le suivi des malades et de leurs familles. C'est une des revendications centrales des promoteurs de l'hygiène sociale : la tuberculose est une maladie complexe, nécessitant une prise en charge de longue durée, et dont les conséquences sociales sont importantes, tant en termes d'isolement, de risques de contagion, d'équilibre des familles, d'impossibilité de travailler, et de sécurité financière. Les campagnes de dépistage radiologique et de vaccination sont des dispositifs massifs, mais qui interviennent à un instant donné de la vie des personnes. Il s'agit soit de trier les malades qui s'ignorent, soit d'éliminer le risque de tuberculose chez les autres. Mais les médecins de dispensaire ont sans doute raison d'affirmer que cette instance « perd le malade » : la focalisation de la prophylaxie antituberculeuse sur des pratiques facilement quantifiables et limitées à un instant donné se fait au détriment du suivi et de l'accompagnement à plus long terme des populations contre la tuberculose. C'est la nature même de la prévention de la tuberculose qui se transforme, et dans cette nouvelle configuration, les cadrages en termes d'hygiène sociale et d'amélioration

---

[32] *Ibid.* 19760164/95, Comité central d'enquête, « Rapport sur la législation et l'organisation de la lutte contre la tuberculose », 1961.

des conditions de vie trouvent peu leur place. Pour le dire autrement, les politiques très visibles de dépistage radiologique et de vaccination laissent dans l'ombre d'autres activités alors déconsidérées.

Ces transformations de la nature même de la prévention se retrouvent dans la manière dont est pensée, au sein de l'hygiène sociale, la nécessité de fermer ou reconvertir les dispensaires antituberculeux : l'idée même de disposer d'institutions exclusivement dédiées à la tuberculose est progressivement remise en question. De nombreux dispensaires, dont il est délicat d'évaluer le nombre exact, sont progressivement fermés, au nom de leur vétusté. Dans certains départements, les collectivités locales tentent de créer des dispensaires communs à la tuberculose et à l'hygiène mentale, mais de l'aveu même des responsables de la lutte antituberculeuse, les quelques réalisations s'apparentent plus à une cohabitation dans des locaux communs qu'à une transformation pluridisciplinaire des activités[33], tandis que d'autres dispensaires voient leurs activités transférées vers des institutions polyvalentes : l'essor des vaccinations par le BCG en centres de Protection maternelle et infantile en est l'archétype. Mais au sein de l'hygiène sociale, une tendance supplémentaire se dessine : la concentration des budgets d'équipement sur un petit nombre d'établissements, généralement situés dans les grands centres urbains, en premier chef à Paris. Les financements concernent avant tout l'aménagement des laboratoires et l'achat de nouveaux appareils de radiophotographies. Ces financements doivent permettre aux dispensaires de devenir des centres d'examens complémentaires de ville, capables de diagnostiquer la tuberculose, mais également de nouvelles pathologies prioritaires, comme les bronchites pneumoniques ou les cancers du poumon. La prévention de la tuberculose est alors réduite à sa dimension médicale la plus simple : traquer les lésions pulmonaires et mettre en évidence les bacilles tuberculeux. En ce sens, loin d'être des pivots de la lutte antituberculeuse, ces dispensaires deviennent de véritables appendices de l'hôpital dans la ville.

L'analyse de la trajectoire des dispensaires antituberculeux au cours des années 1950 et 1960 permet de saisir les transformations centrales de l'hygiène sociale à cette période, dans le cadre de nouvelles concurrences entre institutions et transformations des activités prophylactiques prioritaires. Les responsables de la lutte antituberculeuse se retrouvent alors

---

[33] Ibid. Comité central d'enquête, « Rapport sur la législation et l'organisation de la lutte contre la tuberculose », 1961.

dans une situation inédite par rapport à la longue histoire de ce pilier de la santé publique : ils doivent gouverner un problème de santé dont ils ne sont plus les seuls propriétaires, tout en adaptant leurs activités au déclin épidémiologique de la tuberculose enregistré en France métropolitaine depuis la fin des années 1940.

Dans la lutte antituberculeuse, il n'y a pas d'annonces publiques ou de plans d'action de grande envergure mis en œuvre. Anticiper la fin d'un fléau est un travail administratif discret effectué à l'intérieur d'institutions par ailleurs tenues à l'écart des priorités sanitaires des années 1960 et des politiques de modernisation du système de santé. Mais ces transformations ont également des effets sur la nature même de la prévention de la tuberculose. La priorisation des activités de dépistage radiologique et de vaccination se fait au détriment d'autres, plus constitutives de l'approche de la tuberculose comme maladie sociale, comme l'éducation à la santé, le suivi des familles, et de manière générale la prise en sérieux du rôle des conditions de vie dans le développement de la maladie. À la fin des années 1960, c'est la possibilité même d'une prophylaxie consacrée uniquement à une seule pathologie qui disparaît en même temps que les dispensaires.

L'attention portée à la vaccination et au dépistage radiologique ainsi que le rattachement des derniers dispensaires au système hospitalier sont un autre indice de la force des réformes du système de santé français des années 1950 et 1960, alors que l'hôpital devient le lieu privilégié de prise en charge de la santé des populations. Ce focus a d'ailleurs des atouts : après tout, la mortalité tuberculeuse a bel et bien drastiquement diminué après la Seconde Guerre mondiale, au point que la maladie cesse d'être une priorité de santé publique dans les années 1960. Mais la tuberculose n'a jamais disparu pour autant, elle a continué à atteindre les populations les plus vulnérables et les plus éloignées des institutions de santé publique. À la fin des années 1960, l'augmentation du nombre de tuberculose parmi les travailleurs étrangers installés en France inquiète les administrateurs de la lutte antituberculeuse. Ces derniers sont démunis, en l'absence du réseau d'institutions sur lequel ils pouvaient compter auparavant, pour prendre en charge la santé de populations migrantes pour lesquelles la pauvreté et les conditions de vie jouent à nouveau un rôle important dans le développement de lésions graves : les antibiotiques ne suffisent pas à guérir toutes les formes de tuberculose. Les acteurs de la lutte antituberculeuse en viennent même à réinventer des enquêtes médico-sociales qui étaient pourtant au cœur de la lutte antituberculeuse de la première moitié du XXe siècle. C'est une constante dans l'histoire de la prévention, de la tuberculose à la Covid-19, en passant par le VIH. Si des technologies biomédicales de prévention permettent de prévenir l'apparition de maladies infectieuses et d'améliorer la santé de la population en général, ces outils contribuent également à fragiliser les institutions qui travaillent au plus près des populations les plus vulnérables.

De la santé publique à l'environnement : politiques de lutte contre la pollution atmosphérique sous Georges Pompidou (1961–1974)

Stéphane FRIOUX

« Peu de questions ont fait depuis quelques années l'objet d'autant de travaux scientifiques ou techniques, de réunions, de mesures législatives et réglementaires que la pollution atmosphérique. Tous les pays prennent enfin conscience des modifications profondes que le développement de la société industrielle entraîne pour l'un des éléments essentiels de l'environnement humain : l'air. Haut niveau de développement et haut niveau de pollution sont, pour le Pr André Roussel, les deux aspects complémentaires du monde moderne », pouvait-on lire dans la revue de la Caisse nationale des allocations familiales, *Informations sociales* en 1970[1]. Certes, la formulation pourrait paraître purement rhétorique, pour souligner l'importance d'un dossier thématique que l'on n'attendrait pas forcément dans une publication liée au système français de sécurité sociale. Cependant, la fréquentation des archives, en particulier celles laissées par l'activité ministérielle des premières années de la Vᵉ République, montre que les documents produits au sujet du problème de la pollution de l'air sont de plus en plus nombreux. C'est d'ailleurs vers le tournant des années 1950 et 1960 que la définition des causes du phénomène se stabilise, dans un triptyque qui associe le chauffage domestique, les émissions industrielles et les gaz d'échappement automobile, en reléguant dans une sphère spécifique les émanations « radio-actives » et la question des germes, dernier sursaut d'un hygiénisme de la IIIᵉ République affaibli par

---

[1] « Nuisances et pollutions », *Informations sociales*, n° 8, 1970, p. 27.

le progrès thérapeutique et technique de la médecine[2]. Les années Pompidou sont ainsi celles d'une véritable structuration des réseaux d'acteurs qui prennent en charge le problème, au sein d'associations d'experts et par le truchement de stations de mesure des polluants installées dans et autour des principales agglomérations du pays.

Sous la présidence Pompidou, un basculement politique important s'opère : la pollution de l'air passe d'un statut d'enjeu sanitaire, traité certes en grande partie avec le souci de ménager les activités incarnant la modernisation de la société (raffineries, construction automobile, etc.), à celui d'exemple des nouveaux problèmes d'environnement. C'est ainsi que le président de la République déclare, lors d'un discours à l'Alliance française de Chicago, le 28 février 1970, qu'il « faut créer et répandre une sorte de « morale de l'environnement » imposant à l'État, aux collectivités, aux individus, le respect de quelques règles élémentaires faute desquelles le monde deviendrait irrespirable »[3]. Et, quelques mois plus tard, à l'occasion du Conseil des ministres du 10 juin 1970 où sont présentées les « cent mesures pour l'environnement » : « Il faut que nos villes restent ou redeviennent habitables, que les citadins aient à leur disposition ces biens élémentaires qui s'appellent l'eau, l'air pur, un peu d'espace et de silence, […] en un mot que la civilisation moderne et industrielle s'insère dans la nature sans la défigurer et sans la détruire[4] ». Comme dans d'autres pays industrialisés[5], la crainte d'un futur de métropoles asphyxiées est volontiers mise en avant par la presse, et les responsables politiques tentent d'agir tout en contrôlant la communication sur les problèmes environnementaux. La politique française de lutte contre la pollution atmosphérique s'inscrit bien dans cette philosophie, qui reconnaît les dégâts des progrès économiques et industriels, et cherche à les maîtriser en sensibilisant les pollueurs[6]. Ce chapitre vise à synthétiser

---

[2]   Archives Nationales (AN), 19760161/19–20, Analyse des procès-verbaux des réunions de la Commission interministérielle d'étude des pollutions atmosphériques.

[3]   « Un premier programme pour l'environnement », *2000*, n° 17, juillet-août 1970, p. 5.

[4]   *Ibid.*, p. 6.

[5]   Pour une étude sur les États-Unis et l'Allemagne, Frank Uekoetter, *The Age of Smoke. Environmental Policy in Germany and the United States, 1880–1970*, Pittsburgh, University of Pittsburgh Press, 2009.

[6]   Pour le point de vue des industriels, voir Daniel Boullet, *Entreprises et environnement en France de 1960 à 1990. Les chemins d'une prise de conscience*, Genève-Paris, Droz, 2006.

les grands traits de cette politique de prise en charge du problème de la pollution atmosphérique, impulsée au départ par des considérations sanitaires, et qui va devenir rapidement un compromis avec les industriels. L'innovation politique que représente la création d'une administration spécifiquement dédiée à la thématique environnementale signe aussi le rejet au second plan de la santé publique dans les affaires et projets visant à gérer les pollutions de l'air.

« Air pur dans le ciel de Paris » : les objectifs des premières années de la Ve République

L'âge des fumées

Avant d'examiner le legs des années Pompidou, il est nécessaire de dresser un état des lieux et de résumer l'histoire préalable du problème de la pollution atmosphérique. De la toute fin du XIXe au milieu du XXe siècle, il prend en France la forme des fumées « noires, épaisses et prolongées », réglementées pour la première fois par une ordonnance préfectorale du 22 juin 1898 à Paris, puis par différents arrêtés municipaux inspirés du même texte pris dans des villes comme Lille et Lyon. La question des nuisances industrielles est plus ancienne, mais réglée dans le cadre des autorisations octroyées aux établissements « dangereux, incommodes et insalubres », catégorie d'usines et d'ateliers qui peuvent être dangereux pour les risques d'incendie, d'explosion, ou incommodes pour les odeurs[7]. Ce n'est qu'à partir de 1898 qu'on veut agir sur tout type d'atelier, en reconnaissant implicitement que brouillards et fumées sont issus d'une pollution urbaine dont les coupables ne sont pas seulement les grandes usines métallurgiques ou chimiques. Les « stations électriques » qui se sont développées dans la capitale à partir des années 1880 sont également désignées responsables[8]. Un mouvement international existe alors dans les grands pays industriels pour la réduction de la fumée, en changeant de combustible (le coke au lieu du charbon gras, par exemple), ou en adoptant un dispositif sur les chaudières, appelé « fumivore ». La mesure de la noirceur de la fumée qui sort des cheminées industrielles se

---

[7] Voir Geneviève Massard-Guilbaud, *Histoire de la pollution industrielle. France, 1789–1914*, Paris, Éditions de l'EHESS, 2010.

[8] « Fumivorité, projet de réglementation : rapport de M. Michel-Lévy au préfet de la Seine », *Revue municipale*, 16 avril 1898, p. 396.

fait à l'aide de la vue et d'une série de cartons avec des nuances de gris, appelée échelle de Ringelmann[9].

Cette politique qui vise à ne pas trop sanctionner l'industrie mais à la sensibiliser par des discussions entre ingénieurs est étendue au niveau national par la loi Morizet de 1932 sur les « fumées industrielles ». Cependant, celle-ci cible en premier lieu les établissements publics et commerciaux qui n'ont qu'un an pour se mettre en règle avec la législation, tandis que les établissements industriels privés se voient accorder un délai de trois ans[10]. Ainsi, lorsque Pompidou naît à Montboudif, loin des grandes cités industrielles de l'Hexagone, un premier âge de la lutte est déjà en place, avec une politique locale qui vise à la persuasion des directeurs d'usine.

L'âge du smog et du dioxyde de soufre

Le tournant à l'échelle internationale est le *Great Smog* de Londres en décembre 1952, épisode d'inversion de température qui empêche la dissipation des gaz qui s'accumulent dans la basse atmosphère, comme le dioxyde de soufre. Par son ampleur (on dénombre au moins 4000 morts liés à ces 4 jours de brouillard soufré), l'événement impose une recherche de moyens législatifs en Grande-Bretagne, et un débat de spécialistes sur la reproductibilité de l'expérience désastreuse dans d'autres contextes[11].

Ce smog suscite des initiatives à Paris : une Commission interministérielle est instaurée auprès du ministère de la Santé en 1954 et rassemble des experts venus de différentes disciplines, de l'hygiène publique à la météorologie, pour faire l'état des connaissances et préconiser des actions éventuellement. Peu après, les mesures du taux de SO_2 dans l'atmosphère débutent sous l'égide du Laboratoire d'hygiène de la ville de Paris : en 1955, deux stations de mesure « soufre-fumées » fonctionnent, à la Tour Saint-Jacques et à Antony. Le nombre d'appareils augmente rapidement, à tel point qu'on pouvait parler dès 1958 de « réseau »[12]. Cette même

---

[9]   Pour une étude du mouvement états-unien de lutte contre la fumée, David Stradling, *Smokestacks and progressives. Environmentalists, Engineers, and Air Quality in America, 1881–1951*, Baltimore, The Johns Hopkins University Press, 1999.

[10] Une synthèse sur le sujet des fumées à l'époque est publiée par l'ingénieur René Humery, *La lutte contre les fumées, poussières et gaz toxiques*, Paris, Dunod, 1933.

[11] Peter Thorsheim, *Inventing Pollution. Coal, Smoke and Culture in Britain since 1800*, Athens, Ohio University Press, 2006.

[12] AN, 19760161/19.

année, des spécialistes en poste dans différentes institutions (LHVP, Institut national d'hygiène, EDF-GDF, etc.) se rassemblent pour fonder l'Association pour la prévention de la pollution atmosphérique (APPA) et sa revue trimestrielle l'année suivante. En juillet 1960, un décret charge le ministère de la Santé publique de coordonner l'action. Le ministre Bernard Chenot qui, pour l'anecdote, entrera au Conseil constitutionnel en remplacement de Georges Pompidou devenu Premier ministre, ménage le milieu industriel en recevant les plus hauts dirigeants de l'industrie énergétique française, en septembre 1960, pour patronner la création d'un Comité d'action technique contre la pollution atmosphérique, visant à montrer la conscience du problème par le milieu industriel et à se prémunir d'une législation trop sévère[13]. La même année, en juillet, une communication conjointe du préfet de la Seine Jean Benedetti et du préfet de Police Maurice Papon, au conseil municipal de Paris, lance la politique de chasse aux fumées issues des chaudières d'immeubles d'habitation[14].

L'arrêté interpréfectoral pris le 26 octobre 1960 engage les services dans un contrôle des chaufferies particulières. Son application est mise en œuvre « dans deux zones d'expériences […] dites « zones sans fumées ni poussières » » et qui sont situées, l'une dans le XVIᵉ arrondissement (Passy) caractérisé par les immeubles de standing et leur chauffage collectif au fuel, l'autre dans le XIᵉ plus industriel et où l'on se chauffe encore au charbon[15]. Autrement dit, c'est la responsabilité des foyers domestiques et non plus seulement des chaudières des grands établissements, qui est désormais pointée du doigt par les experts. Il faut sensibiliser l'opinion publique en général, et des secteurs intéressés par un basculement de système énergétique, comme Gaz de France qui soutient l'APPA, s'impliquent dans la mise en musique de la lutte contre la pollution atmosphérique. Différents acteurs privés prennent également part à la confection d'une notice distribuée à la population, avec le mot d'ordre : « Participez à la lutte contre la pollution de l'atmosphère en vous

---

[13] Sur l'état des lieux des structures existantes avant la création du CATPA, voir Archives Départementales de Haute-Savoie, Fonds Louis Armand, 85J158.

[14] Archives de Paris, 4X2159, *Communication de M. le Préfet de la Seine et de M. le Préfet de police au conseil municipal de la Seine et au conseil général de la Seine sur la pollution atmosphérique en région parisienne*, Paris, imprimerie municipale, 1960.

[15] Bibliothèque historique de la Ville de Paris, pochette de documents cotée Br1558, *Préfecture de la Seine, opération « Zones sans fumées »*.

chauffant bien et à bon marché ; vous préserverez votre santé et celle des autres »[16].

Ce faisant, les services parisiens anticipent la principale mesure issue de la loi-cadre du 2 août 1961 sur la pollution atmosphérique et les odeurs. S'inspirant des *smokeless zones* britanniques, le législateur prévoit la création de zones dans lesquelles il n'est plus autorisé d'utiliser des combustibles trop riches en impuretés susceptibles de souiller l'atmosphère (les « fumées » sont définies comme des particules de suie). Dans le même temps, la diminution des teneurs en soufre du fuel domestique s'opère progressivement : le ministre de l'Industrie prend un arrêté qui oblige la profession pétrolière à réduire, à compter du 1er mai 1960, la teneur en soufre du gas-oil moteur (teneur maximum 0,8 % au lieu de 1 %), du fuel léger (teneur maximum 2,5 % au lieu de 2,7 %), du fuel domestique (teneur maximum 1 % au lieu de 1,6 %)[17].

La marée automobile et le monoxyde de carbone

On connaît le poids économique, social et culturel de l'automobile dans les années Pompidou[18]. Celle-ci prend sa part de la pollution de l'air, à travers des hydrocarbures imbrûlés comme le 3,4 benzopyrène qui est détecté pour la première fois en Californie – Los Angeles fait figure d'agglomération pionnière en matière de prise en charge de la pollution de l'air liée au trafic routier[19]. En ce qui concerne la France et sa capitale, c'est le monoxyde de carbone (CO) qui suscite l'inquiétude des pouvoirs publics et la mise au point de dispositifs de mesure dans l'atmosphère, en raison des risques d'intoxication carbonée.

Dès 1956, des examens de sang de certaines catégories de la population (conducteurs de véhicules, gardiens de la paix) révèlent la présence de CO et même, dans 15 % des cas de conducteurs cobayes volontaires, un dépassement du seuil de toxicité fixé à 1 % de CO dans le sang[20]. Dans l'image que les médias colportent de la capitale, Paris est très

---

[16] *Ibid.*

[17] AD Haute-Savoie, Fonds Louis Armand, 85J158.

[18] Mathieu Flonneau, « Georges Pompidou, président conducteur et la première crise urbaine de l'automobile », *Vingtième siècle. Revue d'histoire*, n° 61, 1999, p. 30–43.

[19] Frank Uekoetter, *The Age of Smoke, op. cit.*

[20] AN, 19760161/20, brochure « Sur quelques enseignements tirés de déterminations de l'oxycarbonémie d'habitants d'une grande ville », par MM. Henri Moureu, Paul

encombrée et soumise à la congestion automobile[21]. Les pouvoirs publics répondent donc au problème en permettant au Laboratoire municipal de la Préfecture de Police de conduire pendant dix ans, de 1960 à 1969, des études sur la teneur de l'air en monoxyde de carbone. Des prélèvements à l'aide de sacs en plastique ont lieu dans 317 points de la capitale[22]. En 1968, de premiers résultats sont obtenus sur le dioxyde d'azote à partir de prélèvements effectués rue de Dantzig (XVe arrondissement), devant le Laboratoire central. Le rapport 1969 consacre une section à l'examen des mesures obtenues, et des chapitres à d'autres opérations de mesure du monoxyde de carbone : dans le tunnel d'entrée de l'autoroute « de l'Ouest » (A13), ainsi que dans des garages couverts[23]. Ainsi, les autorités publiques sont bien conscientes que la civilisation de l'automobile indi-viduelle ne signifie pas seulement les incommodités des bouchons, mais qu'elle a son revers sanitaire, la pollution de l'air.

À la fin de l'année 1961, une fois la loi votée, et au moment où Pompi-dou devient Premier ministre le 14 avril 1962, le Laboratoire d'hygiène de la ville de Paris effectue des mesures à l'aide de trois types d'instruments :

1 Quatorze stations d'observation munies d'appareils préleveurs fonction-nant de manière continue et fournissant des échantillons relevés journel-lement en divers points du Département.
2 Deux postes d'enregistrements permanents installés, l'un au laboratoire même – 1 bis rue des Hospitalières St-Gervais, Paris IVe, l'autre à la Tour St-Jacques. Ce dernier poste comporte des appareils placés à la première et à la dernière plate-forme afin d'étudier les variations de la pollution en altitude.

Chovin, Louis Truffert et Jacques Lebbe, *Extrait des Comptes rendus des séances de l'Académie des sciences*, séance du 28 juillet 1958, 4 p.

[21] Reportage « L'air de Paris », *Les Actualités françaises*, 20 janvier 1960. Disponible en ligne : http://www.ina.fr/video/AFE85008580/paris-s-intoxique-13-000-ton nes-par-an-de-poussieres-sur-la-capitale-video.html. AN, 19760145/146, Coupures de presse, « Un danger méconnu : l'air de Paris », *L'heure de Paris*, 19 juin 1958.

[22] Notons que le professeur Moureu évoque 326 points lors d'une communication au Conseil municipal du 5 juillet 1960 (BMO Paris, 11 juillet 1960, p. 418).

[23] Archives de Paris, 4X2101, Laboratoire Central, *Études de pollution atmosphérique à Paris et dans les départements périphériques en 1969*, Préfecture de Police, avril 1970.

3   Douze jauges d'Owen – pluviomètres – réparties dans le département de
    la Seine. Leur contenu, relevé tous les mois, permet d'étudier le taux des
    fumées retombées et, en outre, la radioactivité des eaux de pluie[24].

L'air de la France des débuts de la Ve République est donc mis sous
surveillance : le dispositif imaginé à Paris s'étendant ailleurs, dans des
zones soumises à l'industrie (Le Chambon-Feugerolles, les alentours du
complexe gazier de Lacq, l'agglomération rouennaise) ainsi que dans les
villes universitaires où se créent des sections régionales de l'APPA[25] : Lyon,
Grenoble, Marseille, etc. Cependant, la mesure des polluants ne signifie pas que les enjeux de santé publique soient prioritaires, même si des
laboratoires dédiés sont créés par l'Inserm au Vésinet, sous la direction
du Professeur Roussel, et à Toulouse (en raison de la proximité du site
de Lacq)[26]. Le professeur Truhaut, toxicologue mondialement renommé,
écrit des articles sur le risque de cancer dû à l'exposition chronique à la
pollution de l'air[27], sans que les choses ne changent vraiment. Le problème ayant suscité l'intérêt des industriels, un jeu d'acteur complexe
traverse toute la période, jusqu'en 1974. L'arrivée d'un ministère de
« l'Environnement » signifiera également à court terme la mise en retrait
de l'administration chargée de la santé[28].

---

24   Préfecture de la Seine. Direction de l'Habitation et du Contrôle, *Une source impor-
     tante de pollution atmosphérique : les foyers domestiques. Mesures actuellement en
     vigueur et mesures envisagées. Les zones sans fumées*, janvier 1961, p. 5.

25   Il est possible de suivre ce déploiement régional en consultant les numéros de la
     revue publiée par l'APPA à partir de 1959. On compte plus d'une vingtaine de
     Comités régionaux dotés de réseaux de mesure en 1971.

26   Le professeur Bourbon mène en effet des études à Lagor, près du site gazier de la
     Société nationale des pétroles d'Aquitaine. Sa nécrologie est disponible en ligne :
     https://www.academie-sciences-lettres-toulouse.fr/wp-content/uploads/2017/01/
     2013-16-Oustrin.pdf (consulté le 28 mars 2023).

27   Il est également au cœur d'une réunion consacrée à la question par le comité EURO-
     TOX à Royaumont en 1960. *Rapport de la 5e conférence d'experts du « Comité euro-
     péen de recherches pour la protection des populations contre les risques d'intoxication à
     long terme » (EUROTOX) publié sous l'égide et avec l'aide de la Direction générale des
     relations culturelles du Ministère français des affaires étrangères et de l'Institut national
     d'hygiène*, Royaumont, 20–23 avril 1960.

28   Le fait est relaté par Robert Poujade dans *Le Ministère de l'impossible*, Paris,
     Calmann-Lévy, 1975.

La protection de la santé publique : un aspect non prioritaire ?

La littérature d'alerte environnementale se développe à la fin des années 1960[29] et les années de croissance ne sont pas exemptes de scandales sanitaires. Cependant, les acteurs qui se sont mobilisés autour du problème sont globalement d'accord pour ne pas effrayer la population. Comme le disait Louis Armand à la fin de l'année 1960 :

[On doit] tenir compte essentiellement de la psychologie collective, qui est certainement la chose la plus délicate à manier […] c'est avec cette limite de la sensibilité de l'opinion publique que nous avons à compter. Autrement dit, le problème de la pollution atmosphérique, c'est réellement le problème de finesse par excellence. D'un côté, il y a la finesse des particules, des traces de produits et des produits qui se combinent en traces, et puis, à l'autre extrémité, il y a cette hypersensibilité de l'opinion publique qui est devenue, disons-le, allergique à toute pollution quelle qu'elle soit[30].

C'est donc une tentative de contrôle de la communication sur le problème qu'opèrent non seulement les services gouvernementaux, mais également l'Association pour la prévention de la pollution atmosphérique. Elle conçoit une exposition itinérante qui visite des dizaines de villes à partir de 1964, qui est également l'occasion de sensibiliser les écoliers au sujet de la population, dans une mise en lumière de l'action des scientifiques qui mesurent la pollution, et de la responsabilité collective à l'égard du phénomène.

---

[29]   Anna Trespeuch-Berthelot, « La réception des ouvrages d'alerte environnementale dans les médias français (1948–1973) », *Le Temps des médias*, n° 25, 2015 p. 104–119. Stéphane Frioux, « Écrire sur la société de pollution : les essais d'alerte environnementale en France au début des années 1970 », *Histoire@Politique*, n° 43, janvier-avril 2021 [En ligne].

[30]   Discours de M. Louis Armand, Président des Houillères de Lorraine, Président du Comité d'Action Technique contre la Pollution Atmosphérique, « Compte rendu du Premier Congrès National pour la Prévention de la Pollution Atmosphérique, Paris, 24–26 novembre 1960 », numéro spécial de la *Revue trimestrielle de l'Association pour la prévention de la pollution atmosphérique*, vol. 3, n°1 bis, janvier-mars 1961, p. 8.

Une temporisation par les services de l'Industrie

En ce printemps 1962 où Georges Pompidou devient Premier ministre, les hauts fonctionnaires de la santé s'impatientent car les décrets prévus pour l'application de la loi-cadre ne sont toujours pas parus. Des discussions ont lieu avec les services de l'Industrie, qui ne sont pas très faciles[31]. Les décrets sont signés le 17 septembre 1963, plus de deux ans après la promulgation de la loi, et ne prévoient qu'un versant de la lutte contre la pollution atmosphérique : le problème des chaufferies défectueuses et mal réglées[32]. Il s'agit en quelque sorte de suivre la voie ouverte par les Britanniques, initiateurs des « Smokeless zones » systématisées par le *Clean Air Act* de 1956 et de pérenniser l'initiative des préfets de Paris.

Le problème de la pollution atmosphérique, initialement posé avec des enjeux de santé publique au cours des années 1950, est vu comme un problème dont la solution principale dans l'immédiat repose donc sur le comportement des usagers et sur les chaufferies collectives : d'ailleurs, les mesures de SO_2 pointent les forts taux dans les beaux quartiers, comme Passy à Paris et les Brotteaux à Lyon[33]. Jusqu'à la fin des années 1970, cette mesure reste la principale pour lutter contre la pollution de l'air. Le monde de l'industrie a pu protéger son pré carré grâce à ses structures : le Comité d'action technique contre la pollution atmosphérique (CATPA) et sa structure fille – qui va devenir un organisme reconnu par le ministre – le CITEPA, le Comité national d'action pour l'assainissement de l'atmosphère (CAPA) et l'UTAC.

Le Comité d'action technique contre la pollution atmosphérique est porté sur les fonds baptismaux à l'occasion d'une réunion tenue au ministère de la Santé le 21 septembre 1960. Ses pères fondateurs appartiennent au secteur de l'énergie et des combustibles (le procès-verbal de la réunion recense 38 personnes dont vingt-six appartiennent à la sphère économique et notamment à la production ou l'utilisation des sources

---

[31] Voir mon étude sur la loi et son application immédiate : Stéphane Frioux, « Genèse et application de la loi de 1961 sur la pollution atmosphérique », *Histoire@Politique*, n° 43, janvier-avril 2021 [En ligne].

[32] Les décrets sont complétés par des arrêtés ministériels le 11 août 1964.

[33] AN, 19760161/20, procès-verbal de la séance de la commission d'étude de la pollution atmosphérique, 3 février 1959. Archives Municipales de Lyon, 1053WP003, Lettre du médecin-directeur du Bureau d'hygiène de la ville de Lyon au maire de Lyon (2e division, 2e bureau), 17 mars 1966.

d'énergie)[34]. Sa figure tutélaire est Louis Armand, ancien président de la SNCF et alors président du Conseil d'administration des Houillères de Lorraine. Le CATPA se dote dès l'année 1961 d'une structure satellite chargée de recueillir des données sur la pollution de l'air, le Centre interprofessionnel technique d'études de la pollution atmosphérique. Ce CITEPA, toujours existant et désormais « opérateur d'État »[35], va faire office de vitrine experte. Son directeur, Jean-Paul Détrie, va devenir un grand communicant sur le sujet de la lutte contre la pollution atmosphérique dans les années 1960–1970, et signer certains des principaux traités sur le sujet[36].

Du côté de l'industrie des transports, un comité pour l'assainissement de l'atmosphère est créé par Georges Gallienne, qui fonda sous la IVe République la Prévention routière et qui accueille par exemple Georges Pompidou le 13 octobre 1966, pour prononcer le discours inaugural de la Journée nationale d'études de la Prévention routière pendant que le général de Gaulle visite le salon de l'Automobile[37]. L'Union technique de l'automobile et du cycle participe à des essais de dispositifs censés réduire la production d'oxyde de carbone même si des divergences d'appréciation sur les essais sont à relever dans les comptes rendus de la commission du ministère des Transports, notamment sur un procédé mis au point par un professeur du Conservatoire national des arts et métiers, Max Serruys[38].

Ainsi, le problème de la pollution atmosphérique est largement investi par les intérêts économiques, dans une France des années de croissance (Pompidou se félicite en 1966 que l'on dépasse le million de véhicules produits pour le premier semestre de l'année), où l'on doit s'orienter progressivement vers l'électronucléaire pour satisfaire les besoins énergétiques du pays, et vers des réglementations de circulation pour faire face aux embouteillages.

---

[34]   AN, 1976161/20, Compte rendu (dactylographié) de la réunion constitutive du Comité d'action technique contre la pollution atmosphérique du 21 septembre 1960.

[35]   Disponible en ligne : https://www.citepa.org/fr/presentation/

[36]   Jean-Paul Détrie, *La pollution atmosphérique,* Paris, Dunod, 1969, préface de Louis Armand.

[37]   Disponible en ligne :https://www.georges-pompidou.fr/georges-pompidou/portail-archives/journee-nationale-detudes-prevention-routiere-13-octobre-1966

[38]   AN, 19780156/1.

Un problème transnational

De nombreuses structures s'intéressent aux problèmes de pollution de l'air, depuis la CECA à propos de la sidérurgie, jusqu'à l'OCDE qui crée un groupe sur la gestion et la recherche dans le domaine de l'air (*Air Management Research Group* en anglais) en 1968[39]. La même année, le Conseil de l'Europe, qui avait organisé une grande conférence internationale à Strasbourg en 1964, adopte une définition officielle, le 8 mars 1968 : « Il y a pollution de l'air lorsque la présence d'une substance étrangère ou une variation importante dans la proportion de ses composants est susceptible de provoquer un effet nocif ou de créer une nuisance ou une gêne ». On note ainsi que la santé n'est abordée qu'indirectement (« nocif »). Deux ans plus tard, l'année 1970 est « année européenne de la protection de la nature », à l'initiative de l'institution strasbourgeoise. Le début du mandat présidentiel de Georges Pompidou coïncide avec les débuts d'une institutionnalisation de l'environnement, qui voit les ingénieurs supplanter les hygiénistes.

La pollution de l'air ou l'extension du domaine de l'environnement

Georges Pompidou devient président de la République le 20 juin 1969, quelques semaines après que l'APPA eut décidé d'organiser une « Semaine pour l'air pur » à l'échelle nationale, avec le soutien des pouvoirs publics. Cette opération se déroule du 20 au 26 octobre. Elle mobilise des professionnels de la santé publique. Ainsi, en région lyonnaise, le vendredi 24 octobre en fin d'après-midi, trois interventions ont lieu, respectivement à la Bourse du Travail de Villeurbanne, par le docteur Viollet, inspecteur régional de santé publique, au foyer des Vieux travailleurs rue Etienne-Dolet, à Saint-Fons, par le Dr Bergier, ingénieur sanitaire, et à la mairie de Givors, par M. Ellia, ingénieur sanitaire également[40]. Au niveau de l'automobile, elle permet de vérifier les réglages des moteurs, selon le souhait exprimé depuis plusieurs années par les professionnels du secteur qui n'ont de cesse de marteler l'importance de l'éducation du conducteur, rencontrant en cela les propos de Georges Pompidou à la

---

[39] *Photochemical oxidant air pollution*, Paris, OCDE, 1975, p. 7.
[40] *Ibid.*, et *Echo-Liberté dernière heure*, 21 octobre 1969.

journée de la Prévention routière : « cette éducation des conducteurs qui doit les inciter à utiliser des itinéraires moins chargés, à ne pas demander trop à leur voiture, à adapter leur vitesse à la capacité de leur véhicule et à leur propre capacité physique, tout cela est une tâche pour laquelle nous avons besoin du concours de tous ceux qui se passionnent pour l'automobile »[41].

La tenue de la Semaine pour l'air pur coïncide avec le lancement officiel de la politique française de l'environnement. Les 23 et 24 octobre 1969, Jacques Chaban-Delmas écrit à Louis Armand, président du CATPA, académicien, ingénieur des Mines qui a brillé dans la Résistance et dans la gestion des chemins de fer dans les années 1950, ainsi qu'à Jérôme Monod directeur de la DATAR. Il appelle à la constitution d'un plan d'action :

> Dans le cadre de la politique française d'aménagement du territoire, je vous demande de bien vouloir me soumettre, avant la fin de l'année, un programme d'action propre à assurer une maîtrise plus grande de l'« environnement », par les moyens notamment de la lutte contre les nuisances, de la réduction du bruit, de l'élimination des déchets, de la sauvegarde des sites et des paysages, de la protection des grands espaces naturels, etc.[42]

Cela aboutit à la publication de « Cent mesures » présentées au Conseil des ministres du 10 juin 1970. La liste commence par plusieurs dizaines de mesures relatives à la pollution. La mesure n°1 est relative à la création de ZPS – depuis longtemps réclamée par les hygiénistes locaux – dans les agglomérations de Lille et de Lyon[43]. La politique interministérielle se met en place à travers un Comité interministériel d'action pour la nature et l'environnement (CIANE) et la répartition d'un fonds (FIANE). Celui-ci propose des crédits pour le développement des réseaux de mesure dans les villes françaises.

En 1972, Robert Poujade reprend la coordination de la politique relative à la pollution de l'air à son collègue gaulliste en charge de la santé,

---

41 Disponible en ligne : https://www.georges-pompidou.fr/georges-pompidou/portail-archives/journee-nationale-detudes-prevention-routiere-13-octobre-1966
42 AD Haute-Savoie, 85J159.
43 Stéphane Frioux, « Les mondes urbains français dans le contexte des 100 mesures. Le cas de l'agglomération lyonnaise », dans *Années 1970 : le moment des 100 mesures pour l'environnement. Actes de la journée d'études du 9 juin 2021*, revue *Pour mémoire*, hors série n°34, été 2022, p. 23–31.

Robert Boulin. C'est, concrètement, un déchirement pour les ingénieurs sanitaires[44] et une aubaine pour les ingénieurs du corps des Mines qui venaient également de se voir confier les missions d'inspection des établissements classés (transfert au ministère de l'Environnement du service de l'environnement industriel créé en 1969, création d'une Direction de la prévention des pollutions et nuisances). Cela se fait sans vouloir se confronter frontalement au secteur industriel, où exercent d'autres anciens polytechniciens[45]. Le ministère choisit le compromis à travers des accords de branche, le premier étant signé avec les cimentiers[46], ou en fixant des objectifs d'émissions qui ne pénalisent pas les industries thermiques et pétrolières, comme autour de l'étang de Berre[47].

Alors que se prépare le VIᵉ Plan, un groupe d'experts sur la pollution atmosphérique recense la variété des institutions et des recherches sur le problème. De la pollution des atmosphères de travail à la santé des végétaux, l'éventail des sujets étudiés est vaste[48]. Cependant, les recherches guidées par la dimension sanitaire peinent à aboutir à des résultats concrets et robustes scientifiquement, comme l'exprime cette thèse de médecine de 1973 :

> Il est très difficile de tenter d'établir un rapport précis sur l'action de la pollution atmosphérique sur la santé de l'homme, car pour définir les effets d'un polluant sur la santé, il faut : mesurer la quantité et le temps de présence de ce corps dans l'air ; mettre en évidence un trouble qui paraît en relation avec ce que l'on connaît des effets de ce corps sur les organismes humains ou animaux ; prouver qu'il y a un rapport de cause à effet entre la présence du toxique et les manifestations pathologiques observées[49].

---

[44] Entretien de l'un d'entre eux, Michel Jouan, avec Isabelle Roussel, 11 mai 2006.

[45] Jean Syrota, « L'industrie et l'environnement », *Annales des mines*, octobre 1971, p. 31.

[46] Laura Michel, *Les industriels et le développement durable : le cas de l'industrie cimentière*, Paris, L'Harmattan, 2012.

[47] Xavier Daumalin, « La création du Secrétariat permanent pour les problèmes de pollutions industrielles Fos/Étang-de-Berre », *Rives méditerranéennes*, nº 61, 2020, p. 69–102.

[48] AN, 19890575/47.

[49] Patrick Duchesnay, « Incidences de la pollution atmosphérique sur la santé de l'homme : évolution de la pollution atmosphérique depuis 20 ans à Paris, Lyon et Marseille : perspectives d'avenir pour les vingt prochaines années », thèse de doctorat en médecine, faculté Bichat, 1973, p. 7.

Les conférences internationales et groupes d'experts continuent à discuter de seuils, de normes, mais il reviendra à la CEE de fixer les premiers seuils uniquement à l'orée des années 1980 avec sa directive sur le dioxyde de soufre[50]. La tendance à la spécialisation, les intérêts divergents selon les pays, jouent dans le sens d'un retard du consensus que les pays scandinaves, au sein de l'OCDE et de l'ONU, demandaient depuis le tournant des années 1960–1970[51]. De la part des quelques médecins intéressés par la pollution atmosphérique, la critique est réelle à l'encontre de phénomènes qui contreviennent au bien-être :

> Qu'on nous dise cependant si le bien-être consiste à laisser détruire les cultures fourragères et la vigne aux alentours de Lacq, à laisser mourir 4000 ha de forêts, intoxiquées par trois usines d'aluminium à Saint-Jean de Maurienne, à laisser les urbanistes transformer les espaces verts en tours de béton ou en autoroutes. Nous ne parlerons pas non plus de la pollution des eaux ni des rayonnements ionisants. Pourtant n'oublions pas que tout cela s'intrique et qu'on ne peut pas étudier un de ces problèmes sans en évoquer un autre[52].

Pendant le mandat présidentiel de Georges Pompidou, si la structuration d'une administration centrale en charge de la pollution industrielle est un acquis indéniable à mettre au crédit du ministère dirigé par Robert Poujade, il n'en demeure pas moins que les archives locales et les sources médiatiques témoignent d'une persistance de mécontentements des Français ordinaires : les pétitions adressées aux maires et aux services préfectoraux dans les banlieues industrielles contre les odeurs et les fumées, les manifestations inquiètes contre les raffineries de pétrole, dont on craint le risque possible pour la santé mais dont on ne remet nullement en cause l'utilité pour la croissance économique du pays. C'est du souhait d'un aménagement du territoire fait en concertation avec les populations locales, et leurs représentants que sont les élus locaux, que les sources parlant de pollution de l'air avérée ou potentielle font état[53].

---

[50] Directive 80/779 du 15 juillet 1980. Le conseil des ministres s'était mis d'accord sur les premières « valeurs limites », en s'inspirant de recommandations émises par l'OMS (*Pollution atmosphérique*, n° 83, juillet-septembre 1979, p. 250).

[51] Rachel Emma Rotshschild, *Poisonous Skies. Acid Rain and the Globalization of Pollution*, Chicago/Londres, The University of Chicago Press, 2019.

[52] Patrick Duchesnay, *op. cit.*, p. 24–25.

[53] Stéphane Frioux, « Pas d'essence dans nos salades ! La "raffinerie baladeuse" de la région lyonnaise (1970–1973) », *Le Mouvement social*, n° 262, 2018, p. 37–54.

La dynamique est donc pour longtemps dans le camp des ingénieurs des Mines, qui au sein de leurs directions interdépartementales de l'industrie se montrent très réticents à confier davantage de pouvoir à une éventuelle structure centralisée (ce sera l'Agence pour la qualité de l'air créée par une loi de 1980)[54]. Ils captent également l'expertise métrologique créée par les comités régionaux de l'APPA : pour obtenir de nouveaux financements, les réseaux locaux de mesure sont obligés de fusionner avec les réseaux industriels, quand ils existaient, à la charnière entre les années 1970–1980. C'est le moment de naissance d'associations qui exercent ces missions de surveillance, comme AIRPARIF en région parisienne. L'automobile chère à Pompidou est encore provisoirement épargnée. En effet, les oxydes d'azote évoqués par certains spécialistes ne sont pas beaucoup mesurés et l'on attend que les standardisations et obligations viennent par le haut, c'est-à-dire l'Europe, pour ne pas risquer de pénaliser les constructeurs français. Mais cela nous entraînerait dans une autre histoire, jusqu'à la loi dite Lepage du 31 décembre 1996 qui succéda à celle de 1961[55].

---

[54] AN, 19940247/1. On peut noter que le projet de cette Agence est soulevé à l'origine par un ingénieur des Ponts et chaussées, directeur de l'Agence de l'eau Seine-Normandie, dès l'hiver 1974.

[55] C'est d'ailleurs avec les premiers « pics d'ozone » publiés au début de la décennie 1990 que le problème de la pollution redevient médiatisé, en France, et que les études épidémiologiques de longue haleine menées sur l'impact possible de la pollution automobile (comme ERPURS : Évaluation des risques de la pollution urbaine sur la santé) servent de support à la réactivation d'un projet de loi sur l'air.

« À votre santé ! » La sûreté alimentaire en France durant les mandats de Georges Pompidou

Jean-Pierre WILLIOT

La question de la sûreté alimentaire prend aujourd'hui une place croissante dans les préoccupations des Français et encore plus parmi les professionnels qui ont la charge de la surveiller, de la réglementer ou de proposer des préconisations nutritionnelles. Agriculteurs et industriels sont tenus d'y concourir par les réglementations mais aussi par l'influence omniprésente des revendications sociétales. Signe de son importance accrue, le terme de sûreté se substitue d'ailleurs de plus en plus dans le langage courant à celui de sécurité qui était auparavant plus souvent utilisé pour aborder ces questions. La nécessaire distinction était pourtant déjà bien mise en avant dans un article portant précisément sur l'histoire de la sécurité alimentaire au début des années 2000[1]. Les auteurs soulignaient parfaitement que la langue française amalgame les deux définitions, celle des risques associés à des alimentations corrompues ou nocives et celle, plus quantitative, des équilibres d'approvisionnement alimentaire en fonction des productions agricoles et de leurs logistiques de distribution. Ils renvoyaient aux terminologies anglaise *(Food Safety - Food Security)* et allemande *(Lebensmittelsicherheit - Mindestversorgung)* pour singulariser le cas français. L'enjeu sanitaire de l'alimentation est en soi un sujet immense et complexe. Il mobilise une historiographie considérable[2]. Dans le prolongement de recherches

---

[1] Martin Bruegel, Alessandro Stanziani, « Pour une histoire de la "sécurité alimentaire" », *Revue d'histoire moderne et contemporaine*, vol. 51, n° 3, 2004, p. 7–16.

[2] À titre de références, dans une impossible liste à dresser de tous les travaux qui appuient cette thématique, citons en support de notre cadre chronologique : Marian Apfelbaum, *Risques et peurs alimentaires*, Paris, Odile Jacob, 1998 ; Patrick Zylberman, « Making Food Safety an Issue: Internationalized Food Politics and

récentes[3], notre propos s'inscrira dans ces cadres. Il s'agira bien de sûreté alimentaire en portant notre regard sur une période qui fut un temps de transition important, étiré sur les années 1960 et 1970, recouvrant précisément les mandats de Georges Pompidou, comme Premier ministre, entre 1962 et 1968, puis comme président de la République de 1969 à 1974.

Ce temps court peut être considéré à bien des égards. Deux dates suffiraient à rendre compte de la mobilisation qui s'est renforcée durant cette période, par la création en 1965 d'un Service national d'hygiène alimentaire et par la structuration du Laboratoire d'hygiène alimentaire à Paris, héritier en 1975 d'organismes antérieurs. Les acteurs qui interviennent à ce carrefour sont nombreux : agriculteurs et éleveurs, artisans de bouche, industriels, structures de commercialisation, et tout autant services techniques du ministère de l'Agriculture et de ses laboratoires vétérinaires, l'INRA, l'Académie de médecine souvent sollicitée pour avis par le ministère de l'Agriculture, l'Inserm, la section « alimentation et nutrition » du Conseil supérieur d'hygiène publique de France, et il faudrait encore ajouter la place des consommateurs, celle de leurs associations dont la montée en puissance revendicative s'accroît durant ces années… C'est sans fin qu'il faudrait mettre en perspective tous ces intervenants dans la définition d'une sûreté alimentaire, d'autant que si certains acteurs sont en place au moins depuis les années 1950 d'autres émergent durant cette période et ajoutent leurs sollicitations sur les questions alimentaires ou déploient de nouvelles expertises.

La complexité du sujet vient également des mutations de consommations accélérées durant ces deux décennies. Les changements sont d'abord liés à l'augmentation des capacités de fourniture alimentaire, appuyée en particulier sur le productivisme agricole engagé dans les deux décennies précédentes. Des changements comportementaux proviennent des cadres dans lesquels les Français s'alimentent. Ils se résument en trois

---

French Public Health 1870s to the Present », *Medical History*, vol. 48, n° 1, 2004, p. 1–28 ; Cécile Lahellec, *Risques et crises alimentaires*, Paris, Tec & doc, 2005 ; Frédéric Keck, « Risques alimentaires et catastrophes sanitaires. L'Agence française de sécurité sanitaire des aliments, de la vache folle à la grippe aviaire », *Esprit*, n° 3–4, 2008, p. 36–50 ; Florence Hachez-Leroy, *Menaces sur l'alimentation. Emballages, colorants et autres contaminants alimentaires XIXe-XXIe siècles*, Tours, Presses universitaires François Rabelais, 2019.

[3]　Pascal Gristet, Yves Bouvier, Jean-Pierre Williot, *Face aux risques. Une histoire de la sûreté alimentaire à la sûreté environnementale*, Paris, Cherche-Midi, 2020.

indicateurs. La progression de la restauration hors foyer et collective s'est accrue selon l'INSEE. Alors que 53 % des individus prenaient tous leurs repas à domicile en 1967 en région parisienne, ils n'étaient plus que 36 % en 1981, participant à la progression de la restauration hors de chez soi. Les cadres supérieurs notamment déjeunaient à 66 % en restauration hors foyer en 1967 puis à 79 % en 1981. Les ouvriers passaient de leur côté de 35 % à 58 %. La place de plus en plus importante d'un approvisionnement alimentaire effectué dans les grandes et moyennes surfaces devint patente. Comparer les lieux d'achat en 1965 et 1974 montre qu'ils s'effectuaient à 65 % en commerce spécialisé à la première date et à 32 % dix ans plus tard. Spécifiquement, les achats en supermarché et en hypermarché passaient de moins de 10 % à 26 %. Le territoire français ne comptait que 207 supermarchés en France quand Georges Pompidou devint Premier ministre, leur nombre atteignait 2694 à la fin de son mandat présidentiel. Dans le même temps, les hypermarchés avaient décuplé. Une transformation radicale des structures nutritionnelles fit une place croissante aux produits carnés, aux matières grasses, au sucre et aux plats préparés dans le bilan nutritionnel, qui ne furent pas sans incidence sur la santé des Français.

L'intérêt du sujet étudié sur cette période vient enfin de la distorsion qui apparaît entre la perception relayée par les contemporains d'une dégradation de la qualité alimentaire à opposer à la progression d'une surveillance et d'un encadrement de l'alimentation de plus en plus généralisé. Cela résulte en particulier de l'initiative des pouvoirs publics et des missions confiées aux organismes de recherche. La méfiance appliquée à l'alimentation au tournant des années 1960/1970 était bien loin des urgences alimentaires qui prévalaient à la fin de la Seconde Guerre mondiale lorsque la ration calorique des moins nourris avait pu descendre jusqu'à 1000 kcal/jour. Si le contrôle de la chaîne alimentaire devenait une aspiration répandue et légitime, cette évolution dénote en tout cas une mutation spectaculaire moins de vingt ans après les pénuries et les rationnements des années 1940.

Une méfiance grandissante des Français sur leur alimentation à l'entrée dans le second XXe siècle

La perception de certains produits alimentaires est très révélatrice si l'on suit l'enquête parue dans le bulletin de l'Inserm en 1969 au sujet des facteurs de choix des aliments. Les données sont nombreuses et explicites à partir d'une étude conduite en 1965–1966 sur 1367 familles incluant plus de 6000 personnes[4]. Elles furent saisies dans plusieurs types de résidence (de la grande métropole, Lyon, Marseille, aux communes rurales de Lorraine ou dans le Massif central) en ménageant une équivalente diversité sur la typologie des personnes qui devaient répondre.

Dans cette enquête d'une richesse exceptionnelle pour traiter l'histoire de l'alimentation durant ces années, plusieurs faits émergent au niveau global. Parmi les facteurs restrictifs de consommation de certains produits, mis à part le goût, 7 % des réponses mettaient en avant la « méfiance envers le produit », soit du fait de sa qualité, soit en lien avec les possibles effets perçus sur la santé. Le critère de la méfiance se portait sur certains aliments qui suscitaient le plus de répulsion. À un niveau équivalent, chaque fois à 7 % des réponses, les viandes, les poissons, les crustacés, la charcuterie étaient visés. Les réponses atteignaient 63 % pour s'inquiéter des aliments industriels. Des écarts considérables dissociaient les ménagères des grandes villes et celles des communes rurales quant à l'emploi de certains produits. Par exemple, les potages en sachets trouvaient 74 % d'utilisatrices en ville quand à la campagne 48 % seulement des ménagères les employaient. Parmi les aliments signalés comme n'étant pas achetés, le critère de la méfiance le justifiait à 24 % pour les conserves, 21 % pour les corps gras et 14 % pour les plats préparés. La réticence manifestée devant certains aliments – qu'il ne faut pas exagérer car la propension à acheter les produits des industries alimentaires allait croissante durant ces deux décennies – n'exprime pas nécessairement une crainte quant à la sûreté alimentaire mais elle traduit plutôt une résistance face à des moyens alimentaires nouveaux et une distanciation progressive avec la chaîne alimentaire.

La remise en cause de la naturalité des produits apparaît par contre comme un argument très souvent évoqué dès les années 1960, comme si la perception d'un tournant dans les pratiques alimentaires était advenue. Des émissions télévisées, ou de simples reportages, jouaient déjà le rôle du pourfendeur des innovations alimentaires en ciblant bien évidemment les industries agroalimentaires. En 1964, l'émission *Visa*

---

[4]   Jean Claudian, Yves Serville, François Trémolères, « Enquête sur les facteurs de choix des aliments », *Bulletin de l'Inserm*, t. 24, n° 5, 1969.

pour l'avenir, consacrée au pain et au vin de l'an 2000[5] insistait sur le changement. Un père de famille interviewé à table dénonçait l'ajout du monostéarate de glycerol dans le pain comme nouvel additif (en fait un émulsifiant) pour l'empêcher de durcir, déplorait le vin avec des colorants, critiquait la salade avec des engrais chimiques, et refusait de manger une viande venue des animaux engraissés avec des antibiotiques. Quelques années à peine plus tard, en 1970, le magazine *Lorraine Soir* invoquait à rebours l'intérêt de la culture biologique[6]. L'émission situait en priorité les positions du Professeur Pecault : « nous sommes arrivés à une époque où les techniques nous amènent à une escalade de moyens de plus en plus artificiels … il est certain que les produits que nous proposons aux consommateurs pour se sustenter sont de moins en moins naturels, de plus en plus artificiel[7]». Le propos faisait écho aux travers critiqués par certains observateurs d'une agriculture productiviste. Dans les mêmes années 1960 cette agriculture était pourtant mise en avant par d'autres interlocuteurs qui s'estimaient fiers d'avoir sorti la France de ses pénuries alimentaires. Les choix faits pour nourrir les Français étaient passés par une place nouvelle concédée à la recherche agronomique (l'INRA est créé en 1946), l'utilisation massive d'engrais et de fertilisants, la motorisation des campagnes, la sélection intentionnelle du bétail. Plusieurs indices exemplaires rendent compte des mutations agricoles qui transformèrent les campagnes des années 1950 aux années 1970. Pour la première fois en 1953, le rendement en blé à l'hectare dépassa 20 quintaux en moyenne. En 1978, les céréaliers obtenaient 5 tonnes à l'hectare. La chimie des sols faisait l'objet d'un fort investissement agronomique. Une série de fascicules de présentation des régions françaises publiée aux éditions Larousse témoignait des mutations. Le numéro consacré à la Champagne laissait voir une certaine fierté de la transformation de la Champagne crayeuse autrefois très peu cultivée. Un géographe de l'Université de Reims écrivait ainsi en 1974 : « Tout a convergé, surtout à partir de 1950. On a découvert que la craie permettait désormais beaucoup : elle prend fort bien l'engrais chimique, retient en permanence un peu d'eau et le travail des machines y est plus facile que sur les limons. Les vieux défauts se

---

[5]   Institut National de l'Audiovisuel (INA), *Visa pour l'avenir*, Jean Lallier, 17 décembre 1964.

[6]   INA, *Lorraine Soir*, 16 octobre 1970.

[7]   *Ibid.*

sont tournés en qualité[8]». La révolution fourragère mettait des prairies en culture avec des graminées sélectionnées qui amélioraient les conditions d'élevage. Celui-ci donnait l'exemple de transformations radicales, notamment dans la génétique animale. La recherche de normalisation modifia la production de viande par l'insémination artificielle. Le nombre de vaches inséminées atteignait presque 8 millions en 1969.

Mais ces changements, dotés d'une vision de progrès dans le langage de leurs promoteurs, n'écartaient par certaines inquiétudes en aval. La mise en cause d'une alimentation trop élaborée prit une place croissante au cours des années 1970. Elle préfigurait les préventions des consommateurs contre des produits alimentaires transformés par l'industrie ou produits par une agriculture jugée trop technique et trop scientifique. Encore une génération et ces consommateurs franchiraient une étape supplémentaire par la condamnation des produits alimentaires tout court. L'exigence de sûreté alimentaire prit d'autant plus de place que les positions qui s'affrontaient donnent des visions parfois très opposées.

Au Salon des industries et de l'innovation alimentaire de 1966, l'un des experts les plus réputés du génie alimentaire, Marcel Loncin, professeur au CERIA (Centre d'enseignement et de recherches des industries alimentaires et chimiques) à Bruxelles et conseiller scientifique de l'EN-SIA (École nationale supérieure des industries alimentaires) en France affirma : « on est de moins en moins certain qu'un produit naturel et non transformé est supérieur à un produit ayant subi un traitement industriel ![9] » Le directeur général de la production et des marchés au ministère de l'Agriculture – et lui-même futur ministre – Michel Cointat posait de son côté une réserve importante face au développement des produits de synthèse en suppliant les acteurs « d'être extrêmement prudents face à cette évolution de l'alimentation. Faute de précautions, on risque en effet de rompre l'équilibre fragile et l'harmonie instable de la vie. Notre insouciance dans ce domaine peut faire redouter des réactions extrêmement préjudiciables à l'être vivant[10]». La bascule est manifeste entre ceux qui lisaient une amélioration en termes de sûreté alimentaire et ceux qui commençaient à redouter le modernisme clamé durant ces années. Certains sujets étaient alimentés par la presse qui les dénonçait comme

---

[8]   *La Champagne et le champagne. Découvrir la France*, n° 26, éditions Larousse, 29 avril 1974.

[9]   « Le SIAL de 1966 », *Revue des Industries agricoles et alimentaires*, n° 2, 1967.

[10] *Ibid.*

des scandales alimentaires. Les additifs et les colorants faisaient partie des premières cibles. Les additifs alimentaires étaient pourtant définis en 1962 par une liste positive qui indiquait l'emploi des seuls ingrédients autorisés. Les colorants pâtirent à leur tour d'une campagne critique au milieu des années 1970 alors que le désir de naturalité se renforçait dans la société.

Les risques de la chaîne alimentaire au tournant des années 1960 et 1970

Face à ces mutations de perception, différents acteurs donnaient leur appréciation du risque alimentaire de façon plus nuancée. Mesurées par les institutions médicales et vétérinaires, les altérations alimentaires et leurs conséquences persistaient, depuis les conditions d'élevage jusqu'à l'innocuité présumée des produits dans l'assiette. De multiples cas pourraient être donnés sur la chaîne d'élevage comme autant d'identifications des risques. Prenons-en trois exemples.

Le premier est le plus en amont. Il démontre que malgré la politique de vaccination généralisée contre la fièvre aphteuse (pour les bovins mais pas les porcs et les moutons) à partir de 1962, la persistance de cas restait courante et n'a été mieux contrôlée qu'au début des années 1970. Jusqu'à la décision de vaccination obligatoire le coût annuel pour l'État s'établissait au moins à 200 millions de francs courants. En 1974 encore, un foyer de fièvre aphteuse en Bretagne ayant nécessité l'abattage de 35000 animaux coûtait 50 millions de francs. Le problème était contrôlé mais non éradiqué comme le prouve les épizooties de 1970, 1974 et encore 1979, 1981, engendrant en fait le passage d'une prophylaxie médicale à une prophylaxie médico-sanitaire. Dans le même temps l'harmonisation européenne sur les conditions d'importation des animaux sensibles à la fièvre aphteuse et des produits qui en sont issus se développa. Ce fut l'une des réglementations les plus précoces, bien avant celles sur les volailles et les produits laitiers[11]. Le second exemple permet de mesurer à partir du *Bulletin de l'Académie vétérinaire* la diminution du risque de salmonellose en France entre 1961 et 1971. Une étude des laboratoires Sanders en lien avec l'Institut Pasteur montrait en 1971 que sur

---

[11] *Rapport d'information sénatorial n°405 (2000–2001)*, « santé animale : la lutte contre la fièvre aphteuse, du risque sanitaire à l'enjeu économique », t. II, Auditions, p. 42.

dix ans de recherches 1970 souches de salmonella sur un nombre de plus
de 140000 animaux testés (= 1,5 %) avaient pu être isolées. Le nombre
était limité mais l'alerte se justifiait par la recrudescence des cas : sur des
volailles (poulets et poules) le taux de salmonella remonta à 3,4 % en
1970, 6 % en 1971, sur des canards il pouvait aller à 30 %. Si l'étude
mentionnait qu'aucun cas de salmonella n'était retrouvé dans les échantillons d'aliments de volailles analysés, elle incriminait tout de même les
conditions sanitaires d'élevage, à la fois leur extension et les conditions
d'hygiène insuffisantes ainsi que la composition des nourritures délivrées
aux animaux. Les farines de sous-produits d'abattoirs de volailles avaient
été identifiées comme un souci majeur à partir d'exemples étrangers mais
non présents en France[12]. Le troisième exemple montre l'interaction,
dont les experts avaient parfaitement conscience, entre l'utilisation des
pesticides et la possibilité qu'ils se retrouvent dans le lait. Une étude du
laboratoire central vétérinaire de Maisons-Alfort montra en 1972 que la
contamination de lots de fromages à destination de l'exportation soule-
vait la question des risques et des réponses à apporter. Identifié en 1966
et 1967, le problème engendra à la fois l'enquête scientifique et la décision
des pouvoirs publics d'interdire certains traitements des locaux de stabu-
lation et l'emploi de certains composés organo-chlorés[13].

Cependant d'autres études pourraient mettre en avant l'amélioration
des conditions d'élevage. La réduction drastique des cas de tuberculose
bovine, passés de 8 % sur le cheptel contrôlé en 1955 à 3 % en 1963 et
0,5 % en 1974 était un progrès indéniable[14]. De même, une enquête
engagée par la section lait de l'Institut technique de l'élevage bovin en
1970 portant sur 89 exploitations réparties en 30 départements, montra
qu'à la suite de mesures réglementaires prises en 1969 la contamination
du lait liée à des résidus de pesticides dans les aliments pour animaux
s'était améliorée au point de passer en 1974 sous le seuil des normes
fixées par la FAO. Mais il n'empêche, les risques alimentaires associés à
des viandes incertaines et les infections possibles à partir d'œufs issus de

---

[12]   L. Renault, Cl. Maire, J. Vaissaire, M. Palisse et Th. Linder « Recrudescence des
       salmonelloses animales en France. Bilan des années 1961 à 1971 », *Bulletin de l'Aca-
       démie Vétérinaire de France*, t. 125, n° 9, 1972, p. 413–427.

[13]   L. Richou-Bac, M.F. Mollet et J. Pantaléon, « État actuel de la contamination des
       produits laitiers par les résidus de pesticides organo-chlorés », *Bulletin de l'Académie
       Vétérinaire de France*, t. 125, n° 3, 1972, p. 131–146.

[14]   G. Brétenet, « La lutte contre la tuberculose bovine en France », *Bulletin de l'Acadé-
       mie Vétérinaire de France*, tome 128, n°6–7, 1975, p. 359–376

poulaillers très souvent contaminés laissaient toute son acuité à l'exigence d'une sûreté alimentaire renforcée.

Dans un bilan des toxi-infections alimentaires collectives en France de 1970 à 1977, le bulletin vétérinaire rapportait ainsi au moins 60 foyers infectieux par an en moyenne (de 29 à 74 selon les années) avec un nombre de malades allant de 927 à 3904[15]. Les aliments incriminés étaient surtout les viandes et charcuteries (38 %), les plats cuisinés (20 %), les pâtisseries (15 %). Les germes pathogènes, la salmonelle (136 cas) et les staphylocoques (120 cas) étaient ciblés. Ils engendrèrent 14 cas mortels. Une autre étude, publiée dans le *Bulletin de l'Académie de médecine*, relevait de 1966 à 1969 126 foyers déclarés (mais combien d'inaperçus) en restauration collective aux services départementaux d'hygiène. Ces infections concernaient 31 écoles, 24 familles, 22 fois plusieurs familles, 9 cantines, 4 établissements hospitaliers, 3 casernes, 1 restaurant, 1 congrès et 10 lieux inconnus. Staphylocoques et salmonelles représentaient 2/3 des cas dans 22 fois des pâtisseries et 19 fois des viandes, 6 fois des conserves[16].

Une politique d'encadrement de la sûreté alimentaire renforcée sous Georges Pompidou

La mesure des toxicités au quotidien de l'alimentation et la prévention des risques devint donc logiquement une préoccupation de plus en plus forte à la fin des années 1960. Les administrations qui œuvraient à l'époque des mandats de Georges Pompidou eurent un rôle essentiel. La sûreté alimentaire a bénéficié d'un encadrement de plus en plus étoffé, d'abord sur le plan vétérinaire en amont de la chaîne alimentaire mais aussi de plus en plus fortement à partir de la décennie 1970 dans le contrôle alimentaire.

L'évolution remarquable tient d'abord à l'ensemble des services vétérinaires dont le ministère de l'Agriculture disposait avant que n'apparaisse le CNEVA (Centre national d'études vétérinaires et alimentaires) deux décennies plus tard en 1989. En 1974, le ministère de l'Agriculture

---

[15] F. Lebert, « Les toxi-infections alimentaires collectives, en France, de 1970 à 1977 », *Bulletin de l'Académie Vétérinaire de France*, t. 131, n° 3, 1978, p. 335–336.

[16] *Bulletin de l'Académie nationale de médecine*, séance du 15 décembre 1970, 134ᵉ année, 3ᵉ série, t. 154, n° 34.

appuyait ses services vétérinaires sur deux types de laboratoires. D'une part, il disposait de 86 laboratoires à l'échelon local, dépendant des départements et effectuant les analyses, à la demande des services de santé animale et de l'inspection sanitaire et qualitative des denrées d'origine animale. D'autre part, il employait à l'échelon national, 9 laboratoires de recherche et de contrôle. La diversité des moyens apparaît dans la multiplication de ces laboratoires nationaux, créés entre les années 1950 et 1970 pour l'essentiel. Ils élargissaient les moyens scientifiques et les orientations d'étude, que l'école vétérinaire avait introduits dès 1901. Le premier laboratoire de santé animale y avait été créé afin de lutter contre les maladies contagieuses et infectieuses des animaux. Deux traits essentiels distinguaient les laboratoires nationaux. Une dispersion géographique importante prévalait à leur établissement. Elle s'expliquait généralement par le contexte des moyens régionaux ou la présence d'un élevage de référence pour adosser les études du laboratoire. Dessiner une carte des implantations conduirait ainsi de Lyon à Nice-Sophia Antipolis, de Nancy à Ploufragan, de Brest à Fougères. Le laboratoire de Ploufragan, par exemple, ouvert en 1957 à la demande des professionnels de l'aviculture, en pleine mutation vers les élevages industriels, dut sa localisation au Conseil général des Côtes du Nord (Côtes d'Armor aujourd'hui) qui décida d'investir dans ce soutien indispensable aux éleveurs. L'intervention politique expliquait parfois encore plus directement la localisation. Mais certaines créations résultèrent aussi de la présence locale d'un pôle industriel ou scientifique qui favorisait son emplacement. Ainsi, le laboratoire de Lyon apparut grâce à la donation que l'Institut français de la fièvre aphteuse (Meyrieux) fit à l'école vétérinaire lyonnaise. D'autres encore résultèrent d'une incidence conjoncturelle. Le laboratoire de Nancy fut ouvert lorsque l'épidémie de rage vulpine d'Europe orientale arriva au printemps 1968. La spécialisation caractérisait évidemment chacun. La pathologie des petits ruminants et des abeilles à Sophia Antipolis relayait le laboratoire de recherches apicoles de Nice (fondé en 1951) lui-même héritier d'un laboratoire apicole implanté à Digne en 1937 par le directeur départemental des services vétérinaires. La virologie animale à Lyon, la pathologie des animaux sauvages à Nancy (1971), la surveillance aviaire à Ploufragan, le suivi des animaux aquatiques à Brest (1973) rendent compte d'une vision d'aménagement du territoire qui fut active, on le sait, sous Georges Pompidou[17].

---

[17] François Caron, Maurice Vaïsse (dir.), *L'aménagement du territoire, 1958–1974.*

Par ailleurs, l'INRA apportait une contribution mixte à la sûreté alimentaire en étant à la fois du côté de l'agronomie, de l'agriculture, de l'élevage (un service vétérinaire consacré à l'élevage avait été ouvert dès 1962) et de l'alimentation. Il contribua à l'encadrement des industries alimentaires. À partir de 1973, elles furent prises en charge dans cette institution. L'industrie alimentaire s'appuyait ainsi sur des centres dédiés à la viande et à la nutrition (Theix près de Vannes), au lait (Rennes), aux céréales (Nantes), aux fruits et légumes (Avignon), au vin (Montpellier), là encore dans une logique territoriale assez cohérente. Plusieurs centres de biotechnologie et de nutrition humaine s'ajoutaient en différents lieux.

La surveillance des produits alimentaires que les industriels pratiquaient eux-mêmes ou en collaboration avec des laboratoires publics forma un second volet de renforcement de sûreté alimentaire durant ces années. Le laboratoire central d'hygiène alimentaire conçu en 1972 et établi définitivement en 1975, héritier d'une institutionnalisation déjà ancienne du contrôle sanitaire des aliments et de la surveillance des fraudes alimentaires, tint un rôle désormais essentiel. Il était à même de fournir des études préventives à la mise en marché. Il rassembla les laboratoires qui dépendaient auparavant de la préfecture de police de Paris, ainsi que les unités d'hygiène alimentaire du laboratoire central d'Alfort, le laboratoire central du lait du ministère de l'Agriculture, le laboratoire d'hygiène alimentaire du service vétérinaire de la Seine et le laboratoire de radiologie. Son rôle est indéniable, à porter au crédit de ces années. En 1974 par exemple, il effectua 12 777 examens bactériologiques dont 40 % pour les seuls produits de charcuterie et plats cuisinés et 10 053 contrôles de conformité. Il recherchait les contaminations parasitologiques (comme la trichinose). Il révélait par examen histologique les suspicions de traitement aux œstrogènes et pratiquait plus de 200 dépistages de brucellose. Surveiller les produits laitiers, une des missions majeures du laboratoire dans laquelle un très haut niveau d'expertise fut acquis, conduisait à prélever plus de 4700 échantillons et tenir 300 réunions du collège d'experts pour assurer l'innocuité des beurres, des fromages (dont plus de 1000 contrôles pour l'exportation), des laits, des yaourts. En fonction des moyens de l'époque et des savoirs scientifiques et techniques, sa mission engendrait un gain de sûreté alimentaire indiscutable. Des analyses similaires au laboratoire de Nice permettaient d'identifier

Actes du colloque tenu à Dijon les 21 et 22 novembre 1996 par la Fondation Charles et l'Association Georges Pompidou, Paris, L'Harmattan, 1999.

d'autres travers, par exemple 40 % de semi-conserves non conformes d'un point de vue bactériologique, 18 % des fruits de mer, 6 % des produits de la ruche. À cette époque, 82 % des tests toxicologiques pratiqués sur les miels étaient défavorables. Pour sa part, le Centre national d'études et de recherches pour l'alimentation collective (fondé en 1974) répondait à l'inquiétante augmentation du nombre de toxi-infections alimentaires collectives, en particulier dans les restaurants universitaires et scolaires. Il s'inscrivait dans la tradition de contrôle inaugurée au début des années 1900 aux Halles de Paris[18].

La pratique législative et réglementaire qu'une chronologie précise pourrait faire ressortir marqua tout autant l'édification de nouvelles pratiques. La loi de modernisation du marché des viandes, votée en 1965, prévoyait la constitution d'un Service national d'hygiène alimentaire au sein duquel les inspecteurs vétérinaires se substituaient aux municipalités pour le contrôle de qualité des viandes. La loi permit de normaliser les classifications et de diffuser une information sur les spécifications techniques auprès des professionnels. Elle assura une nouvelle surveillance des filières par leur obligation d'établir des contrôles d'hygiène à chaque maillon de la chaîne alimentaire. La loi sur l'élevage adoptée en 1966 imposa la sélection par l'amélioration génétique du cheptel bovin, dont l'INRA avait fait un de ses axes prioritaires. Elle introduisait de nombreuses mesures propres à garantir une surveillance de la qualité des viandes. Elle mit en place une traçabilité dont les effets concernaient autant la zootechnie que la rationalisation des exploitations. Le productivisme supposait malgré tout que le suivi soit global, alors que tous les éleveurs n'adhéraient pas à ces orientations. Paradoxe de cette loi, des lacunes dans le système d'identification persistèrent auprès des abattoirs[19]. La loi du 3 janvier 1969 qui institua le paiement du lait en fonction de sa composition et de sa qualité relaya ainsi la sécurité du lait avec la promotion du lait UHT décidée depuis un décret de 1964.

Par ailleurs, la France qui était membre du Codex Alimentarius né au tout début des années 1960, reçut la présidence du Comité sectoriel sur la définition des principes généraux de l'alimentation. C'était une

---

[18] Ministère de l'Agriculture, Direction des services vétérinaires, *Rapport d'activité des laboratoires nationaux*, 1974, p. 2–5.

[19] Jérôme Bourdieu, Laetitia Piet, Alessandro Stanziani, « Crise sanitaire et stabilisation du marché de la viande en france, XVIIIe-XXe siècles », *Revue d'Histoire Moderne et Contemporaine*, 2004, n° 51, p. 121–156.

tâche normative considérable et la reconnaissance effective de la place de la France dans l'alimentation mondiale. Quasiment invisible, cette fonction était pourtant capitale et il y aurait bien lieu d'en refaire l'histoire. D'autres pays contrôlaient des comités plus techniques (additifs alimentaires et pesticides aux Pays-Bas, échantillonnages et analyses à la RFA, hygiène alimentaire aux États-Unis, labellisation au Canada). La direction des comités de produits ne laissa pas de place à la France, face à une distribution économique des rôles : les produits de la pêche étaient attribués à la Norvège, les sucres à la Grande-Bretagne, la viande à l'Allemagne, les graisses au Royaume-Uni. Aux positions défendues par des pays comme les Pays-Bas, l'Allemagne, l'Italie ou la Suisse s'opposa en fait celle de la France ou plus radicalement l'Espagne. Les premiers voyaient dans l'édiction de normes les supports nécessaires à la fluidité commerciale internationale. Les Espagnols s'opposaient à cette définition. La France joua une partition alternative, faisant du marché un besoin mais de la santé une nécessité. La sûreté alimentaire apparaît bien là comme une priorité nouvelle des années 1960–1970.

Il faudrait descendre jusqu'au niveau des décrets pour se convaincre de l'attention portée à ce sujet. Le décret 66–180 du 25 mars 1966 traitait des produits diététiques et de régime ; le numéro 70–392 du 8 mai 1970 réglementa le commerce des marchandises soumises à des radiations ionisantes ; le texte 72–937 du 12 octobre 1972 sur les conditions de vente des produits emballés – dans un contexte d'essor des achats sous ce conditionnement – prescrivit de renforcer l'étiquetage informatif pour obliger les entreprises à inscrire sur les aliments préemballés une somme d'informations à destination du consommateur ; le règlement n°73–1101 décrété le 28 novembre 1973 sur les additifs destinés à l'alimentation animale apporta des exigences nouvelles. Beaucoup d'autres pourraient être rappelés, témoignant d'un travail de fond au sein des administrations en appui sur les expertises scientifiques, largement inconnu du public, pourtant prompt à suivre les mots d'ordre médiatisés contre les innovations alimentaires.

En fait, une politique d'ampleur fut suivie. L'action gouvernementale en rend aussi compte de manière structurelle. En 1968, le gouvernement dota le ministère de l'Agriculture d'une direction des industries agricoles et alimentaires. La préparation du VIᵉ Plan (1971–1975) engendra la création au sein d'une commission agricole et alimentaire de groupes de travail sur l'innovation et le génie alimentaire, la formation et la promotion des personnels, les aspects nutritionnels de la qualité des aliments.

Les procédures de contrôle de la qualité apparaissaient bien dans le décret pris en ce sens le 21 juillet 1971 qui fondait une nouvelle éthique en fixant par arrêtés les normes sanitaires et qualitatives des denrées[20].

Mais il ne pouvait vraiment y avoir de sûreté alimentaire sans qu'une pédagogie alimentaire ou plus précisément nutritionnelle n'advint. Elle existait déjà sous des formes limitées dans les pratiques quotidiennes à travers l'éducation ménagère, les livres culinaires et la transmission intergénérationnelle de bonnes pratiques. Mais les décennies 1960–1970 montrent bien qu'il fallait aller au-delà. Le rôle des institutions en charge de la santé était capital par la suggestion de réglementations et plus largement de la préfiguration d'une politique de préconisations nutritionnelles véritablement mise en place à la décennie suivante. Pourtant, la promotion de la diététique amorcée par les études du professeur Jean Trémolières dès les années 1950 se renforça. La reconnaissance de cette science de la nutrition apportant de nouveaux repères sur l'hygiène alimentaire, fut justement portée par Jean Trémolières qui fonda en 1964 un laboratoire de nutrition humaine à l'Inserm. Il l'établit à l'hôpital Bichat et créa les *Cahiers de nutrition et de diététique*, rejoignant les prosélytes d'une révision des régimes alimentaires par prévention ou par précaution. L'Académie de médecine n'en déplorait pas moins en 1968 que les diététiciennes attendent un statut professionnel. Cette même institution prit largement en considération les questions de sûreté alimentaire de l'époque, d'autant qu'elle avait constitué une commission de l'alimentation très fréquemment sollicitée pour avis par le ministère de l'Agriculture. Ce fut le cas le 30 novembre 1965 sur la définition de la qualité des laits pasteurisés ou le 20 octobre 1970 sur la présence d'antibiotiques dans les aliments et les risques associés pour les produits laitiers et les viandes. Déjà mobilisé en 1966, un rapport conduit l'Inserm à l'inscrire à ses travaux. Un décret imposa la coloration des préparations afin d'en garder la trace apparente dans le lait. Pour les viandes fraiches un examen bactériologique devait identifier les risques associés aux antibiotiques. Des observations sur 20 années d'analyse du laboratoire de toxicologie de pharmacie de Paris, au sujet des risques associés à l'incorporation d'agents chimiques dans l'alimentation, conclurent à la nécessité de renforcer les moyens nécessaires pour développer la recherche en toxicologie alimentaire en 1970.

---

[20]   J. Adroit, « Législation française et qualité des matières premières », *Culture Technique*, n° 16, 1986, p. 294.

Les pratiques des Français elles-mêmes renseignent sur l'attente plus forte de sûreté alimentaire au regard de l'évolution des consommations qui appelaient des vigilances particulières. L'achat de viande, de volaille et de poissons représentait 39,1 % de la structure de la consommation alimentaire en 1974, contre 35 % en 1960. Beaucoup plus diversifiée que dans les autres pays de la CEE, la consommation de viande y était aussi la plus forte. La prédilection des Français allait vers la viande bovine (29 % en 1967), le porc (28 %) puis les volailles (12 %). La consommation de veau, dont les Français étaient les plus forts consommateurs en Europe, incita à pousser l'élevage afin d'accroître le poids des carcasses. C'était au détriment de la qualité, 10 % seulement du troupeau étant élevé sous la mère en 1969. Il y avait là un motif sérieux d'intervention sur la sûreté alimentaire. Entre le lancement de la marque Vivagel en 1960 et la fondation de Picard en 1973, l'avènement des produits surgelés devint également la base d'une révolution des pratiques. Si la consommation se limitait à 200g par habitant et par an en 1961, elle passa en 1973 à presque 6kg. Là aussi les contrôles de sûreté durent être renforcés. Mais les pratiques des Français n'étaient pas elles-mêmes indemnes de risques. L'Académie de médecine livrait ainsi lors d'une séance du 27 octobre 1970 le nombre de cas de botulisme humain, moins bien éradiqué que chez l'animal, avec au moins 200 contaminations dans les 15 dernières années, incriminant en particulier la préparation de semi-conserves familiales malsaines[21].

Au total ces années Pompidou sont bien aussi celles d'avancées dans le domaine alimentaire en matière de sûreté. Si les effets du productivisme agricole et d'une industrialisation alimentaire débridée sont aujourd'hui relus de façon critique, il serait faux de considérer les années 1960–1970 sous le seul angle des leçons à donner au passé. Ces temps furent ceux de la transformation des pratiques des ménages. Il n'est pas inutile de rappeler que l'appareil ménager qui connut la plus forte progression de ces années et contribua vraiment à des pratiques alimentaires nouvelles est moins l'automobile ou la TV que l'on donne toujours en exemple mais bien le réfrigérateur dont le taux d'équipement des Français passa de 24,8 % en 1960 à 87,3 % en 1974. Le froid dans les ménages, c'était aussi d'autres facilités de conservation, d'autres ravitaillements allongés dans le temps et en fin de compte d'autres alimentations portées par

---

[21] *Bulletin de l'Académie nationale de médecine*, séances des 20 et 27 octobre 1970, 134ᵉ année, 3ᵉ série, t. 154, n° 26–27.

l'innovation[22]. Ce fut aussi un temps d'adaptation et déjà de contestation. La *Revue Culinaire* écrivait en 1969 : « À notre époque où les transformations de l'aliment sont en pleine exubérance, il est nécessaire de
rappeler le rôle de la saveur ». Il faut « qu'on encourage les concours à
l'heure où la France se couvre de relais dits touristiques, de restoroute,
de snacks, de drugstores de toutes sortes, où l'on mange certes mais où
toute recherche de finesse savorique est absente[23] ». Développer la sûreté
alimentaire était une exigence pour parer aux dérives dénoncées en 1976
de la cuisine sous vide de Tricatel[24] ! Les années Pompidou s'inscrivaient
dans un contexte européen. La réglementation européenne croisa avec
les recommandations du Codex. En créant un comité scientifique permanent sur l'alimentation en 1974 et un comité consultatif en 1975, la
Communauté établit à son tour les modalités de nouvelles concertations
entre États pour institutionnaliser la sûreté alimentaire. Plus tard au
cours de la décennie 1970, des directives rassemblèrent les positions sur
le lait et les œufs (1975) ou l'étiquetage (1979). Elles prolongeaient l'action d'une politique commune harmonisant les pratiques sur les fruits
et légumes (1962) ou la réglementation vétérinaire (1968). La sûreté alimentaire devint un nouveau sujet relié à la santé d'un côté, aux enjeux
économiques internationaux de l'autre, porté quelques années après au
cœur d'enjeux majeurs comme le révéla la crise de l'ESB.

---

[22] Pascal Griset, Yves Bouvier, Jean-Pierre Williot, *Face aux risques. Une histoire de la
      sûreté alimentaire à la sûreté environnementale,* Paris, Cherche-Midi, 2020.

[23] *Revue culinaire,* mars 1969, p. 10.

[24] Jacques Tricatel, joué par Julien Guiomar, est le personnage détesté du film de
      Claude Zidi, *L'Aile ou la cuisse,* sorti en salle de cinéma en 1976 comme une critique
      cinglante de la médiocrité alimentaire.

Objets et produits de consommation de masse : un risque sanitaire quotidien, 1962–1974

Yves BOUVIER

Isoler une dizaine d'années dans les transformations de la société française de l'après-Seconde Guerre mondiale pourrait paraître une entreprise vouée à l'échec tant les mutations sont évidemment globales, tout en s'inscrivant dans des temps longs. Pourtant, du début des années 1960 au milieu des années 1970, les débats autour de la société de consommation et de ses objets intègrent progressivement la dimension sanitaire. La vivacité des prises de position sur la « société de consommation » révèle une large panoplie d'arguments[1]. Dans une appréhension sociale, mais plus encore politique, des transformations des années 1960, les historiens ont mis l'accent sur la critique politique et intellectuelle qui était formulée à l'encontre d'une société nouvelle, associée à la figure de Georges Pompidou. Dans son ouvrage publié en 1962 et traduit dès l'année suivante en français sous le titre *Printemps silencieux*, la biologiste Rachel Carson ne se limitait pas à la dénonciation du DDT (dichlorodiphényltrichloroéthane), substance largement utilisée dans l'agriculture et interdite en France en 1971. Plusieurs chapitres de ce livre, dont le succès est associé à une première prise de conscience environnementale de l'opinion publique aux États-Unis[2], traitent de l'omniprésence des substances toxiques dans les espaces du quotidien, à l'exemple des lignes qui suivent :

---

[1] Jean-Claude Daumas, *La révolution matérielle. Une histoire de la consommation. France, XIXᵉ-XXIᵉ siècle*, Paris, Flammarion, 2018.

[2] Philip Shabecoff, *A Fierce Green Fire. The American Environmental Movement*, Washington, Covelo, London, Island Press, 2003 ; Benjamin Kline, *First Along the River. A Brief History of the US Environmental Movement*, Lanham, Rowman & Littlefield Publisher, 4ᵉ ed., 2011, p. 160–165.

Nous sommes à l'âge du poison ; le premier venu peut acheter sans explications à tous les coins de rue des substances beaucoup plus dangereuses que les produits pour lesquels le pharmacien exige une ordonnance médicale. Il suffit de cinq minutes de promenade dans un supermarché pour effrayer le client le plus intrépide, lorsqu'il connaît la nature des produits chimiques offerts à son choix[3].

De fait, le début des années 1960 est, pour les Français, la période à laquelle les plastiques entrent massivement dans les maisons sous forme d'emballages mais également par les nouveaux objets. Les produits d'hygiène intègrent de nouvelles substances chimiques et la transformation rapide des intérieurs domestiques s'accompagne de peintures et de papiers peints qui utilisent colles et résines de conception nouvelle.

Il serait faux de croire que ces transformations se font faites en dehors de tout regard médical ou sans souci de protection du consommateur, dans une pure logique de profit commercial portée par des entreprises vendant une « modernité » aux masses. Pour autant, il serait naïf de considérer que les enjeux industriels seraient négligeables dans la rapidité de l'adoption de ces nouvelles substances. N'adoptant ni la posture productiviste ni sa dénonciation facile, ce texte vise à éclairer la période allant du début des années 1960 au début des années 1970, c'est-à-dire celle menant des tentatives de régulation par les experts[4] au mouvement environnementaliste structuré.

Recherche médicale et nouvelles expositions

La recherche médicale n'a pas attendu la massification des substances nouvelles pour s'intéresser à leur éventuelle toxicité. Les réunions du Conseil supérieur d'hygiène publique (CSHP) contiennent ainsi de nombreuses discussions sur la nocivité de ces produits, tant pour l'espace domestique que pour les lieux du travail. Instance héritière du Comité consultatif d'hygiène publique de 1848, rattaché au ministère de la Santé publique à partir de 1930, le CSHP fut créé en 1942. Comprenant une centaine de membres, nommé pour six ans, le CSHP était divisé en six

---

[3]   Rachel Carson, *Printemps silencieux*, Marseille, Wildproject, 2014 (1962), p. 173.
[4]   Soraya Boudia, Nathalie Jas (dir.), *Toxicants, Health and Regulation Since 1945*, Londres, New York, Taylor & Francis, 2013, p. 25–35.

sections[5]. L'arrêté du 15 mai 1963 présente ainsi la liste de 93 médecins nommés en raison de leurs compétences, auxquels s'ajoutent six fonctionnaires et huit représentants des corps constitués dont les académies de médecine, de pharmacie et des sciences. Aux rôles traditionnels de surveillance des eaux, du suivi du thermalisme et de l'identification d'éventuels risques alimentaires, s'était ajoutée une mission d'identification des nouveaux environnements toxiques. Dans le monde du travail en particulier, l'emploi de produits chimiques tels que la soude caustique et la potasse caustique marquent des oppositions entre des préconisations restrictives pour les usages domestiques et des autorisations pour les secteurs industriels[6]. À la demande du ministère de l'Industrie, un rapport préconisa le remplacement du trichloréthylène, principalement utilisé comme solvant, par le trichloréthène I-I-I, beaucoup moins toxique[7]. La mise à jour des tableaux des substances toxiques était un chantier permanent de ce comité. Le CSHP pouvait également être sollicité par des industriels. En février 1966 par exemple, EDF demanda l'avis de la section d'hygiène industrielle sur l'emploi de lampe au xénon pour la production de rayons ultra-violets comme bactéricide, requête qui ne déboucha pas sur une réponse construite mais sur la demande de documents complémentaires.

Plusieurs membres du CSHP étaient des figures internationalement reconnues, également actives dans des instances européennes voire dans des organisations internationales. Parmi les nombreux groupes internationaux d'experts qui fleurirent dans les années 1950, le Comité européen de recherches pour la protection des populations contre les risques d'intoxication à long terme (dit Eurotox, 1954), s'était réuni à Royaumont en avril 1960. Ses recommandations portaient principalement sur la lutte contre la pollution de l'air et comprenaient tant des mesures de réduction de cette pollution que des aménagements permettant de les atténuer à l'image de la création d'espaces verts. L'analyse chimique des fumées était devenue la clé de l'étude de la toxicité. Parmi les personnalités présentes à Royaumont, la figure de René Truhaut (1909–1994) domine. Ayant travaillé dès 1945 sur le DDT, notamment à l'Institut du Cancer,

---

[5]   Respectivement : épidémiologie ; hygiène et habitation ; eaux et assainissement ; hygiène de l'alimentation ; laboratoires, sérums et vaccins ; hygiène industrielle et du travail.

[6]   CHSP, section de l'hygiène industrielle, séance du 25 février 1966.

[7]   CHSP, section de l'hygiène industrielle, séance du 23 octobre 1967.

il était un spécialiste reconnu des pesticides et fongicides, et succéda à René Favre comme professeur de la chaire de toxicologie à la Faculté de Pharmacie de Paris, poste qu'il occupa de 1960 à 1978.[8] Intervenant principalement sur les questions alimentaires, et plus particulièrement sur la présence des pesticides dans les fruits et légumes[9], René Truhaut participait à de très nombreux comités dont celui consacré à la pollution de l'air par les automobiles, celui de la prévention de la pollution atmosphérique de la région de Lacq ou celui de l'évaluation toxicologique des produits médicamenteux. Expert auprès de multiples organisations internationales comme l'Organisation mondiale de la santé, la FAO, l'OIT, le Conseil de l'Europe, l'Union internationale contre le cancer ou l'Union internationale de chimie pure et appliquée, il s'intéressait en particulier aux combinaisons de plusieurs polluants et jeta ainsi les bases de l'écotoxicologie. En juin 1969, lors d'une réunion du Conseil international pour la science à Stockholm, il avait proposé la création de cette nouvelle branche de la toxicologie comme « étude des effets toxiques causés par des polluants naturels ou artificiels à des éléments d'un écosystème, que ce soit des animaux, végétaux ou microbes »[10].

La mise en politique de ces nouveaux savoirs suit plusieurs cheminements parallèles. Les syndicats professionnels des médecins, et plus particulièrement la Confédération des syndicats médicaux français (CSMF), étaient d'abord attentifs aux transformations de la tarification de l'acte médical et aux nombreuses réformes financières et organisationnelles. Toutefois, sur le plan de la santé publique, l'émergence de nouvelles préoccupations sanitaires se retrouvait dans les arguments déployés par certaines associations dans leur défense des libertés médicales. C'était le cas de l'Union nationale pour l'avenir de la médecine (UNAM), créée en 1961 par le docteur Bernard-Claude Savy, et qui organisa en 1966 un colloque sur les maladies modernes, qualifiées de « maladies de civilisation »[11]. Parmi celles-ci, l'obésité et la pollution de

---

[8]   *Notice sur les titres et travaux scientifiques de René Truhaut*, Paris, SEDES, 1967.

[9]   Sur l'histoire de la réglementation française des pesticides sous l'égide du ministère de l'Agriculture, voir Jean-Noël Jouzel, *Pesticides. Comment ignorer ce que l'on sait*, Paris, Les Presses de Sciences-Po, 2019, p. 131–162.

[10] René Truhaut, « Ecotoxicology : Objectives, Principles and Perspectives », *Ecotoxicology and Environmental Safety*, vol. 1–2, septembre 1977, p. 151–173.

[11] *L'Homme moderne et sa santé*, Asnières, Éditions de l'Avenir, 1966.

l'air furent évoquées, de même que les radiations et les psychopatholo-
gies. Par la suite seront ajoutés à la liste des comportements tels que la
télévision allumée à l'heure des repas, l'écoute trop forte de la musique,
les risques accidentels de l'automobile. En mai 1973, l'UNAM créa un
Comité de vigilance pour la protection de la santé, qui travaillait avec le
Centre d'études et de recherches d'hygiène appliquée. Par une stratégie
efficace de médiatisation, deux sujets au moins parvinrent à illustrer les
risques de la vie moderne selon l'UNAM : les talons hauts portés par
les femmes et l'insalubrité des conduits collectifs des immeubles (vide-
ordures, gaines d'aération)[12]. Derrière l'argument sanitaire, ce sont bien
des prises de position contre les transformations de la société qui s'affirment, prises de position amplifiées après mai 1968. Sur le fond en
revanche, les effets sanitaires de la société de consommation de masse
des années 1960 étaient mis en lumière et sortaient des expertises de
laboratoire.

Un second cheminement est associé au ministère de la Santé publique
et de la Sécurité sociale. Robert Boulin initia en effet un groupe de travail
sur le « progrès médical », confié au Professeur Maurice Lamy, en juillet
1969. Dans le rapport publié en 1970 et intitulé « Pour une politique de
la Santé »[13], un chapitre concernait la vie quotidienne, résultat d'un sous-
groupe de travail piloté par le conseiller d'État honoraire Jacques Dou-
blet, ancien directeur général de la Sécurité sociale. Outre les pollutions
de l'air, de l'eau et sonore, le texte identifiait des objets insuffisamment
étudiés comme vecteurs potentiels de germes : les piscines, les produits congelés[14] et en particulier les produits domestiques, les plats pré-
cuisinés. Constatant un manque d'information des usagers, le rapport
préconisait un renforcement de l'éducation sanitaire par un travail
commun entre l'Éducation nationale et la sous-direction de l'Hygiène
publique de la direction générale de la Santé. En outre, pour s'adapter
aux nouveaux modes de vie, le rapport invitait à allouer des moyens supplémentaires à l'Inserm de façon à mener des recherches sur ces domaines

---

[12]　« La santé par le bon sens », *Le Monde*, 22 mai 1973.
[13]　*Pour une politique de la Santé*, Paris, Ministère de la santé publique et de la sécurité
　　sociale, 1970.
[14]　Le décret du 4 février 1967 avait bien prévu une forme d'inscription des dates de
　　congélation sur les produits commercialisés mais le manque de lisibilité pour le
　　consommateur restait évident dans la mesure où cette date pouvait être inscrite soit
　　en clair soit en code.

négligés et à éviter la dispersion des efforts scientifiques. Rôle normatif, mission pédagogique et rationalisation des moyens constituent le triptyque classique d'une politique de la santé publique en 1970. Dans les mois suivants, et au-delà de la réforme hospitalière, Robert Boulin prit deux mesures emblématiques : l'interdiction du DDT le 19 février 1971 et la biodégradibilité à 80 % des détergents accusés de provoquer la pollution des rivières[15]. Les reportages de l'émission télévisée « La France défigurée » sont nombreux sur le sujet, montrant tantôt des poissons à la surface, tantôt des mousses épaisses.[16] En réaction à ces pollutions, à la fin des années 1960, de nombreuses marques avaient mis en avant les enzymes pour expliquer la disparition des taches sur le linge. Au sein du groupe Univeler, la marque Ala promettait même un « détergent glouton » dont les « multi-enzymes dévorent les taches » (1969) tandis que la marque Ariel, lancée par Procter & Gamble en 1967, se targuait d'être la « 1ère lessive biologique » grâce à l'Enzymex qui digérait les taches et la saleté.

Toutefois, un troisième cheminement peut être identifié à travers un événement dramatique qui marqua les contemporains. L'affaire du talc Morhange éclata en août 1972 ; elle montre combien la médiatisation conduit à des prises de conscience de l'opinion publique et des responsables politiques. Rappelons brièvement les faits : à la suite d'une erreur de manipulation d'un bactéricide à base d'hexachlorophène, un talc pour enfants comprenait un dosage plus de cinquante fois supérieur aux normes en vigueur (6,35 % au lieu de 0,1 %). Principalement commercialisé dans les Ardennes et l'Aube, ce talc provoqua le décès de 36 enfants et l'intoxication sévère d'une centaine d'autres. Les premiers cas étaient apparus à la fin du printemps et au début de l'été mais ce n'est que fin août que la cause fut identifiée. Non seulement un défaut dans l'information des consommateurs était mis en évidence mais l'événement prouvait que l'usage et la circulation de substances toxiques n'étaient pas suivis avec précision puisqu'il avait fallu plusieurs mois pour repérer la source de l'intoxication. L'hexachlorophène, présent dans de nombreux

---

15   Les détergents anioniques doivent être dégradables à 80 %. Cette mesure, prise par l'arrêté du 11 décembre 1970, était déjà appliquée en République fédérale allemande depuis 1964. Elle fut bien adoptée par les industriels puisque toutes les marques de lessive respectent cette norme dès 1971, sachant toutefois que les lessives comprenaient une autre source de pollution avec l'emploi de phosphates.

16   Thibault Le Hégarat, « *La France défigurée*, première émission d'écologie à la télévision », *Le Temps des médias*, n° 25, 2015, p. 200–213.

produits cosmétiques, fut classé parmi les « substances vénéneuses » par le ministre de la Santé, Jean Foyer, au 1ᵉʳ novembre 1972. Quelques mois après les faits, interrogé à l'Assemblée nationale sur le sujet, le ministre mit en cause une législation « passablement vieillie » : « Devant la production de l'industrie chimique moderne, qui déverse des produits de toutes espèces, très efficaces mais souvent très toxiques, toute cette législation, dans le cadre d'une politique de santé publique et d'une politique de l'environnement, doit être repensée et refondue »[17]. De fait, l'emploi de l'hexachlorophène était courant dans bon nombre de produits d'hygiène[18]. Des publicités pour des dentifrices de la marque *Signal* mentionnaient ainsi que : « concentré dans les rayures rouges, l'hexachlorophène se diffuse instantanément dans la bouche qu'il assainit complètement. Mieux encore, son action purifiante persiste très longtemps après le brossage : vos dents bénéficient d'une véritable protection prolongée ». Notons que le magazine *50 millions de consommateurs* mentionnait, dès avril 1972, la réglementation américaine hostile à l'hexachlorophène dans les dentifrices en raison des risques de lésions nerveuses et d'empoisonnement sanguin[19]. Sur le plan des responsabilités administratives, le suivi des substances toxiques relevait de la direction de la répression des fraudes au sein du ministère de l'Agriculture et non du ministère de la Santé publique. Avec l'affaire du talc Morhange, c'est bien l'ensemble du dispositif d'identification et de suivi des substances toxiques qui est interrogé, sous la pression de l'opinion publique. Préparé dans les années précédentes, le décret du 2 octobre 1972 interdisait les produits organochlorés (aldrine, dieldrine, heptachlore, chlordane) pour l'usage agricole à compter du 1ᵉʳ janvier 1973. Seul le lindane, insecticide utilisé pour l'imprégnation des bois, meubles et vêtements, était jugé non toxique et donc autorisé jusqu'à son interdiction en 1998. De même la loi du 22 décembre 1972 étendit les dispositifs d'homologation des produits antiparasitaires à usage agricole en intégrant les ordures ménagères. Plus important et conséquence directe de l'affaire du talc Morhange, l'arrêté du 9 septembre 1973 fit ainsi entrer dans la catégorie des médicaments l'ensemble des produits contenant de l'hexachlorophène (dont les

---

[17] Assemblée nationale, séance du 24 novembre 1972.

[18] L'INC mena une étude sur 25 marques de talc à l'automne 1972 : huit contenaient de l'hexachlorophène, quatre des germes.

[19] « Les dentifrices et leurs mystères », *50 millions de consommateurs*, n° 16, avril 1972, p. 5–8.

dentifrices) quelle que soit la dose. Les produits d'hygiène et de beauté entraient également dans cette catégorie, en fonction de seuils, lorsqu'ils comprenaient des acides acétique, chlorhydrique, phosphorique ou du fluor, du thiomersal ou du zinc[20]. En d'autres termes, le suivi des substances, en tant que définition d'une politique de santé publique, représentait un consensus justifiant l'engagement de nouvelles dépenses dans la recherche médicale, et en particulier au sein de l'Inserm. Au Vésinet, le départ d'André Roussel du Centre de recherche sur la pollution atmosphérique et l'hygiène de l'environnement en 1973 conduisit à la création de plusieurs unités Inserm sur ces sujets, en particulier en toxicologie appliquée à la cancérologie[21].

Consumérisme et protection sanitaire des consommateurs

Si le champ médical a contribué à faire émerger des interrogations, études et décisions sur la toxicité des produits du quotidien, le mouvement consumériste répondait également à cette volonté de protection du consommateur. Dans ce domaine, les « années Pompidou » furent particulièrement riches dans la mesure où le mouvement consumériste connut une audience croissante. Les associations de consommateurs[22], au premier rang desquelles l'Union fédérale de la consommation (UFC), créée en 1951, s'exprimaient dans les médias nationaux (émission radiophonique sur *Paris-Inter*) et créèrent leurs propres médias. L'UFC, dirigée par André Romieu puis Jeanne Picard à partir de janvier 1965, publia son magazine *Que Choisir ?* à partir de décembre 1961. Fondés sur des tests comparatifs des produits, les articles visaient avant tout à informer le consommateur des risques potentiels en termes de sécurité. La création de l'Institut

---

[20]   L'histoire des industries des cosmétiques est actuellement émergente. Voir Anne-Marie Granet-Abisset, Anne Dalmasso, « Au-delà des cosmétiques : l'importance économique et sociale des entreprises de la beauté », *Entreprises et Histoire*, n°111, 2023, p. 6-15.

[21]   Pascal Griset, Jean-François Picard, *Au cœur du vivant. 50 ans de l'Inserm*, Paris, le Cherche Midi, 2013.

[22]   Alain Chatriot, « Qui défend le consommateur ? Associations, institutions et politiques publiques en France (1972–2003) », dans Alain Chatriot, Marie-Emmanuelle Chessel, Matthew Hilton (dir.), *Au nom du consommateur. Consommation et politique en Europe et aux États-Unis au XXe siècle*, Paris, La Découverte, 2005, p. 165–181.

national de la consommation (INC), en décembre 1966, conduisit l'UFC à se démarquer de plus en plus des politiques gouvernementales et à adopter des positions plus militantes. À l'automne 1972, la rupture fut entérinée avec le départ de l'UFC de l'INC[23], l'association accusant l'Institut de freiner le mouvement de défense des consommateurs.

Les questions de santé ont été abordées de trois façons par le mouvement consumériste. Le premier ensemble de sujets concernait les médicaments et en particulier la consommation des médicaments[24], sujet qui mériterait un traitement à part entière. Le second ensemble, correspondant au propos de ce texte, porte sur les risques sanitaires des produits commercialisés. L'objectif d'une protection sanitaire des consommateurs apparaît très rapidement avec, par exemple, des articles évoquant les risques pour une multitude de produits : les crèmes solaires, les fours à pyrolyse et catalyse, les jouets dangereux (par exemple les laboratoires de chimistes comprenant des composés toxiques), les désodorisants, les dégivrants pour pare-brise, les produits d'entretien (1735 intoxications pour le seul hôpital Fernand Widal de l'AP-HP au cours de l'année 1971) ou les casseroles en aluminium[25]. Le troisième type d'articles aborde les conséquences sanitaires des pollutions industrielles et, plus généralement, des destructions de l'environnement.

Dans la lignée du texte de Rachel Carson, la dangerosité des produits du quotidien fut régulièrement mise en avant. Parmi les produits suspects figuraient en bonne place les détachants, solvants, vernis, éther, chloroforme, ainsi que certains fongicides ou insecticides. Selon une répartition sexuée des rôles, le magazine conseillait quelques précautions d'usage :

> Lorsque vous, Monsieur, vous livrez à du bricolage ou à du jardinage ou que vous arrosez votre jardin de pesticides divers, vous devez savoir que

---

[23] Alain Chatriot, « Consumers, Associations and the State : protection and Defence of the Consumer in France, 1950–2000 », dans Alain Chatriot, Marie-Emmanuelle Chessel, Matthew Hilton (dir.), *The Expert Consumer. Associations and Professionals in Consumer Society*, Aldershot, Ashgate, 2006, p. 123–135.

[24] Voir par exemple « Les Français consomment-ils trop de médicaments ? », *50 millions de consommateurs*, n°4, mars 1971 ; Sophie Chauveau, « Malades ou consommateurs ? La consommation de médicaments en France dans le second XXᵉ siècle », dans Alain Chatriot, Marie-Emmanuelle Chessel, Matthew Hilton (dir.), *Au nom du consommateur, op. cit.*, p. 182–198.

[25] *Que Choisir ?* n° 2, février 1962 pour les casseroles ; *50 millions de consommateurs*, n° 12, décembre 1971 pour les jouets.

vous manipulez des produits dangereux et, pas seulement du point de vue
génétique. Il en est de même pour vous Madame, lorsque vous manipulez
des produits de nettoyage ou des détachants ; cela vaut la peine de mettre
des gants, des vêtements de travail, de travailler dans un endroit aéré et de
se laver très soigneusement les mains. Inutile de rappeler que ces produits
doivent être gardés hors de portée des enfants[26].

Les risques sanitaires étaient généralement mentionnés de façon
extrêmement flous autour de risques immédiats (intoxication), de moyen
terme (cancer) ou de long terme (« détérioration progressive de l'espèce
par des effets de mutation »).

Les produits chimiques et les plastiques, notamment les emballages,
étaient tout particulièrement visés par les militants consuméristes. Si la
loi prévoyait qu'aucune réaction chimique ne devait intervenir entre le
contenant et le contenu, afin de ne pas altérer le produit[27], l'augmentation
considérable des contenants et la variété des matériaux utilisés posaient
de nouveaux problèmes. La décennie allant du milieu des années 1960
au milieu des années 1970 est marquée par l'essor des emballages en
PVC pour une gamme sans cesse plus large de produits : cosmétiques,
produits laitiers (yaourts, fromage blanc) et eau minérale. Rapidement
les emballages en PVC sont deux fois plus nombreux en France qu'en
Allemagne, correspondant notamment aux demandes de stockage et de
manutention de la grande distribution[28]. L'entreprise Vittel introduisit
la bouteille PVC à usage unique en 1968, imitée par Nestlé l'année suivante. La bouteille d'eau en plastique devint un symbole d'un nouveau
cycle de dégradation de l'environnement : les nappes phréatiques étant
polluées et les traitements insuffisants, l'achat des bouteilles est la garan-
tie d'une eau saine pour le consommateur, quand bien même le déchet
plastique devait être jeté et contribuer ainsi à entretenir le cycle de pollution.[29] Dans *L'Utopie ou la mort* en 1973, René Dumont évoque aussi ces

---

[26]   *Que Choisir ?* n° 43, mai 1970.

[27]   Sur ce sujet voir en particulier Florence Hachez-Leroy, *Menaces sur l'alimentation.
Emballages, colorants et autres contaminants alimentaires. XIXᵉ-XXᵉ siècle*, Tours,
Presses universitaires François-Rabelais, 2019.

[28]   Heike Weber, « Les ordures ménagères et l'apparition de la consommation de masse.
Une comparaison franco-allemande (1945–1975) », dans Charles-François Mathis,
Jean-François Mouhot (dir.), *Une protection de l'environnement à la française ?
(XIXᵉ-XXᵉ siècles)*, Seyssel, Champ Vallon, 2013, p. 141–156.

[29]   Nicolas Marty, *L'invention de l'eau embouteillée. Qualités, normes et marchés de l'eau
en bouteille en Europe, XIXᵉ-XXᵉ siècles*, Bruxelles, Peter Lang, 2013.

emballages plastiques qui ne sont pas consignés, qui ne se dégradent pas et ne peuvent donc pas, selon lui, retourner à la nature. C'est justement sur la question des déchets que des rencontres s'opèrent entre l'UFC et les milieux de la recherche scientifique. Ainsi Georges Le Moan, toxicologue à l'université René Descartes et pharmacien des Hôpitaux de Paris[30], et Marcel Chaigneau, directeur du laboratoire d'analyse des gaz du CNRS, recommandent-ils de ne pas brûler les bouteilles plastiques car les 50 grammes de PVC d'une bouteille produiraient 15 litres d'acide chlorhydrique gazeux. Dès lors, il faut jeter les emballages et non les incinérer, ni en chaudière, ni en cheminée, ni dans le jardin[31].

Le « tournant environnemental » est l'un des moteurs de la convergence des problématiques sanitaires et consuméristes. En se démarquant de plus en plus nettement des politiques publiques, les associations consuméristes participent à l'émergence de nouveaux comportements et à la prise de conscience d'un cadre de vie marqué par les pollutions. De fait, les associations de consommateurs s'emparent du sujet environnemental dès la fin des années 1960, dans une chronologie proche des initiatives politiques (rapport de Louis Armand pour les Cent mesures pour l'environnement[32], discours de Chicago de Georges Pompidou, etc.). La pollution de l'air[33] mais plus encore la pollution de l'eau furent ainsi régulièrement présentées. Les détergents et les phosphates, présents jusqu'à 50 % dans les poudres à laver, contribuaient à polluer les rivières et les plages et à perturber le cycle du phosphore. L'INC, en phase avec la création du ministère de la Protection de la nature et de l'environnement en janvier 1971, abordait régulièrement le sujet. Les institutions internationales mirent également l'environnement à l'agenda dès 1970, que ce soit le Conseil de l'Europe ou l'OCDE. Ce dernier organisme publia d'ailleurs un rapport sur les détergents en 1973[34]. La pollution des mers et des océans conduisit à des articles récurrents sur la qualité des eaux

---

[30] Georges Le Moan travaillait avec René Truhaut auquel il succéda en 1978. Georges Le Moan, « L'enseignement de la toxicologie à Paris dans le cursus des études pharmaceutiques », *Revue d'histoire de la pharmacie*, n° 262, 1984, p. 319–326.

[31] *Que Choisir ?*, n° 60, décembre 1971.

[32] « Années 1970 : le moment des 100 mesures pour l'environnement », *Pour mémoire*, hors-série n° 34, été 2022.

[33] Un article de *50 millions de consommateurs* consacré à la pollution de l'air est ainsi intitulé, « Une odeur de mort flotte dans l'air », n° 4, mars 1971.

[34] L'OCDE a créé un Comité de l'environnement et une Direction de l'environnement en 1971.

de baignade lors des vacances estivales ainsi qu'à de nombreuses publications sur la contamination des produits alimentaires issus de la mer[35].
Conçu comme synthèse de politiques et d'administrations éparses[36], le
terme d'environnement contribue également à rapprocher santé publique
et société de consommation en couvrant un large domaine, allant de
l'esthétique du cadre de vie au suivi des substances toxiques, en passant
par l'environnement global. Au milieu des années 1970, cette synthèse
est réalisée et contribue, politiquement, à désamorcer l'opposition entre
les deux termes. Dans *Grandeurs et tentations de la médecine*, publié par
Jean Bernard en 1973, celui qui préside alors le conseil d'administration
de l'Inserm constatait que la société industrielle protège mieux des parasites et de la pauvreté mais il ajoutait :

> [...] elle se caractérise par l'apparition fréquente d'une nouvelle catégorie de
> troubles sanguins, ceux qui sont liés aux poisons. Ces troubles sont dus à
> la fois à la modification de l'environnement, dégradation du milieu naturel
> remplacé par un milieu artificiel entièrement créé par l'homme et où de
> multiples pollutions apparaissent, à l'utilisation dans les techniques indus-
> trielles, de produits de synthèse souvent toxiques, à la consommation par
> des couches sans cesse plus larges de populations de médicaments qui, à
> la longue, ne sont pas toujours dépourvus de danger pour les tissus qui
> forment le sang ou pour le sang circulant lui-même. À côté de ces dangers,
> il faut encore ajouter ceux qui sont liés à l'entrée massive dans l'agriculture
> intensive d'insecticides de contact dont les molécules, plus ou moins modi-
> fiées, se retrouvent en fin de course dans les tissus animaux ou les tissus
> humains[37].

Conclusion

Les transformations de la santé publique sous l'effet de la massification de la consommation d'objets nouveaux permettent de donner une
cohérence à cette période. Contrairement à ce qu'une vision superficielle
pourrait considérer, ce n'est pas le nouveau ministère de la Protection de

---

[35]   Voir par exemple *Aménagement du littoral et prévention de la pollution des produits
       alimentaires issus de la mer*, colloque national d'hygiène de l'environnement et des
       collectivités (Montpellier, 25–26 janvier 1974), Montpellier, Institut des sciences
       appliquées à la protection de la santé de l'homme, 1974.

[36]   Florian Charvolin, *L'invention de l'environnement en France. Chroniques anthropo-
       logiques d'une institutionnalisation*, Paris, La Découverte, 2003.

[37]   Jean Bernard, *Grandeurs et tentations de la médecine*, Paris, Buchet et Chastel, 1973.

la Nature et de l'Environnement qui prit en charge ces questions, mais bien le ministère de la Santé. En janvier 1976, la création d'un secrétariat d'État à la consommation changea une nouvelle fois la répartition des attributions sans pour autant remettre en cause la place centrale prise par la santé publique dans la régulation des risques sanitaires. Alors que trois institutions bien identifiées existent (Santé, Environnement, Consommation), les risques sanitaires du quotidien se sont imposés comme étant au carrefour des recherches médicales, de la protection du consommateur et de la préservation de l'environnement.

En une dizaine d'années, les enjeux sanitaires ont donc changé de dimension. Portés presque exclusivement par des experts des mondes de la santé publique jusqu'à la fin des années 1950, ces enjeux sont désormais intégrés aux territoires d'autres acteurs tels que les associations de consommateurs, les médias, les administrations en charge de l'environnement et de la consommation. L'expertise sanitaire et environnementale s'élargit à des parties prenantes jusqu'alors considérées comme peu légitimes, telles que les syndicats et les associations d'usagers et de consommateurs[38]. Les années 1960, de ce point de vue, ne sont pas tant celles d'une pause ou d'un ralentissement des régulations sanitaires environnementales que celles d'un élargissement des parties prenantes, reconfiguration qui se traduit par le regain législatif et réglementaire des années 1970.

Par ailleurs, et d'une façon générale, la période est bien caractérisée par la production de nouveaux savoirs sur ces questions de santé du cadre de vie quotidien et des objets matériels qui s'y trouvent, savoirs médicaux mais également savoirs sociaux et politiques. À l'interrogation récurrente – et légitime – sur la production de doutes par les industriels de façon à ralentir l'adoption de législations contraignantes, il convient de constater la faiblesse voire l'absence d'un principe de précaution, à quelque niveau que ce soit et quel que soit le type d'acteur. La toxicité des produits du quotidien ouvre bien davantage la production d'incertitudes que la production de doutes, situation qui justifie les engagements croissants dans la recherche médicale.

---

[38] Pascal Griset, Jean-Pierre Williot, Yves Bouvier, *Face aux risques. Une histoire de la sûreté alimentaire à la santé environnementale*, Paris, Le Cherche Midi, 2020.

La contraception au cœur de l'agenda des politiques publiques pendant les années Pompidou

Myriam CHOPIN-FARON et Olivier FARON

Les douze années Pompidou (1962–1974) vont être marquées par une grande transformation sociale. Réprimée, interdite, rejetée, la contraception dite « moderne », à savoir l'utilisation de pratiques non naturelles et surtout chimiques, va devenir un droit et de plus en plus une pratique banalisée. Il s'agit en cela de rompre avec des siècles et des siècles d'ignorance et de pratiques artisanales, pendant lesquels l'enfantement était un incontournable imposé aux femmes dans le cadre familial. Pays nataliste, pourchassant toute pratique malthusienne, la France va basculer dans le recours massif à la contraception, devenant « pilulocentrée » à la fin du xxᵉ siècle[1]. Histoire longue marquée par une spectaculaire accélération du calendrier dans les années 1960. Histoire de la consolidation d'une nouvelle politique de santé considérée aujourd'hui comme une évidence.

Sortir du cadre répressif de la loi de 1920 et de ses conséquences sur la santé des femmes

Pendant presque un demi-siècle, sexualité et reproduction des Françaises et des Français sont encadrés par un texte particulièrement sévère : la loi de 1920, souvent qualifiée de « scélérate ». Adopté lors du sursaut nationaliste successif à la Première Guerre mondiale, ce texte interdit non seulement la diffusion mais aussi la propagande de

---

[1] Sur l'apparition et l'affirmation de la pilule en France, nous nous permettons de renvoyer à Myriam Chopin, Olivier Faron, *Histoire de la pilule. Libération ou enfermement ?* Paris, Passés composés, 2022.

tout moyen contraceptif, ainsi bien sûr que tout avortement. Il prévoit amendes et même peines d'emprisonnement. Oublié par le Front populaire, il est même durci par le régime de Vichy. Au-delà de l'entrave lourde à la liberté de choix des couples, la loi de 1920 a des conséquences dramatiques sur la vie des femmes, qui semblent même s'accélérer pendant les années 1950. La loi de 1920 est en effet à l'origine de nombreux avortements clandestins, qualifiés de sauvages, dont les complications s'avèrent souvent mortelles. Des hypothèses, malheureusement non vérifiables, circulent à l'époque : 800000 avortements ; 30000 « victimes de manœuvres abortives » par an ; des dizaines de milliers de femmes rendues stériles… Les femmes avortent généralement dans des conditions dramatiques que dénonce le journaliste Jacques Derogy dans son livre *Des enfants malgré nous*, publié aux Éditions de minuit en 1956. Les couples sont en effet totalement désarmés face aux grossesses à répétition auxquelles ils ne savent pas faire face. C'est le cas par exemple des époux Bac[2]. Ces jeunes ouvriers de Saint-Ouen sont contraints de laisser mourir leur quatrième enfant. Le couple est condamné en 1954 à sept ans de réclusion. Ces drames à répétition vont susciter beaucoup de prises de conscience et d'engagements pour changer les choses. Marie-Andrée Lagroua Weill Hallé, jeune gynécologue mariée au très célèbre pédiatre Benjamin Weill Hallé, s'appuie ainsi sur le drame vécu par les époux Bac pour dénoncer la condition des femmes accablées par des grossesses à répétition à l'occasion d'un discours à l'Académie des sciences morales et politiques en 1955.

Le débat sur le *birth control* s'accélère en fait dans l'après-guerre, notamment à l'occasion de la publication en 1949 de l'ouvrage de Simone de Beauvoir *le Deuxième Sexe*, qu'elle vend à 22000 exemplaires dès la première semaine. Toute une génération de femmes, de jeunes diplômées le plus souvent, se retrouve dans les propos de la philosophe lorsqu'elle fait de la maîtrise de leur fécondité un préalable à leur émancipation. C'est d'ailleurs sous la caution intellectuelle de Simone de Beauvoir, que Marie-Andrée Lagroua Weill Hallé publie plusieurs articles sur la détresse des femmes avortées et surtout qu'elle s'engage de façon radicale dans leur défense. Le débat qui s'ouvre dans les années cinquante a une forte connotation internationale. Les contacts avec d'autres pays jouent un rôle essentiel dans la mise en place d'une action concertée. Lors

---

[2] Danièle Voldman, Annette Wieviorka, *Tristes grossesses. L'affaire des époux Bac (1953–1956)*, Paris, Seuil, 2019.

d'un déplacement aux États-Unis, Marie-Andrée Lagroua Weill Hallé rencontre ainsi Margaret Sanger, surnommée « la rebelle aux cheveux rouges », qui a ouvert une clinique de contrôle des naissances et concentre son combat féministe sur l'avancée des techniques contraceptives. C'est dans ce sillon que le 8 mars 1956 est fondée La Maternité heureuse, première association de femmes engagées dans une lutte sans relâche pour le droit à une maternité libre et volontaire. Une maternité heureuse et comblée est bien le socle justifiant la revendication d'une contraception délivrée des carcans du passé. En 1960, La Maternité heureuse devient le Mouvement français pour le planning familial (MFPF)[3], à savoir la branche nationale d'un mouvement international.

L'association se fait alors plus militante et redouble d'activité, en mettant par exemple en place un collège des médecins car il s'agit aussi d'agir pour former des praticiens aux méthodes contraceptives. Des médecins reconnus tels que Pierre Simon ou Henri Fabre jouent alors un rôle fondamental au sein du Planning : ils n'hésitent pas à transporter clandestinement diaphragmes et stérilets depuis l'Angleterre. La cible d'une maternité volontaire, appuyée sur l'urgence de la mise à disposition de tous les procédés contraceptifs modernes, en particulier pour lutter contre les avortements clandestins, se révèle extrêmement mobilisatrice. Le Planning va devenir l'un des plus grands voire le principal mouvement associatif français du XXᵉ siècle, regroupant des milliers de militants acquis à la cause, un peu partout dans le pays. Son débouché politique va être les diverses propositions de loi visant à l'abrogation de la loi de 1920, portées sans succès par la gauche de l'échiquier politique. L'une d'entre elles va connaitre une large audience car elle est défendue par le challenger de gauche aux élections présidentielles de 1965, à savoir François Mitterrand. Il se saisit de la question dès son premier meeting de campagne. Le journal gaulliste *La Nation* affirme alors que Mitterrand fait rentrer les relations sexuelles des Français dans la campagne présidentielle.

La libéralisation des esprits sur un sujet souvent considéré comme tabou avance en parallèle avec les progrès de la science. Les années 1950–1960 coïncident en effet avec l'une des plus grandes découvertes médicales, à savoir l'invention de la pilule contraceptive. La contraception hormonale va ainsi être favorisée par l'attrait sans précédent envers les

---

[3]   Christine Bard, Janine Mossuz-Lavau (dir.), *Le Planning familial : histoire et mémoire (1956–2006)*, Rennes, PUR, 2006.

nouvelles technologies médicales[4]. Après avoir travaillé sur la stérilisa-
tion des lapines, le biologiste de génie qu'est Gregory Pincus rencontre
Margaret Sanger, qui le pousse à mener de nouvelles recherches sur
la contraception féminine. En 1953, Pincus fait la connaissance de la
richissime Katharine Dester McCormick, convaincue qu'il faut investir
dans la régulation des naissances. Tout s'enchaîne très rapidement et c'est
en 1956 qu'est lancée la première pilule baptisée Enovid, commercialisée
par le laboratoire Searle en 1960 aux États-Unis : d'abord comme traitement hormonal, puis comme moyen de contraception pour les femmes
mariées. Les nombreux contacts avec la France expliquent que dès septembre 1963, une première pilule est mise sur le marché hexagonal. Il
s'agit de l'Enidrel, utilisée sur ordonnance, également pour des troubles
hormonaux. On est ainsi dans le flou sur les effets contraceptifs, ce qui
explique l'article de *Science et vie* de 1963, intitulé « la pilule qui n'ose
pas dire son nom ». C'est bien pourtant une pilule contraceptive qui cir-
cule dans l'anonymat, une pilule prescrite par les médecins dans les 100
centres de planning familial existant au milieu des années 1960, mais
souvent pour des raisons détournées afin de ne pas tomber sous le coup
de la loi.

La loi Neuwirth : une révolution culturelle et politique

Les années 1960 correspondent donc à une période de contraintes
lourdes en termes de sexualité et à une quasi-interdiction des formes
« modernes » de contraception, qui complètent les pratiques ancestrales
telles que le *coitus interruptus*. Cela renvoie au cadre juridique coercitif
généré par le texte de 1920, jamais remis en cause durant plus d'un demi-
siècle. Ce qu'une loi avait imposé, seule une autre loi pouvait le défaire
et c'est bien toute la portée de la loi Neuwirth. Ce nouveau texte a donc
une portée majeure pour l'histoire longue de la société. Il résulte de la
convergence de trois facteurs majeurs : une réflexion collective intense ;
l'action d'un homme politique très engagé ; une victoire parlementaire
exceptionnelle. La loi Neuwirth est en ce sens emblématique d'une avancée sociale majeure, issue d'un combat politique spectaculaire.

---

[4] Elizabeth Siegel Watkins, *On the Pill. A Social History of Oral Contraceptives 1950–
    1970*, Baltimore, John Hopkins University Press, 2001.

Commençons par la réflexion collective. Le mitan des années 1960 est marqué par une effervescence intellectuelle autour de l'avenir démographique du pays. Une activité qui va d'une forme officielle, celle de commissions ou de groupes d'experts dûment missionnés, jusqu'à des ouvrages ou autres publications plus individuelles. L'année 1966 est en ce sens exemplaire tant se multiplient les ouvrages sur la question, dont ceux signés par des membres éminents du Planning familial. Toujours en 1966, l'Institut national d'études démographiques rend public son rapport sur la régulation des naissances en France. Au début de l'année 1967, c'est au tour du rapport du Haut comité consultatif de la population et de la famille. Toute cette littérature grise aboutit au même constat : la France doit se doter au plus vite d'une politique de contraception, offrant une solution aux familles et aux couples, mais cette dernière doit être lancée avec prudence, voire vigilance car sinon la dénatalité guette. En filigrane, la nocivité inhérente au médicament-pilule, encore mal dosée et mal contrôlée à l'époque, est peu évoquée sinon par les pires détracteurs du recours à la contraception hormonale. Au cours de ce bouillonnement d'idées, les experts ont donc déblayé un certain nombre d'obstacles, même si la société reste éminemment divisée sur une telle question et que des propos d'inspiration complotiste se font jour autour de la *pill scare*[5].

C'est dans ce terreau que s'inscrit l'initiative portée par un homme politique hors pair, à savoir Lucien Neuwirth. Rien ne prédestinait ce gaulliste de la première heure à devenir « Lulu la pilule », tant il incarnera à terme le combat pour une contraception moderne. Résistant, Neuwirth croise le problème de la régulation des naissances en tant qu'adjoint au maire de Saint-Étienne dans l'après-guerre, en étant confronté à la situation financière explosive de familles ouvrières trop nombreuses pour faire face à leurs besoins. Mais ce n'est qu'à la fin des années 1960 qu'il s'engage en faveur de ce changement sociétal crucial. Par opportunisme ? Certainement pas tant Neuwirth va se heurter à un front du refus de ses « amis » politiques, débouchant sur le jugement sans appel de Pompidou, lui annonçant qu'il ne serait jamais ministre. Il va même subir des menaces personnelles au cœur de la crise. Par engagement sociétal ?

---

[5]   En 1968, un nouvel article de *Science et Vie* porte sur « La pilule : les généticiens s'inquiètent », revendiquant plus de contrôles sur ses effets secondaires. Mais c'est surtout à partir de la fin des années 1970 que des enquêtes menées principalement au Royaume-Uni vont mettre en avant les dangers de la contraception hormonale débouchant sur une véritable peur de la pilule ou *pill scare*.

C'est l'hypothèse à retenir, mêlée à un effet de réseau, symbolisé par la force des lobbies et en particulier du monde franc-maçon. Intérêt nouveau ou même conversion de fraîche date car Neuwirth s'était impliqué dans de tout autres questions depuis le début de son mandat de parlementaire en 1958. La nécessité d'avancer sur un tel sujet détermine en effet des volte-face spectaculaires à l'image de celle du général de Gaulle. Diamétralement opposé au candidat socialiste Mitterrand sur ce sujet pendant les présidentielles de 1965, goguenard face à la « bagatelle » ou à une « distraction » qu'il s'agirait de ne pas financer, de Gaulle incite Neuwirth, seulement quelques mois après, à avancer sur « son affaire ». Il aurait cédé en partie en écoutant son épouse, convaincue que les femmes doivent pouvoir choisir le nombre de leurs enfants, et tous ceux qui lui ont rapporté le drame de ces « ventres maudits » pour reprendre les mots de Jacques Derogy. Le Général considère à présent que la transmission de la vie est un acte tellement important qu'il doit être « lucide »[6].

Pionnier et avant-gardiste, Neuwirth est à contre-courant de son propre camp politique, conservateur voire réactionnaire. Cela entraîne une lutte âpre à la Chambre[7]. La majorité exprime un refus presque général du texte défendu par le député de la Loire. Les arguments techniques et notamment médicaux encourus sont renforcés par l'arrière-fond politique. On passe ainsi souvent de convictions religieuses à des réticences électoralistes. La discussion s'enflamme par paliers : pour condamner la pilule et son autorisation, on passe d'un « eugénisme négateur du respect de la vie » jusqu'à « une flambée inouïe d'érotisme » et même à l'engendrement du « néant ». Pourtant, grâce au soutien de l'opposition de gauche et d'un ministre convaincu comme celui des Affaires sociales Jean-Marcel Jeanneney, Neuwirth réussit à triompher. La première grande loi sur la contraception est votée en deuxième lecture et à l'unanimité le 14 décembre 1967, puis promulguée par le général de Gaulle le 28 décembre à Colombey-les-Deux-Églises. Le Président s'éloigne alors d'un certain nombre de principes catholiques pour privilégier la santé et la liberté des femmes, qui acquièrent *de facto* un nouveau droit.

---

[6]   Jacqueline Laufer, Chantal Rogerat (entretien avec), « Lucien Neuwirth, la bataille de la contraception », *Travail, genre et sociétés*, 2001, n° 6, p. 8.

[7]   Les débats parlementaires concernant la loi de 1967 sont d'une grande richesse pour comprendre les enjeux politiques de cette révolution culturelle et sociale.

Une société divisée

La pilule se diffuse dans tout le pays, à un rythme différent selon les contextes géographiques et sociaux : plus vite dans les villes et moins dans les zones les plus catholiques ; plus chez les lectrices du *Nouvel Observateur* et moins parmi les ouvrières. L'avancée en marche a toutefois tendance à homogénéiser les situations et les médias abordent de plus en plus ces questions. Une émission médicale produite par Igor Barrère, intitulée « La contraception : la grande aventure des femmes », est diffusée sur la première chaîne le 28 septembre 1973. Si la pilule est alors associée à une plus grande liberté, à la dissociation de la procréation et du plaisir, les résistances socio-culturelles sont toutefois souvent évoquées. Cela explique la mise en place fin 1972 d'un conseil supérieur de l'information sexuelle, qui répond à une demande de Neuwirth. La société reste en effet éminemment divisée à l'époque. Selon un sondage de l'IFOP publié par *France Soir* le 15 janvier 1968, 74 % des Français sont favorables à ce que la pilule ne soit vendue à des mineures non mariées qu'avec l'autorisation de leurs parents. Mais malgré les réticences et les résistances, le mouvement de fond de lente diffusion se manifeste. Il va même triompher de la cristallisation d'un front du refus, qui n'a pas renoncé malgré sa défaite au Parlement.

Les principaux opposants à la libéralisation de la contraception en cours sont avant tout les catholiques. Le 25 juillet 1968, six mois seulement après la promulgation de la loi Neuwirth, l'encyclique *Humanae Vitae*, qui porte sur le mariage et la régulation des naissances, est publiée. Elle conclut la réflexion de la commission mise en place par Jean XXIII en 1966, une commission plutôt ouverte qui propose plusieurs options possibles, dont l'acceptation de la contraception moderne. Mais le nouveau pape Paul VI tranche en faisant de l'union et de la procréation deux aspects indissociables, refusant par là-même tout moyen non naturel, qui empêcherait la reproduction au sein du couple. Le texte insiste sur les répercussions graves qu'entraîne l'adoption de méthodes de régulation artificielles. Cette position radicale de l'Église suscite l'incompréhension parmi les fidèles. Face à un noyau de catholiques conservateurs qui se plient à la volonté pontificale, certains théologiens progressistes font entendre leur voix. Yves Congar ouvre le débat dès 1968 en insistant sur la rupture que l'Église est en train de provoquer avec une partie de ses fidèles. Il écrit à l'épiscopat que l'encyclique crée un hiatus, voire un abîme entre la hiérarchie pastorale et la masse des fidèles. C'est même un « schisme silencieux » pour l'écrivain et journaliste catholique Jean Duquesne dans *L'Express* du 5 août 1968. Écartelés, les fidèles vont toutefois adopter de plus en plus massivement une forme de contraception moderne, en alignant leur comportement sur celui des autres Françaises et Français. L'abîme va se creuser au fil des années tant la hiérarchie catholique va camper définitivement sur la position rigoriste exprimée en 1968.

Dans un camp diamétralement opposé, la contraception peine à être plébiscitée. Alors que dans l'imaginaire collectif, le mouvement de contestation estudiantin de mai 1968 est associé à la revendication par la jeunesse d'une volonté de libération sexuelle, la pilule est peu évoquée à l'époque comme moyen de libération. Comme l'écrit la journaliste Florence Prudhomme, la contraception ne s'impose pas comme un leitmotiv pour les militants de 1968. C'est même la grande absente des revendications, « les sujets restant masculins ». Mai 68 a malgré tout des conséquences à moyen terme en permettant aux femmes de se regrouper entre elles. La révolution estudiantine est le terreau de l'apparition du mouvement féministe français, qui surgit au tout début des années 1970. En 1970, naît le Mouvement de libération des femmes (MLF) autour de la remise en question du couple conjugal et de la place des femmes au sein du couple. L'intime devient par là-même un sujet de revendication politique au sens fort du terme. C'est aussi à partir de 1970 que le Planning se féminise presque exclusivement mais aussi se démédicalise, pour se concentrer sur les actions en faveur de la condition des femmes, notamment sur la maîtrise de leur fécondité. Certaines personnalités comme Pierre Simon s'en éloignent plus ou moins de bon cœur. Ils sont incités à s'éloigner par un courant de plus en plus militant. Pierre Simon leur reproche par la suite de s'être ainsi approprié la lutte pour la contraception à leur profit. Si en définitive Mai 68 a peu compté dans la marche vers une contraception libre et par exemple dans l'affirmation de la pilule en France, le mouvement est en revanche à l'origine d'une nouvelle histoire : celle des femmes revendiquant d'être les actrices de leur destin biologique.

Aux côtés du MLF et du Planning « féminisé », d'autres associations se forment alors. En juillet 1971, Gisèle Halimi et Simone de Beauvoir fondent Choisir la cause des femmes. En avril 1973 est créé le Mouvement pour la liberté de l'avortement et de la contraception (MLAC). Autant dire que la contraception s'inscrit bien au cœur de la naissance d'un mouvement féministe conscientisé et revendiqué. Cette nouvelle force sociétale revendique une rupture dans la définition même du rôle de la contraception. Moyen de lutte contre l'avortement pour le Planning mais aussi pour une large partie de la droite qui a fini par s'y rallier, la contraception constitue *de facto* pour les féministes l'autre partie du binôme qui, cette fois avec l'avortement, sous-tend une régulation des naissances définitivement libérée et donc efficiente, fondement de la libération des femmes. Cela explique par là-même le décentrage d'un combat en passe d'être définitivement gagné – celui de la contraception – vers celui qui s'ouvre, à savoir celui pour l'avortement. Aussi, même si la contraception figure en bonne place dans les proclamations et les écrits des groupes féministes, si elle est scandée pendant les manifestations, elle disparait peu à peu par rapport à l'avortement, qui ne doit plus être un repoussoir mais bien l'horizon à atteindre.

La lente émergence d'une politique de santé

Le paradoxe des années Pompidou est qu'elles sont celles de grandes révolutions culturelles mais freinées par des résistances conservatrices. D'un côté, la révolution estudiantine, l'émergence du féminisme, le surgissement de la contraception et de l'autre, la volonté de maintenir l'ordre établi. Il faut attendre le moment giscardien pour que la France accepte pleinement la modernisation. La pilule en est la parfaite illustration. Alors qu'elle est utilisée subrepticement avant le texte de 1967, son usage est autorisé par la loi sans être toutefois plébiscité, ni même visibilisé. Cela explique une hausse modérée de la prise de pilule par les femmes ayant entre 15 et 49 ans : de 4 % en 1967 à 13,5 % en 1973. L'interdiction de la publicité concernant les produits contraceptifs est ainsi renforcée par l'absence de toute communication officielle, ce que regrette vivement Neuwirth. Les centres de planification familiale n'ont pas le droit de délivrer des contraceptifs. L'ordre des médecins a en effet accepté de prendre en charge la délivrance de contraceptifs contre la mise à l'écart du Planning. Alors que 1800 médecins sont au début des années 1970 correspondants du Planning, la Caisse nationale d'assurance maladie puis celle d'allocations familiales décident de ne plus subventionner l'association. Comme le signale le journal *L'Aurore* du 20 décembre 1967, la pilule « est désormais légale » mais sous « régime de liberté "médicale" », un régime de « liberté très contrôlée » qui va s'avérer singulièrement contraignant, sans toutefois empêcher un process désormais inarrêtable car il renvoie à une évolution sociétale de fond.

La lenteur de la mise en place d'une politique volontariste de contraception s'explique surtout par la nature même de la loi et toutes les difficultés que suppose son application pleine et entière. En raison de la force des oppositions, Neuwirth a été ainsi obligé d'aller vers un texte relativement restrictif. La liberté d'accès à la contraception moderne est sous contrôle. Entre autorisation de mise sur le marché, règlement d'administration publique et tableau spécial, l'accès aux contraceptifs modernes tels que la pilule et *a fortiori* le stérilet est singulièrement corseté. Les contraceptifs ne sont délivrés que sur ordonnance médicale. La prescription est nominative, limitée dans le temps et surtout accompagnée d'un carnet à souche, à l'image de tous les produits stupéfiants, assimilant de fait les femmes à des toxicomanes comme le relève Neuwirth. La vente de contraceptifs à des mineures de 18 ans non émancipés nécessite le consentement écrit de l'un des parents. Ces limitations, ces « barrières hypocrites » pour *Le Nouvel Observateur* du 27 décembre 1967, pèsent d'autant plus que l'application de la loi de 1967 est considérablement ralentie. Les lenteurs d'une administration désarçonnée par une telle rupture sont renforcées en sous-main par l'intervention de personnalités politiques porteuses d'un combat d'arrière-garde, régulièrement dénoncées par Neuwirth, à l'image de Jean Foyer, ministre de la Santé publique de juillet 1972 à mars 1973, ou de Marie-Madeleine Dienesch, secrétaire d'État au sein du même ministère de juillet 1968 à mai 1974. Deux représentants du monde catholique le plus opposé aux évolutions sociétales en cours. En février 1972, alors que Jean Foyer s'oppose à un office d'information autour des questions sexuelles, Neuwirth réagit dans une question orale : « Seule en contradiction avec la volonté de la loi, une puissance administrative mal définie a bloqué la préparation et la publication des décrets d'application. Ce sabotage délibéré ne pouvait qu'aboutir à l'encouragement des pratiques abortives. Inévitable résultat de l'échec éventuel de la contraception[8] ».

Ces obstacles du court terme renforcent la lenteur de l'évolution de fond en acte sans l'empêcher. C'est bien une nouvelle politique de santé qui émerge en effet autour de la pilule, avec tous les retards découlant d'une rupture aussi radicale. Rupture d'abord dans le rapport entre le médecin et son patient. Le praticien doit apprendre à répondre désormais aux attentes d'une femme en bonne santé, soucieuse d'organiser sa vie

---

[8]   Janine Mossuz-Lavau, *Les lois de l'amour. Les politiques de la sexualité en France (1950–1990)*, Paris, Payot, 1991, p. 57.

sexuelle et de la maîtriser. L'émission « Aujourd'hui Madame » du 14 décembre 1970 donne la parole à des femmes dont le médecin refuse la prescription de pilule, ce qui n'est bien sur plus acceptable dans le cadre de l'application de la loi de 1967. Il s'agit bien d'une inversion non seulement du positionnement des uns et des autres mais aussi d'un renversement des valeurs en jeu. Avec la pilule, on passe en définitive d'une médecine curative à une santé de confort, à l'apparition du *care*, plus d'ailleurs dans les représentations que dans la réalité de femmes souvent menacées dans leur intégrité physique, en particulier quand elles n'ont pas un accès facilité à la contraception. La patiente n'est plus seulement celle qu'il faut guérir mais elle devra être désormais mieux accompagnée dans toutes les étapes de son parcours de vie, pour son intimité, en lien bien sûr avec les progrès des médicaments. Ces derniers ont toutefois des conséquences qu'il s'agit de maîtriser. La prise de pilule suppose par exemple de nouvelles habitudes contraignantes alors que les contre-indications sont de plus en plus cadrées, même si elles restent encore inconnues sur le moyen terme et donc sujettes à caution. La santé sexuelle, voire le plaisir, s'impose comme une question majeure pour des femmes jusqu'alors ostracisées par des médecins peu préparés à de telles questions.

La loi de 1967 représente en définitive un compromis sur ce que le ministre des Affaires sociales Jean-Marcel Jeanneney définit comme un « problème grave et complexe ». Ce compromis est aussi affaire de conscience comme l'affirme le Premier ministre Pierre Messmer lors d'un déplacement en Alsace en 1972 : la contraception « n'est pas un problème national » mais est « liée à la morale de chacun ». Compromis qui s'appuie d'ailleurs sur l'outil financier car les contraceptifs ne sont pas remboursés, ce qui pousse d'ailleurs des médecins à se mobiliser, comme le signale *Paris jour* du 13 février 1968, sous le slogan « Non à la pilule du riche ! » Au milieu des années 1960, un premier obstacle est franchi. Un grand pays nataliste comme la France peut le rester si elle sort du tout répressif pour aller vers une meilleure prise en compte de la natalité, permise par l'arsenal contraceptif. Comme le dit Alfred Sauvy, pourtant populationniste, « les enfants non désirés » doivent « se transformer en enfants désirés », mieux accueillis sur la base d'une politique familiale repensée notamment en termes de logement. C'est bien un virage majeur de la politique publique française de régulation des naissances. La contraception est désormais détachée de son impact malthusien pour devenir l'une des composantes d'une politique familiale repensée, où les enfants ne seront plus subis mais inscrits dans un projet familial, accompagné par le soutien de l'État. Toujours Sauvy : « en politique, le contraceptif coûte beaucoup moins cher que la troisième pièce ».

Comme la loi de 1920 a été annulée par celle de 1967, cette dernière devra être dépassée par le texte majeur de 1974, porté avec force par Simone Veil. Comment lire cette double détente juridique et politique ? On peut la rapprocher des sensibilités différentes exprimées par deux hommes pourtant complices. Si le général de Gaulle s'est rallié à la pilule, par choix de raison face aux drames des victimes d'avortements, Pompidou y reste opposé, probablement en raison de convictions intimes qui renvoient à un pan profondément conservateur de la droite française. Lors d'une conférence de presse le 9 janvier 1973, le président Pompidou qualifie ainsi le contrôle des naissances d'« immense problème » aux résonances morales, religieuses… Il déclare même que l'avortement le « révulse ». En définitive, la confrontation directe entre Neuwirth et Pompidou est plus qu'éclairante sur ce qui se joue et elle ne sera dénoncée qu'avec l'arrivée d'un nouveau président de la République. À l'issue d'un déjeuner en 1973, Pompidou attaque ainsi Neuwirth, comme le raconte le député de la Loire : « "Alors, me dit-il, vous allez bientôt finir de nous embêter avec votre pilule, ça suffit comme ça !" Je restais stupéfait à la fois du ton rude, presque violent et du sens de la phrase, car, alors en 1973, le problème en vedette était celui de l'avortement. Piqué au vif, je lui répliquai… : "Enfin, monsieur le Président, ça vaut mieux que l'avortement !" Il martela sa réponse : "Non ! notre clientèle n'en veut pas !"[9] ». Il faut attendre un autre homme, une autre majorité, une autre politique pour que la contraception devienne un objet banalisé des politiques nationales de santé publique.

---

[9]   Lucien Neuwirth, *Que la vie soit !*, Paris, Grasset, p. 76.

Au croisement des vulnérabilités sanitaires et sociales : comment les personnes âgées deviennent-elles une cible prioritaire des pouvoirs publics (1962-1974) ?

Christophe CAPUANO

Sous Georges Pompidou a lieu un retournement historique en faveur des personnes âgées et des personnes handicapées qui tend à les placer pour la première fois au centre de l'action sociale de l'État-Providence. Cette contribution vise à en expliquer les logiques qui le président et les modalités de mise en œuvre. Au début des années 1960, la situation reste dramatique : les personnes vulnérables ne profitent pas de la croissance des Trente glorieuses et constituent la part la plus pauvre de la société française[1]. Ce sont principalement les personnes âgées, avec ou sans incapacité, et les personnes handicapées avec de lourdes incapacités les empêchant de travailler. Ces populations ne bénéficient jusqu'alors d'aucune politique publique ambitieuse et globale[2]. Elles relèvent de mesures d'assistance, désignées comme aides sociales à partir de 1953, mais celles-ci les enferment encore dans des catégories assistantielles spécifiques héritées de la IIIe République : « vieillards », « infirmes », « grands infirmes ». Aux allocations d'aide sociale s'ajoute la majoration spéciale pour tierce personne destinées aux populations dont le taux d'incapacité est supérieur ou égal à 80 % et qui ont besoin d'un tiers, familial

---

[1] En 1956, 44 % des personnes âgées de 70 ans et plus vivant seules déclarent des ressources inférieures à 100000 anciens francs par an soit moins de 200 euros par mois. En 1961, une enquête logement montre que les personnes de 65 ans et plus ont des ressources inférieures à 250 euros par mois (2000 nouveaux francs/an).

[2] Christophe Capuano, *Le maintien à domicile. Une histoire transversale (France, XIX*-*XX*' *siècles)*, Paris, Éditions de la rue d'Ulm, 2021.

ou rémunéré, pour les aider dans leur quotidien. Les modes de calculs des retraites (fondés sur les vingt-cinq dernières années) sont peu avantageux pour les personnes âgées, avec des montants de pension faibles, ce qui les condamne souvent à la misère. Une part importante de cette population (environ 40 % en 1960) bénéficie du minimum vieillesse et vit dans des conditions insalubres. Les personnes âgées aspirent à vivre de manière autonome – ce qui est davantage permis en raison du recul continu de l'espérance de vie en bonne santé et avec une apparition plus tardive des incapacités. Cependant, en raison de la pauvreté persistante, les demandes d'entrées dans des hospices peu adaptés restent élevées pour des raisons sociales, accompagnées parfois d'une mort sociale. Les trois premiers Plans (1947–1953, 1954–1957, 1958–1961) confortent cette tendance en concevant une aide exclusivement sous la forme de créations de lits d'hospices dans la continuité des orientations de la IIIe République. Dans ce schéma les personnes avec des incapacités physiques ou psychiques, âgées ou non, paraissent comme les populations les plus fragiles, combinant diverses formes de vulnérabilités et cantonnées à une forme de marginalisation sociale. C'est dans ce contexte qu'une Commission d'étude des problèmes de la vieillesse est instituée par le général de Gaulle en mars 1960 et présidée par le haut fonctionnaire Pierre Laroque, premier directeur de la Sécurité sociale de 1944 à 1951. Cette commission entend lutter contre la ségrégation sociale causée par le placement en hospices ou dans tout établissement de long séjour grâce à un développement de l'aide domestique aux personnes âgées destinée à assurer leur maintien au domicile. C'est le début d'un processus qui construit un nouveau modèle d'accompagnement des personnes âgées dont bénéficieront aussi les personnes en situation de handicap.

Cette contribution invite par conséquent à interroger les années Pompidou comme une période charnière en privilégiant deux angles. Le premier portera sur les modalités d'un processus de construction d'un nouveau modèle d'accompagnement des personnes âgées et des personnes handicapées avec la promotion d'une politique du domicile. Il s'agira alors d'analyser les implications et les facteurs nécessaires à la mise en œuvre d'une telle politique. Le second étudiera les réflexions menées sur la façon de penser les politiques d'action sociale auprès des populations fragiles. Seront étudiées les formes de rupture avec les approches catégorielles traditionnelles, au profit d'une approche globale et transversale des populations âgées et handicapées.

Initier une politique de maintien au domicile des personnes âgées sous Pompidou (1962–1974)

La mise en œuvre des mesures issues du Rapport Laroque sur les problèmes de la vieillesse (1962–1968)

Depuis la fin des années 1950, plusieurs circulaires incitent à l'aide à domicile des personnes âgées[3]. D'abord en raison de la préférence de ces dernières à rester chez elles plutôt que de partir en institution de court ou long séjour mais aussi parce que cela « s'avère moins dispendieux d'aider à domicile les bénéficiaires de l'aide sociale plutôt que les placer dans des établissements d'hospitalisation.[4] » Elle est d'abord conçue pour les personnes ayant besoin de soins médicaux, ce que l'on désigne sous le terme de *home care*, avant d'être pensée pour toutes les personnes âgées et ouverte aux personnes handicapées (« infirmes » et « grands infirmes ») bénéficiaires de la majoration tierce personne.

La Commission d'étude des problèmes de la vieillesse s'empare de la question et s'inspire de l'expérience réussie menée dans l'agglomération bordelaise pour inciter largement à cette nouvelle orientation. Cette impulsion politique se traduit, au moment-même où le gouvernement Pompidou se met en place, par le décret sur l'aide à domicile du 14 avril 1962 : le versement de l'allocation d'aide sociale en nature, sous la forme d'une aide-ménagère (30h par mois maximum pour une personne isolée, 45h/mois pour un couple), doit être généralisé dès que cela est possible pour les personnes âgées de 65 ans et plus. Cependant, pour des raisons budgétaires, l'État ne subventionne pas la création de ces services et n'aide pas au recrutement des premières salariées du domicile – ce qui retarde la diffusion de tels dispositifs. Les efforts financiers reposent sur les collectivités locales, en particulier les Bureaux municipaux d'aide sociale, les acteurs associatifs et les caisses de Sécurité sociale. Ces services qui combinent parfois aide-ménagère et soins à domicile restent donc encore peu présents durant les années 1960 en particulier dans les espaces ruraux où les fonds et le personnel sont difficiles à trouver[5].

---

[3] *Revue de l'Aide sociale*, Imprimerie administrative centrale, janvier-mars 1958, n° 1.

[4] *Journal Officiel de la République Française*, Circulaire du 18 janvier 1960, 31 janvier 1960.

[5] Christophe Capuano, *Que faire de nos vieux ? Une histoire de la protection sociale*, Paris, Presses de Sciences Po, 2018, p. 156.

La Commission Laroque a également prévu une hausse des allocations d'aide sociale pour sortir les personnes âgées de la misère et une politique d'amélioration de l'habitat, conditions nécessaires à une politique de maintien au domicile. Ces ambitions sont cependant revues à la baisse durant la décennie : la revalorisation des allocations est minime et ne permet pas de rompre avec la misère, peu de logements sont construits spécifiquement pour les personnes âgées (les organismes HLM préfèrent les réserver aux jeunes familles) et aucun type d'allocation logement ne voit le jour[6]. Seule une allocation loyer est adoptée (décret du 15 mai 1961) pour compenser les hausses de loyer.

Construire une politique du domicile : la phase déterminante de la présidence Pompidou (1970–1974)

La présidence Pompidou incarne un volontarisme politique dans l'orientation du domicile qui se concrétise tant par l'ampleur des mesures adoptées que par les nouvelles mesures initiées. Cela correspond également à la mise en œuvre du VIe Plan qui affirme une approche globale et cohérente des problèmes sociaux, insiste sur le maintien dans le milieu ordinaire de vie combiné à une politique d'amélioration de l'habitat et de développement des services à domicile.

Les services à domicile connaissent en effet un réel essor au début des années 1970 avec le développement de la sectorisation : la circulaire du ministère de la Santé publique et de la Sécurité sociale, datée du 1er février 1972, met ainsi en place un programme finalisé de grande ampleur pour le maintien à domicile des personnes âgées. Il prévoit notamment la construction de secteurs devant comprendre un service d'aide-ménagère et un service de soins à domicile pour répondre aux besoins de 300 personnes âgées chacun. Au sein de secteurs géographiques définis, il s'agit d'articuler des équipements (clubs, foyers-restaurants, centres de jour) et des services (aide-ménagère à domicile, soins à domicile), en insistant sur l'importance de la complémentarité et de la coordination de fonctionnement. Entre 1962 et 1974, ils ont été multipliés par dix (1778 organisations contre 135) avec une très nette accélération au début de la décennie 1970 : autant de services à domicile sont créés entre 1971 et 1974 qu'au cours de la décennie 1960. Cette politique se heurte cependant à certaines

---

[6]   *Ibid*, p. 162–167.

résistances des municipalités car il rompt avec la création des maisons de retraite, solution qui avait la préférence des élus locaux.

Ces créations s'accompagnent d'une augmentation du niveau de vie des personnes âgées et d'une sortie progressive de la misère grâce au relèvement du minimum vieillesse (40 % du SMIG en 1963, 54,6 % du SMIC en 1979 – soit une hausse de 75 à 320 euros constants/mois)[7]. À cela s'ajoutent une amélioration des pensions de retraites et de nouveaux modes de calcul. La loi du 31 décembre 1971 dite loi Boulin institue ainsi la prise en compte des dix meilleures années (au lieu des dix dernières) pour calculer le salaire moyen de référence. La pension représente, à 65 ans, 50 % de ce salaire moyen, au lieu de 40 % avant la loi.

En matière de logement, deux mesures déterminantes sont adoptées pour faciliter le maintien au domicile. La première est la loi du 16 juillet 1971 instituant une allocation logement pour les personnes âgées d'au moins 65 ans. Cette allocation sort du système de la législation d'aide sociale et s'insère dans celui des prestations familiales. Si cette mesure connaît un rapide succès – on compte 206000 bénéficiaires dès 1973 – il reste plusieurs obstacles. D'une part, le montant est plafonné ce qui contraint à habiter dans des immeubles vétustes en région parisienne où les loyers sont élevés. D'autre part le manque de logements reste important et aucun des objectifs fixés dans le VIe Plan n'est atteint. Par ailleurs, les rapports soulignent l'inadaptation des logements lorsque la santé décline et qu'apparaissent les incapacités du quotidien, comme le souligne un rapport sur le logement du grand âge[8].

Les solidarités familiales sont encouragées. Une première mesure d'accompagnement aux familles cohabitantes avec un proche est adoptée. En effet, au début des années 1970, un premier rapport[9], élaboré sous la présidence de Nicole Questiaux dans le cadre du VIe Plan, demande une aide pour la « famille soignante » accueillant un proche âgé – ce qui se concrétise par l'article 12 de la loi du 3 janvier 1972 complétant la loi sur l'allocation logement du 16 juillet 1971. Elle permet aux familles

---

[7] Hélène Chaput, Katia Julienne, Michèle Lelièvre, « L'aide à la vieillesse pauvre : la construction du minimum vieillesse », *Revue française des Affaires sociales*, 2007, n°1, p. 57–83.

[8] Archives Nationales, 20000359, *Le Logement des personnes âgées*, Rapport, 13 octobre 1975.

[9] Rapport de l'Intergroupe « personnes âgées », présidé par Nicole Questiaux, , rapport des commissions du VIe Plan, La Documentation française, 1971.

hébergeant un parent âgé de bénéficier d'une allocation logement à caractère familial. En 1974, 23000 familles en sont bénéficiaires selon les statistiques de la CNAF. Il s'agit de la première mesure de soutien aux aidants familiaux. Elle reste cependant longtemps isolée.

Le gouvernement et la présidence Pompidou constituent donc des moments clés dans la mise en œuvre d'une politique du domicile pour les personnes âgées. Mais cette période correspond aussi à une ouverture du champ des possibles dans la façon de penser l'action sociale, en rupture avec l'assistance de la IIIe République.

Penser une politique d'action sociale globale pour les personnes handicapées et les personnes âgées vulnérables ? Une ouverture du champ des possibles (1965–1974)

Rompre avec les catégories de l'assistance traditionnelle et lutter contre une action sociale éclatée

Des tentatives de convergence des politiques visant les populations traditionnellement assistées, en particulier les personnes âgées et les infirmes/handicapées, ont lieu au cours des années 1960 et au début de la décennie suivante à travers la promotion d'une « action sociale globale ». Celle-ci se caractérise par une volonté d'agir sur le milieu, sur les structures sociales en faveur d'une intégration sociale des individus et des groupes exclus de la croissance. Ce courant, qui se veut en rupture avec l'assistance traditionnelle, n'envisage plus les actions par groupes cibles ou catégories mais par le biais de dispositifs transversaux qui doivent permettre la réinsertion rapide dans la vie ordinaire et le corps social. Ce courant est porté par deux institutions parallèles et ses principaux agents qui vont progressivement nouer des alliances. Il s'agit d'une part, de la direction de l'Action sociale, dirigée par Bernard Lory de 1960 à 1965, au sein du ministère de la Santé publique et de la Population, d'autre part, le Commissariat général du Plan, avec Jacques Delors, premier responsable du service des Affaires sociales du Plan (1962–1969)[10].

---

[10] Cette ligne est maintenue par Jacques Fournier qui succède à Jacques Delors comme chef de service des Affaires sociales du Commissariat général du Plan, de 1969 à 1972.

Les deux haut-fonctionnaires estiment chacun qu'ils ont intérêt à travailler ensemble. D'un côté, Bernard Lory est un fervent partisan d'une politique de transformation sociale qu'il ne peut mettre en œuvre dans le cadre de son administration centrale[11], très bureaucratisée et organisée en fonction des catégories de l'assistance (« infirmes » / « vieillards » / « enfance handicapée »), cantonnée à l'attribution de secours en espèces ou au placement dans des institutions spécialisées. Il va donc solliciter le Plan pour mener un travail de concertation/réflexion[12]. De son côté, Jacques Delors trouve au sein de la direction de l'Action sociale des hommes capables d'élaborer une réflexion transversale sur les phénomènes sociaux, considérant comme trop parcellisées les approches des bureaucraties sectorielles.

Une première tentative de rupture s'incarne dans le IVe Plan (1962–1965). À la différence des trois premiers qui privilégient la solution institutionnelle dans la continuité de la IIIe République, le nouveau Plan entend mener des interventions sociales moins dispersées, animées par des institutions moins stigmatisées[13]. Mais c'est surtout à partir de 1965 que l'impulsion semble lancée avec la création d'un grand ministère des Affaires sociales confié à Jean-Marcel Jeanneney, qui rattache à son cabinet un service des Études et du Plan en charge de réfléchir à de nouvelles pistes de politique sociale.

À l'échelon politico-administratif, le nouveau découpage des périmètres ministériels laisse penser que cette nouvelle voie semble possible : un secrétariat d'État à l'Action sanitaire est créé en 1968 et rattaché au ministère chargé des Affaires sociales ; il devient en juillet 1969 le secrétariat d'État à l'Action sociale et à la Réadaptation placé auprès du ministère de la Santé publique et de la Réadaptation. Quant au Plan, son rôle se renforce avec une réflexion désenclavée : la concertation implique à la fois des personnalités qualifiées, des experts d'organismes divers et des groupes sociaux, relais de la société civile. Le VIe Plan se présente ainsi comme une « tentative d'approche globale des problèmes, une recherche de la cohérence de l'action et un souci de développement

---

[11]   Bruno Jobert, *Le social en Plan*, Paris, Les éditions ouvrières, « Politiques sociales », 1981, p. 134.

[12]   Jacques Ladsous, *L'action sociale aujourd'hui*, Paris, éditions Érès, 2004, p. 62.

[13]   Colette Bec, *L'assistance en démocratie : les politiques assistantielles dans la France des XIXe et XXe siècles*, Paris, Belin, « Socio-histoires », 1998, p. 109.

démographique des personnes et des groupes »[14]. Il s'agit de faire converger les dispositifs pour lutter contre la ségrégation sociale dont sont victimes les populations vulnérables (âgées, handicapées, malades mentales) en leur permettant de rester chez elles avec une politique de maintien au domicile et de sectorisation. Cette défense d'une politique ambitieuse d'intégration sociale, que Bernard Lory promeut dans le cadre de la préparation du Plan.

Une conception transversale de l'action sociale portée par le secrétariat d'État à l'Action sociale et à la Réadaptation au tournant des années 1970

Au tournant des années 1970 s'épanouit une conception globalisante de l'action sociale. Elle est portée par le secrétariat d'État à l'Action sociale et à la Réadaptation de Marie-Madeleine Dienesch[15]. Bernard Lory continue au cours des années 1970 à s'engager en faveur d'une telle politique d'action sociale globale afin de développer l'autonomie personnelle et l'harmonisation des relations sociales par le biais de services sociaux et le développement des prestations sociales – il s'agit de la thèse centrale de son ouvrage *La politique d'action sociale*. La voie d'une action sociale globale échoue néanmoins au profit d'une approche catégorielle que va défendre le haut-fonctionnaire René Lenoir à partir des années 1970. En effet, si René Lenoir partage avec Bernard Lory, l'idée d'une nécessaire lutte contre l'exclusion sociale[16], celui qui prend la tête de la direction de l'Action sociale en 1970, au sein du ministère de la Santé, avant d'être nommé secrétaire d'État à l'Action sociale de 1974 à 1978, se rallie progressivement à l'idée qu'une action efficace doit reposer sur des groupes ciblés. Cette voie catégorielle s'éloigne d'une approche globalisée de l'action sociale et de l'esprit du VIe Plan, ce que dénonce Bernard Lory dans son ouvrage[17].

Si elle ne voit pas le jour, cette politique sociale d'action globale a pourtant constitué un des champs des possibles et aurait peut-être permis

---

[14]   Présentation du VIe Plan, Cité par Jacques Ladsous, *L'action sociale aujourd'hui*, Paris, éditions Érès, 2004, p. 62.

[15]   Archives Nationales, 20020146/001, Discours budgétaire de Marie-Madeleine Dienesch, secrétaire d'État à l'Action sociale et à la Réadaptation, le 7 décembre 1971.

[16]   René Lenoir, *Les Exclus. Un Français sur dix*, Paris, Seuil, 1974.

[17]   Bernard Lory, *La politique d'action sociale*, Toulouse, Privat, 1975, p. 290.

la mise en place de dispositifs cohérents dans le cadre de politiques coordonnées ; or cet échec marque la fin de toute ambition de mener une vaste politique d'intégration sociale des populations fragiles.

Conclusion

Si des avancées notables ont lieu sous Georges Pompidou, notamment en matière de services à domicile et de sectorisation, la question de la fragilité des populations avec des incapacités est loin d'être résolue. René Lenoir dans *Les Exclus* insiste sur les formes de marginalisation qui frappent encore ces populations. Surtout, la situation des personnes âgées en institution connaît peu d'amélioration et les tentatives pour réformer les hospices échouent[18]. Quant aux établissements adaptés pour personnes handicapées, leur nombre reste très insuffisant[19]. Les organisations caritatives tentent de pallier certaines de ces lacunes. Comme Yvonne de Gaulle avant elle, Claude Pompidou s'investit tôt dans ce champ d'action. Depuis les années 1950, cette dernière vient en aide aux personnes démunies du quartier de la rue Mouffetard. Bouleversée par une mère d'enfants handicapés, elle crée la fondation Claude Pompidou en 1970 pour développer le bénévolat d'accompagnement et contribuer à la création d'établissements spécialisés dans le domaine du handicap et du grand âge. Le secrétaire en est René Lenoir, directeur de l'Action sociale, tandis que la présidence est assurée par Henri Ecal, conseiller maître à la Cour des Comptes. Jacques Chirac, alors conseiller à la Cour des Comptes, assure la fonction de trésorier. Claude Pompidou en devient présidente en 1974 après le décès de Georges Pompidou. La Fondation est à l'origine d'un réseau d'un millier de bénévoles ainsi que quinze établissements adaptés et d'une maison pour enfants à caractère social.

---

[18] Christophe Capuano, « L'enjeu des hospices au tournant des années 1950–1960 : l'impossible réforme ? », dans Georges Fauré, Sophie Sedillot (dir.), *Regards sur la crise du modèle français des EHPAD. La prise en charge des personnes âgées en établissement*, Amiens, Ceprisca, « Colloques », 2021, p. 75–85.

[19] Christophe Capuano, *Le maintien à domicile. Une histoire transversale (France, XIXe-XXe siècles), op.cit.*

La santé publique des jeunes : entre nécessités et difficultés

Jean-Christophe COFFIN

Au début des années 1960, la jeunesse est invitée à regarder vers les cimes, courir et se débattre en plein air. C'est la version heureuse et tonique incarnée par un Maurice Herzog (1919–2012) qui contribue à diffuser une culture sportive et donc une prise de conscience de corps sains, opérationnels et équilibrés[1]. Mais Henri Joubrel (1914–1984), l'ancien magistrat au service des jeunes, souligne pour sa part dans un livre au franc succès que la jeunesse est en danger[2]. Pour l'optimisme pompidolien[3] qui croire et que faire ?

Une santé publique de la jeunesse

En quoi une politique de santé publique à l'égard de la jeunesse est-elle nécessaire ? C'est une obligation morale puisque « les pouvoirs publics ont le devoir de veiller sur les enfants »[4] ; les manquements face à l'enfance constituent un miroir peu envié de la société tout entière.

---

[1] Jean-Luc Martin, *La politique de l'éducation physique sous la V República*, Paris, PUF, 1998, p. 40–50.

[2] Henri Joubrel, *Jeunesse en danger*, Paris, Fayard, 1960.

[3] Dans un livre de l'historien Jacques Binoche, *Changer de cap. 1968–1978. Les dix ans qui ont compromis la France*, Paris, Seghers, 1977, une section s'intitule « L'euphorie pompidolienne ».

[4] Joseph Fontanet, « Préface », *Maison d'enfants et d'adolescents de France*, 1961, Paris, FNOSS, p. VII ; Georges Pompidou lors d'une prise de parole devant les députés rappellent que parmi « les devoirs de l'État », il y a la protection de « l'enfance inadaptée ». *Journal Officiel de la République Française*, Débats parlementaires, Séance du 13 avril 1966, p. 681. Il emploie à nouveau la formule des devoirs quelques années plus tard à l'occasion du XXVe anniversaire de l'UNAF le 5 décembre

Cette obligation se matérialise, par exemple, par la notion de protection de l'enfance devenue une sorte de vertu collective que l'État doit garantir. De surcroît, cette tâche est noble et constitue une mission de fierté pour celui qui l'entreprend. C'est ainsi que Joseph Fontanet (1912–1980) éprouvait sa fonction lors de ses huit mois passés au ministère de la Santé publique et de la Population.

La prise en compte de la jeunesse est rendue d'autant plus nécessaire face à ce qui se nomme la « montée des jeunes »[5], une autre manière de comprendre que cette catégorie de la population pourrait non seulement devenir une force sociale avec laquelle il faut compter mais plus encore un segment de la société dont il faut assurer l'éducation et le bon développement physiologique et moral. La santé publique pour la jeunesse constitue un horizon d'attentes, accompagné de discours volontiers grandiloquents bien que les programmes de santé publique puissent être laborieux à monter et les propos qui les accompagnent plus techniques qu'emphatiques. Ce qui fait rapidement consensus est le poids accordé aux notions de protection, de dépistage et de prévention puisqu'elles légitiment régulièrement le sens même d'une santé publique pour les jeunes et vient apaiser les esprits inquiets ou précautionneux qui scrutent cette population. Le programme[6] de santé publique définit des critères objectifs qu'il adresse à une population, ici les jeunes, qui sont pensés comme un âge de la vie mais qui d'un point de vue médical et psychologique constituent un groupe nettement plus hétérogène. En outre, les plus âgés des jeunes ont une conception subjective de leur santé et de leur rapport à leurs corps. Face à des maladies somatiques graves, cette subjectivité peut être réduite ; face à des états où le trouble du comportement domine, l'opérateur de santé publique doit incorporer la dimension paradoxale

---

1970 : Institut Georges Pompidou - Portail Archives (https://www.georges-pompi dou.org/georges-pompidou/portail-archives/union-associations-familiales-5-de-cembre-1970).

[5] *La montée des jeunes dans la communauté des générations*, 46ᵉ session des Semaines sociales de France, 1962. Cette expression devient monnaie courante au cours des années 1960 ; on la retrouve par exemple dans le rapport sur la jeunesse élaboré et produit par l'Unesco en 1968.

[6] J'utilise le mot « programme » bien que Georges Pompidou dît en 1969 ne pas l'apprécier notamment parce que ce n'était pas un terme gaulliste. Entretien avec Christian Bernadac 19 mai 1969, Institut Georges Pompidou - Archives, https://www.georges-pompidou.org/georges-pompidou/portail-archives/entretien-televis uel-christian-bernadac-19-mai-1969

de son action[7] dans la mesure où c'est d'abord l'adulte qui formule le diagnostic[8].

Enfance, handicap, troubles précoces

Puisque la santé publique est affaire de précocité, l'effort commence, par conséquent, vers les plus jeunes. L'exemple de la protection maternelle et infantile vient à l'esprit, d'autant plus que dans les années 1960, des évolutions sont perceptibles. C'est, en partie, la consécration des efforts entrepris précédemment et dont les premiers résultats aboutissent à une nette amélioration de la santé physique des tout petits. C'est en outre une période de reconfiguration de l'accueil du jeune enfant dans la mesure où les risques contagieux et la mauvaise réputation qui s'ensuivait faisaient des lieux tels que les crèches des espaces incertains. Néanmoins leur nécessité est proclamée. Rien que pour le département de la Seine, les services de santé publique de la première enfance sont censés prendre en charge plusieurs dizaines de milliers d'enfants. Aux insuffisances de place, de matériel ou encore de personnel[9], s'ajoutent les hésitations quant à l'abandon du jeune enfant dans un espace loin de la mère. J'emploie « abandon » car pour certains médecins, c'est ce sentiment que l'enfant ressentirait. Mais pour certains seulement car en suivant le psychologue Henri Wallon (1879–1962), plusieurs jeunes psychologues voient tout d'abord dans la crèche un lieu de socialisation. C'est notamment le cas de la psychologue au CNRS Irène Lézine (1909–1985) ou de la doctoresse Françoise Davidson (1925–2018), par ailleurs directrice de recherches à l'Inserm, qui ont largement contribué à modifier ces structures pour les tout-petits[10].

---

[7] Sur le caractère paradoxal, voir Antoinette Chauvenet, Françoise Orlic, « La santé publique de l'enfance, la norme et le droit subjectif », *Sciences sociales et santé*, vol. 6, n° 1, 1988, p. 33–59.

[8] Une des illustrations possibles de cette configuration est l'expression même d'« enfance en danger », un diagnostic d'adultes bien plus souvent qu'un diagnostic formulé par le jeune concerné par un tel label.

[9] Archives Nationales, 19820466/1, *Rapport sur la pénurie des infirmières hospitalières*, ministère des Affaires Sociales – Inspection générale des affaires sociales, octobre 1962.

[10] Pour plus d'informations voir par exemple : Liane Mozère, « Les psychologues et les crèches : une histoire construite sur la longue durée », *Bulletin de psychologie*, vol. 53, n° 449, 2000, p. 613–24.

Pour l'enfance et l'adolescence, d'autres structures sont prévues tels les homes d'enfants, les aériums, les maisons d'enfants à caractère sanitaire et enfin les différents lieux de réadaptation et de rééducation comme les Instituts médico-pédagogiques. On recense une bonne dizaine de structures de ce genre, de création plus ancienne que la période des gouvernements Pompidou mais sur lesquelles ce dernier entend agir. Il y a tout un travail d'homologation de la part des autorités publiques puisque beaucoup de ces structures sont privées. En parcourant les présentations qui sont faites de ces structures réparties sur l'ensemble du territoire, on y perçoit l'attention pour le bon air et le climat approprié. Un néo-hippocratisme en quelque sorte inspire les descriptions de ces dernières. Cette documentation rappelle également qu'il est encore question de tuberculose, de rachitisme, d'enfants anémiés ou apathiques. C'est le premier directeur de l'Inserm lui-même qui l'écrit : « la tuberculose de l'enfant reste encore un problème de santé publique »[11].

Ces différents réseaux institutionnels appellent plusieurs observations. Tout d'abord ils reposent sur une articulation des responsabilités entre les différents services de l'État et des collectivités locales. C'est ainsi que la protection maternelle et infantile est une volonté nationale que les départements gèrent. Ensuite ils reposent sur une articulation qui se veut harmonieuse entre structures privées et publiques. L'État proclame et ordonne. La nécessité d'un maillage du territoire est régulièrement mise en avant afin de répondre à la question de l'accessibilité du public. Au nombre idéalement réparti de structures, il faut ajouter l'autre idée essentielle, celle de leur diversité car l'enfant présente des situations qui sont elles-mêmes diverses : « la variété et le nombre, voilà le binôme gagnant ! » C'est ce qu'écrit un ministre au début des années 1960[12]. Ce nombre est aussi le résultat d'une volonté, celle qui tend à privilégier des unités de taille humaine au détriment des grands établissements comme les hôpitaux psychiatriques[13]. Pour le placement de l'enfant, la taille de

---

[11] Dr Eugène Aujaleu, Préface, *Maison d'enfants et d'adolescents de France*, Grenoble, éditions Gorde, 1968, p. VII. La revue recense régulièrement les établissements de soins, de cure et de prévention pour les enfants et les adolescents ; elle permet de saisir la grande diversité de cet accueil institutionnel.

[12] Joseph Fontanet, *op.cit.,* 1961, p. VIII.

[13] « C'est ainsi qu'à la lumière de l'expérience et des études des spécialistes, les textes les plus récents tendent à éviter la création de grandes collectivités au profit d'unités restreintes qui recréent pour l'enfant une ambiance aussi proche que possible du milieu familial », *Ibid.*

la structure et son organisation apparaissent tout à fait primordiales. Le nombre permet aussi de prendre en compte la délicate problématique de l'éloignement de l'enfant vis-à-vis de la famille. Cet éloignement inquiète car il vient perturber le rapport de l'enfant à sa famille. De surcroît, lorsque l'interruption est de longue durée, la question de l'éloignement du temps scolaire inquiète également. Le directeur général de la Santé publique en était bien conscient lorsqu'il écrivait en 1966 : « l'interruption quelquefois prolongée de la scolarité représente pour l'enfant de plus de 6 ans un facteur particulièrement préjudiciable à sa réinsertion sociale »[14]. Enfin cette diversité des structures est liée aux catégorisations médico-sociales dont l'enfant est l'objet tout particulièrement dans le champ du handicap, la grande affaire de ces années à mes yeux.

« Débiles légers, moyens, profonds », « caractériels » « retardés scolaires », ou « anormaux profonds irrécupérables », qui sont sans doute proches des « inéducables »[15], ces appellations définissent les enfants destinés à intégrer des structures appropriées qui sont un peu plus de 600 au milieu des années 1960. Les diagnostics sont basés sur des connaissances fluctuantes car elles sont bien souvent en débat. C'est le cas de la débilité mentale ou encore du label étouffant d'« inéducable ». C'est ce que rappelle prudemment le responsable d'une grande enquête sur les inadaptés conduite à l'Institut national des études démographiques et en partenariat avec l'Inserm en 1965 en précisant que les psychiatres ne tombent pas d'accord[16]. La nécessité de formuler une catégorie n'est pas systématiquement contestée mais un nombre croissant de professionnels pose la question du caractère opportun des labels portés sur les enfants et estime qu'il conviendrait à tout le moins de les discuter. Pour leur part, les autorités sanitaires considèrent que la diversité institutionnelle est appropriée pour suivre les besoins médicaux et la variété des situations médico-psychologiques rencontrées par les enfants et qu'elle induit la diversité et la nécessité des labellisations. Le débat sur les catégories devient plus visible vers la fin des années 1960 car plus critique que par le passé. Il

---

[14] P. Robin, « Préface », *Maison d'enfants et d'adolescents de France*, Grenoble, éditions Gorde, 1966, p. VIII.

[15] Terme donné à un Institut médico-pédagogique comme celui de Rivehaute dans les Basses-Pyrénées.

[16] Claude Lévy, *Les jeunes handicapés mentaux. Résultats d'une enquête statistique sur leurs caractéristiques et leurs besoins*, Paris, Ined, « Cahier Travaux et documents », n° 1957, 1970. L'enquête a été menée entre 1965 et 1966.

vient s'ajouter bien qu'il soit de nature différente à la question – quelque peu lancinante – des moyens et du retard par conséquent accumulé en matière de prise en charge du handicap toute catégorie confondue.

En dépit d'une nécessité morale régulièrement proclamée quant à une prise en charge digne de ce nom concernant le public des mineurs handicapés, les manquements et les atermoiements ne sont pas totalement écartés. La revue *Esprit* s'autorise à le rappeler en consacrant un volume à l'enfance handicapée qui a fait date[17]. Ce qui blesse ou devrait blesser la conscience du républicain c'est la terrible condition réservée aux enfants handicapés dans certaines institutions que la presse révèle à l'occasion ; c'est aussi l'incurie de l'intégration scolaire de la population des « débiles », pour reprendre le terme largement employé au cours de la période qui est la nôtre. Alors que la loi d'avril 1909 relative aux classes de perfectionnement s'inscrivait dans le prolongement des lois de Jules Ferry (votées près de 20 ans plutôt), son destin fut en revanche très différent[18] puisque ces classes se retrouvent bien marginalisées au début des années 1960. À la tête du nouveau ministère des Affaires sociales, Jean-Marcel Jeanneney (1910–2010) en fait les frais quelques semaines après avoir été nommé, lorsqu'il répond à l'interpellation d'un parlementaire, « que de choses à faire en effet »[19], à l'Assemblée nationale[20].

À plusieurs reprises, Georges Pompidou rappela les efforts entrepris en la matière en fournissant de nombreux chiffres, s'efforçant de rendre factuel un effort réel mais qui semblait être cependant exposé aux émotions collectives. Une fois élu président de la République, le dossier de l'enfance handicapée ne fut pas oublié. Dans un rapport[21] rédigé par

---

[17]   Ce volume contribue à sortir le handicap d'un petit cercle de spécialistes pour en faire un thème de société.

[18]   Ce lien entre les deux lois est mobilisé par le député communiste André Tourné (1915–2001) qui déclare : « Aujourd'hui c'est la grande et tragique catégorie de l'enfance atteinte de déficience physique ou mentale qui se trouve exclue du bénéfice de la loi (celle de 1882) », *Journal officiel. Débats parlementaires* (Questions écrites), séance du 22 janvier 1966, p. 88.

[19]   *Journal officiel de la République Française. Débats parlementaires*, Séance du 29 avril 1966, p. 1044.

[20]   C'est à la suite d'une émission de télévision organisée par l'association Perce Neige que la question du handicap s'invite dans l'arène publique. À l'Assemblée nationale, le nouveau ministre assiste aux longues interventions des députés tels que André Tourné (PC) ou Odette Launay (UNR-UDT). *Ibid.*

[21]   François Bloch-Laîné, *Étude du problème général de l'inadaptation des personnes handicapées, Rapport au Premier ministre*, La Documentation française, 1967.

François Bloch-Laîné (1912–2002), ce haut fonctionnaire avait souligné l'urgence et la nécessité pour l'État de s'occuper (enfin) du handicap sous toutes ses formes et notamment pour les plus jeunes. C'est donc logiquement que Georges Pompidou demandait à ses ministres d'agir. La secrétaire d'État, Marie-Madeleine Dienesch (1914–1998)[22], rattachée au ministre de la Santé publique et de la Sécurité sociale Robert Boulin (1920–1979), devait s'atteler à la tâche de la rédaction d'une loi quelques mois avant la mort du Président. Cette agrégée de lettres classiques entrée en politique par la voie démocrate chrétienne et qui s'était inscrite dans la nébuleuse gaulliste est une des figures les plus importantes puisqu'elle suit la jeunesse sous ses aspects médico-psycho-sociaux pendant cinq ans[23]. Une bonne partie de l'écriture du texte de loi devait à la fois réaffirmer la nécessité de la prévention reflétant la dimension médicale traditionnelle des inadaptations tandis que l'accent était aussi mis sur l'intégration scolaire, une idée peu nouvelle mais à relancer incontestablement. C'est cependant au cours des années Pompidou que le nombre de classes de perfectionnement connut un essor sans précédent, comme l'atteste un dossier spécial d'une revue professionnelle[24]. Le paradoxe est qu'il intervient au moment où le modèle de ces classes était mis en discussion voire plus ! Les diagnostics sont de plus en plus remis en question par les travaux de sociologie et des sciences de l'éducation, et leurs auteurs n'hésitent pas à considérer cette politique à l'égard de ce type d'enfants comme tout à fait ségrégative[25]. De surcroît, le label de « débiles » est apposé avec une rapidité vertigineuse, rendant l'équipement approprié pour leur prise en charge toujours insuffisant. Serait-ce un effet inattendu ou paradoxal de l'effort sanitaire et éducatif que de s'exposer au reproche de la discrimination, et d'une santé publique conduite exclusivement

---

[22] Son titre est secrétaire d'État chargée de l'Action sociale et de la Réadaptation. Christian Bougeard, « Marie-Madeleine Dienesch : une carrière politique féminine méconnue », *Clio*, n° 8, 1998, p. 235–248.

[23] Elle est nommée secrétaire d'État à l'Éducation nationale à la suite d'un remaniement du dernier gouvernement Pompidou à la fin du printemps de mai 1968 puis elle entre en juillet de la même année dans le gouvernement Couve de Murville en tant que secrétaire d'État à l'Assistance et à la Réadaptation.

[24] *Courrier de la Recherche Pédagogique*, n° 27, 1966.

[25] Noëlle Bisseret, « Notion d'aptitudes et société de classes. Contribution à l'étude de la dominance sociale », *Cahiers internationaux de sociologie*, vol. 51, 1971, p. 317–342 ; Michel Soulé, « Le grand renfermement des enfants dit "cas sociaux" ou malaise dans la bienfaisance », *La psychiatrie de l'enfant*, vol. 14, n° 2, janvier 1971, p. 577–620.

d'en haut ? Le débat met en relief, au-delà de ces aspects parfois très politisés, l'articulation entre une approche de santé publique qui s'est construite à travers l'équipement au risque d'avoir oublié d'autres critères, plus délicats à élaborer mais importants puisqu'ils tendent à déterminer les parcours et les existences des enfants et des adolescents. Le débat révèle aussi la nécessaire articulation entre les différents ministères et les différentes directions centrales. Les réorganisations conduites sous la « mandature » de Raymond Marcellin (1914–2004)[26] n'ont pas donné tout ce qui était recherché. La création d'un grand ministère des Affaires sociales en 1966 peut être interprétée comme une nouvelle tentative de cohérence de l'action publique en matière sanitaire et sociale[27]. Il reste, par ailleurs, en suspens la question d'un service public unifié de l'enfance que Marie-Madeleine Dienesch appelle de ses vœux au début des années 1970[28], et qui avait été préconisé plusieurs années auparavant[29].

Ce qui unit l'action publique est la conviction de l'intervention précoce mais son application n'est pas aussi simple. Pour appliquer une politique de réelle prévention, encore faut-il savoir identifier les troubles de l'enfant et être sûr des diagnostics établis. Car si la débilité mentale est la grande affaire de cette période, d'autres catégories viennent alourdir les diagnostics. La schizophrénie précoce, l'autisme, le risque suicidaire sont en effet des sujets sur lesquels une poignée de médecins s'expriment[30] et qui laissent quelque peu désemparés.

Une idée qui s'affirme, là aussi portée par les éducateurs ou le monde psy est de considérer qu'une santé publique à l'égard des mineurs ne

---

[26]   Archives Nationales, 19820466/2, ministère des Affaires sociales - Inspection générale des Affaires sociales, *Note sur les moyens propres à assurer un meilleur fonctionnement du service médico-social de santé scolaire*, novembre 1965.

[27]   C'est ma lecture de la prise de parole de Georges Pompidou devant les parlementaires au premier trimestre 1966. « [...] Souci d'harmoniser les politiques d'abord. Il n'était pas normal que les problèmes de population, d'assurance maladie et de santé fussent traités par deux départements différents », extrait du discours de politique générale de Georges Pompidou, *Journal officiel de la République Française. Débats parlementaires*, Séance du 13 avril 1966, p. 621.

[28]   « Mlle Dienesch annonce une rénovation de la protection maternelle et infantile », *Le Monde*, 2 mars 1970, p. 12.

[29]   François Bloch-Laîné, déjà cité, l'avait préconisé.

[30]   À titre d'exemple, le travail exploratoire de Gérard Blumen, *Essai psychosocial de la tentative de suicide de l'adolescent et du jeune adulte*, Marseille, Centre régional de documentation pédagogique, 1966.

saurait être strictement la même que celle élaborée pour les adultes. L'approche psychopédagogique médico-sociale est ainsi mise en avant par la voix du psychiatre Robert Lafon (1905–1980), l'ancien président de l'Union nationale des sauvegardes de l'enfance et de l'adolescence, et l'organisateur en 1967 du Congrès international sur l'arriération mentale à Montpellier. Son approche est ambitieuse car cela nécessite la coexistence de plusieurs savoirs et de plusieurs pratiques professionnelles (psychologie, médecine, travail social, pédagogie) tout comme l'articulation entre plusieurs circuits de décision politiques et administratifs. Elle souligne aussi que « l'enfance en danger », une expression ancienne mais toujours en usage[31], se décline en bien des directions et recouvre des situations hétérogènes[32]. Proximité, accessibilité, modes de placement et prise en compte de l'âge du mineur demeurent toujours les notions et les critères principalement débattus. C'est ici que l'on perçoit aisément l'importance d'une approche psycho-sociale de l'âge par rapport à l'approche juridique. On se lance dans le développement de nouvelles structures tel que le Centre médico-psycho-pédagogique. Entérinée par un décret de 1963 signé par Raymond Marcellin, cette structure devient rapidement centrale car se situant à l'interface du retard mental et du retard scolaire et soulignant la diversité des situations affectant les enfants. Enfin la politique à l'égard de l'enfance ne saurait être détachée d'une politique en faveur de la famille. C'est manifeste avec la loi du 13 juillet 1971 qui institue notamment une allocation pour les mineurs handicapés gérée par les Caisses d'allocations familiales précisément.

Normes de santé publique, habitudes de vie

La santé ayant reçu une définition large, le panorama des interventions publiques l'est donc tout autant. Il convient d'encourager un cadre matériel qui passe par exemple par un logement approprié. La thématique du logement dont on sait combien elle est cruciale en cette période a des répercussions sur la santé des jeunes, notamment en termes d'équilibre mental. Articuler l'impératif du quantitatif sans oublier le qualitatif

---

[31] Par exemple, l'institut médico-pédagogique Les Vertes collines de Marseille est réservé, est-il précisé, aux « filles en danger moral. »

[32] L'« enfance en danger » peut renvoyer à des politiques de protection de la jeunesse face à la corruption des adultes tout comme elle peut aussi évoquer des maladies congénitales rendant l'enfance clairement plus victime que coupable.

tel est le défi, du moins pour les plus lucides, d'une politique du logement[33]. Dans les années 1960 où la délinquance juvénile est loin d'avoir
disparue des « tabloïds » et des esprits : on n'a pas oublié que sous la IVᵉ
République, parmi les causes sociales de la délinquance ou de l'errance
du jeune le mal-logement était mis en avant[34]. Le cadre de vie du jeune
est donc pris en compte et la réflexion écologique menée par quelques
professionnels n'est pas sans écho auprès des autorités. C'est un point
qu'il me faudrait creuser.

La santé repose aussi sur des normes psychosociales et parmi celle-ci
un cadre psychologique approprié. C'est celui tout particulièrement d'un
foyer familial équilibré. « L'observation de tous les jours, les travaux des
psychiatres, des pédiatres, apportent des preuves évidentes des avantages
du milieu familial pour le développement des enfants ; les séparations
de ce milieu doivent donc dans toute la mesure du possible être évi-
tées surtout pour les plus jeunes »[35]. Quelques années plus tard, Marie-
Madeleine Dienesch rappelle que « la présence de la mère au foyer est
indispensable à l'enfant durant les premières années de sa vie. Il faut que
les femmes le sachent, ensuite elles pourront faire un choix »[36]. Depuis
de nombreuses années, on craint par-dessus tout la dissociation familiale, ou la « dyssocialité », un mot suggéré par l'agrégé de philosophie

---

[33]   Je renvoie aux propos de Roland Nungesser, secrétaire d'État chargé du Logement
       entre 1966 et 1967 : « Le problème que nous avions en 1965–1966 était un problème
       quantitatif […] Par ailleurs ayant ressenti la nécessité de faire évoluer la concep-
       tion des programmes, j'avais dit au Général de Gaulle et à Georges Pompidou qu'il
       fallait passer de l'époque du quantitatif au qualitatif. », dans Pascal Griset (dir.),
       Georges Pompidou et la modernité, Bern, Peter Lang, « Études Georges Pompidou »,
       2006, p. 291.

[34]   « Magistrats, assistantes sociales, sociologues sont d'accord : la délinquance juvé-
       nile a trois causes principales : les logements surpeuplés, (la dissociation familiale,
       l'alcoolisme). » cité dans INJEP, *Les jeunes de 1950 à 2000 : un bilan des évolutions*,
       Paris, Les publications de l'Institut national de la Jeunesse et de l'Éducation Popu-
       laire, n° 51, 2001, p. 21. Le député UDR Jean Bernasconi (1927–1995) mettait
       clairement au compte du mal-logement les mauvais traitements subis par les enfants
       (parmi d'autres explications naturellement) : *Journal officiel. Débats parlementaires*,
       Séance du 13 avril 1966, p. 565.

[35]   Raymond Marcellin, « Préface », *Maison d'enfants et d'adolescents de France*, Gre-
       noble, éditions Gorde, 1965, p. VII.

[36]   Entretien avec Marie-Madeleine Dienesch paru dans *Femme avenir*, février 1969,
       cité dans Sylvie Chaperon, « La radicalisation des mouvements féminins français »,
       Vingtième siècle, n°48, 1995, p. 71.

et psychologue Roger Mucchielli (1919–1981), figure majeure des études sur l'adolescent[37].

Les autorités publiques se doivent d'être vigilantes face aux transformations de la société qui pourraient désarmer ou déstabiliser certaines catégories de la jeunesse. Or il y a bien une petite musique qui parcourt ces années et dont mai 68 va donner un écho particulièrement amplifié, c'est celui d'une crise de la jeunesse. Si les tenues vestimentaires « excentriques » peuvent être tolérées, il conviendrait d'être bien plus vigilant face à l'exposition mal maîtrisée aux écrans télévisuels et cinématographiques[38] et face à l'attrait inquiétant pour une liberté des mœurs dont la Suède serait la terre promise. Lors de son propre voyage officiel, Georges Pompidou reconnaissait que la nation suédoise, à la stabilité enviée, exerçait un attrait pour la jeunesse française sans évidemment préciser le contenu de cette séduction[39].

Quelle santé publique pour l'ennui et le désarroi ?

Répondre à la crise de la jeunesse n'est pas simple et les hommes politiques, à l'instar d'un François Missoffe (1919–2003)[40], peuvent à bon droit être quelque peu désemparés devant cette tâche – et par ailleurs peuvent aussi rencontrer quelques difficultés à être convaincus de la réalité d'une telle crise. Après tout, en quoi se sentir en crise si l'on a pris la peine d'écouter le discours prononcé par Georges Pompidou en 1963 à Nice[41] ? En effet, la tonalité générale de ce dernier cherchait à transmettre

---

[37] Un terme qui n'a guère été repris par les dictionnaires, à l'instar du *Trésor de la Langue française*.

[38] L'interdiction de films comme celui de Jacques Rivette (*La Religieuse*) s'invite à la séance du 29 avril 1966 de l'Assemblée nationale.

[39] « La curiosité des Français, notamment des jeunes, ne cesse de grandir pour votre pays qui leur apporte beaucoup dans la recherche d'un mode de vie adaptée à notre époque [...] », Discours du 7 juillet 1964 (dîner), Archives de l'Institut Georges Pompidou, https://www.georges-pompidou.org/georges-pompidou/portail-archives/voyage-suede-suede-2-textes-7-10-juillet-1964

[40] L'incapacité à répondre aux aspirations de la jeunesse est un reproche fait à François Missoffe, y compris dans les rangs de son mouvement politique ; cf Laurent Besse. « Un ministre et les jeunes : François Missoffe, 1966–1968 », *Histoire@Politique*, n° 4, 2008, p. 10–12.

[41] À l'occasion des assises nationales de l'UNR-UDT, Georges Pompidou prononce un discours de clôture dans lequel on peut entendre : « Mais quel spectacle extraordinaire, déjà, que celui de la France d'aujourd'hui. [...] Quel bouillonnement dans

l'idée d'une France qui va mieux à tout point de vue. C'est par conséquent bien éloigné de ceux qui se demandent, à l'instar du psychiatre
Louis Le Guillant (1900–1968), si les temps ne sont pas difficiles pour
les jeunes[42]. Plusieurs événements avaient déjà alerté une poignée d'observateurs quelques années auparavant. On s'étonnait du phénomène
d'abandon des étudiants en cours d'étude. Ne sous-estimait-on pas les
difficultés ? La santé mentale, voilà la réponse aux tourments intérieurs
des jeunes. Ce fut la raison de la demande de création des BAPU, les
Bureaux d'aide psychologique universitaire au début des années 1960.
On se met aussi à parler de la « santé mentale de l'enfant », à l'instar
d'une Françoise Davidson[43] (1925–2008) médecin-inspectrice de la
santé et future directrice d'une unité Inserm, pionnière sur les troubles
de l'adolescent[44].

La santé mentale revient en effet à conjuguer la dimension popula-
tionnelle propre à la santé publique et perpétuer la dimension prophylactique de l'ancienne hygiène mentale – définie par les figures telle que
celle du psychiatre Édouard Toulouse (1860–1947), au sein de la Ligue
Française de Prophylaxie et d'Hygiène Mentale quelque cinquante ans
plus tôt. Mais une fois proclamée la nécessité d'une politique de santé
mentale en direction de la jeunesse, se posait la question du comment. Il
fallait, par exemple, un peu d'épidémiologie psychiatrique qui se développa à partir de la création de l'unité 110 de l'Inserm en 1971[45]. Sous
l'autorité de Robert Boulin, la mise en place du secteur infanto-juvénile
ou peut-être l'idée de ce mode d'organisation au début des années 1970
pouvait apparaître comme un premier élément tangible de réponse, mais

---

tous les domaines et quelles mutations stupéfiantes ! [...] Les dépenses de santé, de
loisirs, de confort croissent à un rythme accéléré », Discours devant la majorité,
24 novembre 1963 à Nice, Archives de l'Institut Georges Pompidou, https://www.
georges-pompidou.org/georges-pompidou/portail-archives/discours-devant-major
ite-nice-24-novembre-1963

[42]   Louis Le Guillant, *Jeunes difficiles ou temps difficiles ?* Paris, éditions du Scarabée,
1961. Le thème de la crise, pour ainsi dire existentielle de la jeunesse, s'installe dans
les débuts du premier gouvernement Pompidou sans qu'un lien de cause à effet doive
être recherché.

[43]   Françoise Davidson, « Introduction au dossier Psychologie de la première enfance »,
Enfance, vol. 20, n°5, 1967, p. 356–57.

[44]   Elle a été directrice de l'unité 185 entre 1977 et 1986 qu'elle avait largement contri-
buée à fonder.

[45]   « Épidémiologie des troubles mentaux », sous la direction de Raymond Sadoun
(1971–1986).

le périmètre des interventions devait être reformulé ou du moins mieux précisé. D'un côté les rapports entre troubles mentaux et de comportement et le handicap engendrait moult quiproquos, tandis que de l'autre côté un pédagogue tel que Célestin Freinet (1896–1966) donnait à la santé mentale de vastes territoires à parcourir[46]. Prendre en charge la santé mentale des jeunes c'est travailler en milieu incertain. Un vrai défi en somme, pour des résultats de quelle nature ? Et puis cette crise adolescente ou de la jeunesse dont on parle est-elle curable ou du moins est-elle de la compétence d'un État sanitaire dont certains dénonçaient l'installation au nom d'une conception privée et libérale de la médecine, tandis que d'autres alertaient sur les processus de médicalisation à l'œuvre et le paternalisme médico-moral qui les sous-tendait. En outre, de nouvelles disciplines universitaires telles que la psychologie et la sociologie[47] commençaient à prendre la parole plus qu'auparavant sur la jeunesse donnant une image plus complexe et moins médico-centrée. Robert Debré (1882–1978), figure tutélaire de ces décennies soulignait, quant à lui, que l'adolescent des années 1970 n'était plus celui de l'après-guerre et qu'il faudrait quand même ne pas l'oublier[48]. L'adolescence n'est pas une crise mais un processus normal et associée plus volontiers à un moment d'identification et d'autonomisation. Le conflit entre générations qui peut en résulter n'est pas un problème psychologique mais un fait social[49]. Idéalement, la santé mentale devait développer, selon les recommandations de l'Organisation mondiale de la Santé, une approche en termes de besoins des populations et en s'efforçant d'amoindrir la tonalité normative des politiques de santé publique. Dans le contexte post-68, la manière dont on s'adresse aux jeunes est devenue d'autant plus essentielle

---

[46] Célestin Freinet, *La santé mentale de l'enfant : les maladies scolaires, la dyslexie, la délinquance*, Paris, Maspéro, 1978 (les textes sont écrits avant).

[47] Ces deux disciplines connaissent une expansion notable au sein des universités françaises sous la période Pompidou.

[48] « Les enfants murissent plus tôt alors que dans le même temps la vie scolaire s'est prolongée », dans « La biologie aide-t-elle à comprendre la jeunesse révoltée ? », *La Revue de Paris*, décembre 1969, p. 26. Le sociologue Jean Duvignaud rapportait le propos d'un jeune affirmant que l'autonomie des jeunes est consentie lorsqu'ils ont des problèmes d'artériosclérose ; en d'autres termes bien trop tard ! Jean Duvignaud, *La planète des jeunes*, Paris, Stock, 1975, p. 349.

[49] « La crise d'adolescence qui amène le conflit de générations est un phénomène bien connu dans les sociétés industrielles », *Le Larousse*, vol. 1, 1971, p. 37.

que la tonalité normative de certaines enquêtes psycho-sociales apparaît inappropriée[50]. Les jeunes sont-ils à ce point devenus une planète étrange ? Ces jeunes portent-ils la responsabilité de leur désœuvrement ou n'est-ce pas au contraire la société qui doit être pointée du doigt ? Ne faut-il pas mettre l'accent sur ces hommes politiques, prompts à jouer les pères de la Nation, qui font fausse route à l'instar de ces pères qui, dans les foyers familiaux, abusaient d'une autorité surannée ? Le débat sur la jeunesse n'était pas près de s'apaiser ! Le malaise des lycéens s'invitait[51] à la fin du mandat de Georges Pompidou tandis que les plus intrépides parmi les jeunes faisaient connaître leurs aspirations à une liberté des corps, parfois encouragée par quelques médecins ou psychanalystes. Une santé publique pour la santé sexuelle et la régulation de la reproduction ? Très audacieux ! On tenta de répondre par l'éducation à la sexualité qui était dans les cartons depuis quelques années déjà et que le psychanalyste André Berge (1902–1995) demandait avec insistance. Lucien Neuwirth (1924–2013) prit la direction du nouveau Conseil supérieur de l'information sexuelle, de la régulation et de l'éducation familiale prévu à cet effet, confirmant son penchant pour les causes délicates !

Conclusion

Pour conclure, il convient de citer Eugène Aujaleu (1903–1990) qui faisait un constat positif en 1968 : « Des progrès considérables ont été accomplis au cours des dernières décennies qui permettent de dire que les enfants de France jouissent de meilleures conditions sanitaires »[52]. En dépassant le strict cadre d'une temporalité gouvernementale ou présidentielle, le directeur de l'Inserm pointait une évolution historique, celle d'un progrès médical authentique dont bénéficiait la population des mineurs. Elle était à la fois le fruit de la recherche médicale et celle d'une amélioration économique et sociale qui donnait à ce progrès médical d'autant plus d'impact. Il ne cachait pas en même temps que d'autres

---

[50] Une affirmation défendue par Nicole Maupéou-Aboud « Les adolescents d'aujourd'hui, compte rendu », *L'Année sociologique*, 3ᵉ série, vol. 16, 1965, p. 525–31.

[51] « La disponibilité des lycéens et des lycéennes pour la mobilisation politique reflète le malaise de la jeunesse », citation de mars 1973, dans Michelle Zancarini-Fournel, *Les luttes et les rêves. Une histoire populaire de la France de 1685 à nos jours*, Paris, La Découverte, 2016, p. 829.

[52] Eugène Aujaleu, *op. cit.*, 1968, p. VII.

défis pointaient à l'horizon, conséquence de ce qu'il nommait « les dangers de la vie moderne »[53]. Les accidents de la route par exemple ou les conséquences d'une pollution atmosphérique dont il redoutait que les enfants fassent les frais. On pourrait ajouter les drogues[54], les comportements alimentaires et addictifs[55], puis toujours et encore le mal-être des adolescents – peut-être faudrait-il ajouter le malaise des adultes en observant la jeunesse.

Je pointerai pour ma part deux paradoxes. Le premier est pour souligner que dans la mesure où la santé publique ne cesse de voir ses objectifs s'élargir régulièrement, la mesure de ses bienfaits a tendance à s'évanouir pour devenir quelque chose de bien banal car remplacé par de nouvelles nécessités. C'est une des raisons pour lesquelles, la santé publique est régulièrement présentée comme en retard ou accusée d'un manque de prise de conscience de la part des pouvoirs publics[56]. Ou, pour l'exprimer avec les mots de Françoise Davidson, on passerait au cours de la période considérée de la santé publique des fléaux sociaux à celle de l'équilibre et du bien-être individuel. Même si je ne partage pas en totalité cet avis, ce schéma a le mérite de bien faire prendre conscience du changement d'échelle auquel les pouvoirs publics auraient été confrontés. Le second paradoxe est que ceux-là mêmes qui appellent à un renforcement des programmes à destination de jeunes sont aussi ceux qui voient dans le mal-être de l'adolescent un problème social d'ampleur, voire une crise de la société. Mais alors que pourrait la santé publique à elle seule ? Que l'équilibre personnel des jeunes soit en lien avec la sollicitude et l'harmonie du corps social ne doit pas faire oublier que le rapport au corps est une construction subjective et personnelle devant laquelle le programme de santé publique peut avoir peu de prise comme l'a montré

---

[53]   *Ibid.*, p. VIII.

[54]   Dans une brochure du Haut Comité à la Jeunesse, on précise que la toxicomanie est à la fois « un fait de civilisation mais également une des formes modernes de la crise de l'adolescent » ; extrait d'une citation trouvée dans un article se faisant l'écho de cette brochure, *Le Monde*, 21 juillet 1972, p. 9.

[55]   Marie Choquet, Françoise Davidson, Jean-Pierre Fréjaville, *Les jeunes et la drogue*, Paris, PUF, 1977.

[56]   Jacques Siclier, « Santé publique », *Le Monde*, 12 février 1962 ; on reprocha à Joseph Fontanet lors d'une émission de télévision le retard des hôpitaux français et le retard de l'Assistance Publique. Martine Allain-Regnault, « Alcool, tabac et cancer : un problème de santé publique », *Le Monde*, 8 mai 1969, p. 17.

par exemple l'enquête de Jean Duvignaud[57]. Ce sont des programmes qui doivent être élaborés par les pouvoirs publics pour des raisons morales et d'efficacité et donc par sens des responsabilités ; mais leur existence n'entraîne pas mécaniquement leur efficacité et des résultats toujours probants. Leur absence engendrerait des reproches encore plus forts. Si la dénonciation d'une santé publique bien trop modeste est régulièrement soulignée depuis plus d'un quart de siècle, doit-on en déduire que l'œuvre accomplie précédemment n'a été qu'un mirage ? L'affirmer serait bien péremptoire tout comme on ne peut parler de « rencontre manquée » pour reprendre une formule utilisée par Jacques Narbonne (1918–2014) à propos d'éducation[58].

---

[57] L'enquête est effectuée sur la base de 503 entretiens et s'est déroulée entre octobre 1972 et octobre 1973. Jean Duvignaud, *op.cit.*

[58] Jacques Narbonne, *De Gaulle et l'éducation, une rencontre manquée*, Paris, Denoël, 1994.

L'Institut national de la santé et de la recherche médicale (Inserm) : origines, création et premiers développements

Pascal GRISET

La montée en puissance de la recherche publique, portée sous la Ve République par le général de Gaulle et par Georges Pompidou s'était affirmée dès la Libération avec la fondation d'institutions nouvelles comme le CEA (Commissariat à l'énergie atomique). La création du CNRS à la fin des années 1930, tout comme la fondation du Centre national d'étude des télécommunications (CNET) en mai 1944, soulignent cependant que ces initiatives s'inscrivaient, tout en l'amplifiant radicalement, dans un mouvement plus ancien[1]. Cela fut vrai pour la recherche médicale. Celle-ci reposait dans une large mesure, depuis la fin du XIXe siècle, sur l'Institut Pasteur. Son développement, en associant recherche, soins et enseignements, s'avéra pionnier. Fondé sur des modes de financement spécifiques, il ne correspondait cependant pas à un engagement de l'État.

La création de l'Institut national d'hygiène le 30 novembre 1941 constitue ainsi la première mesure significative destinée à développer directement une recherche publique dans le domaine de la santé. Destiné à répondre aux problèmes de santé publique posés par l'occupation, il devait également permettre de combler les faiblesses structurelles du dispositif français de santé publique[2]. Comme pour le CNET, sa création

---

[1] Cf. Alain Chatriot, Vincent Duclert (dir), *Le gouvernement de la recherche. Histoire d'un engagement politique, de Pierre Mendès France à Charles de Gaulle (1953–1969)*, Paris, La Découverte, 2006.

[2] Jean-François Picard, Suzy Mouchet, *La métamorphose de la médecine*, Paris, PUF, « Science, Histoire et société' », 2009.

fut confirmée par le Gouvernement provisoire à la Libération[3], la continuité de la logique scientifique et technique l'emportant sur la tentation
d'une rupture politique. L'« Institut national de la santé et de la recherche
médicale » (Inserm) sera créé bien plus tard par le décret du 18 juillet
1964. Il ne peut être considéré comme une simple « transformation » de
l'INH. Le nouvel institut est en effet le résultat de la convergence de plusieurs trajectoires, l'INH étant un support administratif commode pour
sa création. Conçu pour rassembler, son évolution manque dans un premier temps de cohérence. Mai 1968 agit pour cela comme un révélateur.
À partir de 1969 l'Inserm se structure, met en place les cadres indispensables pour organiser une recherche moderne et faire travailler ensemble
des communautés scientifiques différentes. Sa gouvernance s'avèrera parfois complexe, le levier des financements apparaissant comme le mieux
adapté pour orienter les activités des chercheurs sans trop les contraindre.

Origines et premier développement de l'Inserm

La confirmation de l'INH à la Libération ne peut être séparée de la
création de la Sécurité sociale[4]. Ces deux institutions nouvelles struc-
tureront, à des échelles bien évidemment différentes, l'évolution de la
médecine française à partir de la Libération. Ces décisions du général
de Gaulle concrétisent les principes posés par le Conseil national de la
Résistance et répondent à la demande de médecins souhaitant agir de
manière efficace pour moderniser la médecine française et fonder son
développement sur la recherche.

Des racines multiples

Les personnalités nommées à la tête de l'INH soulignent le nouvel
ancrage de l'Institut dans les principes de la Résistance. Robert Debré
en est ainsi nommé président avec Louis Bugnard comme directeur à ses
côtés, et Gustave Roussy président du conseil scientifique. Ces talents

---

[3] La Fondation pour l'étude des problèmes humains d'Alexis Carel fut en revanche
supprimée. Certaines de ses activités seront reprises au sein de l' Institut national
d'études démographiques (INED). Alain Drouard, *Alexis Carrel (1873–1944). De
la mémoire à l'histoire*, Paris, L'Harmattan, 1995.

[4] Éric Jabbari, « Pierre Laroque et les origines de la Sécurité sociale », *Informations
sociales*, vol. 189, n° 3, 2015, p. 12–19.

et ces ambitions se heurteront cependant très rapidement aux difficultés matérielles du temps. Alors que les moyens accordés par l'État apparaissent bien trop faibles, l'INH s'avère incapable d'œuvrer efficacement pour développer la recherche médicale française et la faire entrer dans l'ère nouvelle de la recherche biomédicale qui s'affirme aux États-Unis.

Pour tenter de surmonter ces difficultés Bugnard et Debré s'orientent, de manière très pragmatique, vers des financements privés. Est ainsi créé aux États-Unis un « Fond de soutien pour la recherche médicale française ». Il passe des conventions avec le Fullbright Fund, la Fondation Rockefeller, et avec la Fondation Ciba à Londres. Avant d'envisager des projets de recherche innovant, ces liens permettent à l'INH de répondre aux besoins en santé les plus immédiats. Les Américains fournissent ainsi des vaccins antidiphtériques, antitétaniques et DTCoq-polio, des appareils d'encéphalo-électrographie et des centrifugeuses ou les premiers spécimens de cortisone fabriqués par la firme pharmaceutique Merck. Plus important sans doute à long terme, ces financements permettent d'attribuer des bourses de mobilité à de nombreux jeunes chercheurs français. Ils découvrent ainsi aux États-Unis une « biomédecine » en plein essor : « [...] là-bas, écrira Maurice Tubiana, nous avons découvert, stupéfaits, une médecine nouvelle. Quelques esprits lucides, comme Debré ou Bugnard, avaient compris qu'il fallait encourager de jeunes médecins à se perfectionner outre-Atlantique. En 1947, j'eus la chance d'être de ceux-là et je garde encore un souvenir ébloui de ces quatorze mois où me fut révélée la médecine moderne. »[5] Ces initiatives se diversifient au cours des années 1950. Pour les structurer, Jean Hamburger fonde avec Jean Bernard le très informel Cercle d'études cliniques et biologiques qui se réunit un mercredi par mois au centre de transfusion sanguine de l'hôpital Necker, le Club des treize. Il s'efforce « d'abaisser les barrières entre les spécialités[6] » et regroupe rapidement un plus grand nombre de médecins comme Maurice Tubiana, Gabriel Richet, Jean-François Bach ou Georges Mathé. Leur vision s'incarnera dans l'Association Claude Bernard pour la recherche médicale qui financera les quelques « grands

---

[5] Cité dans Pascal Griset, Jean-François Picard, *Au coeur du vivant. 50 ans de l'Inserm*, Paris, Cherche Midi, 2014.

[6] Extraits d'une synthèse consultable sur le site Histrecmed à partir d'entretiens réalisés les 26 octobre 1990, 29 mai 1991, 25 septembre 1998 (E. et J.-F. Picard) et le 10 juillet 2001 (S. Mouchet, J.-F. Picard).

http://www.histcnrs.fr/histrecmedcopie/entretiens/bernard/bernard.html

patrons » qui développent alors dans leurs services hospitaliers la nouvelle médecine[7].

Les espoirs et projets exprimés notamment lors de l'iconique colloque de Caen ne trouveront aucun relais concret avant 1958. Les gouvernements de la IVe République furent dans l'impossibilité d'organiser et de financer de manière réelle la recherche scientifique en France. Le Conseil supérieur de la recherche scientifique et du progrès technique, créée par Mendès France en 1955, fut la seule initiative à se perpétuer quelque peu dans la durée. Il ne porta cependant aucune action. Tout au plus peut-on le considérer comme un réseau de « modernisateurs » militant pour une réorganisation du système de recherche français et pour un accroissement des moyens mis à sa disposition par l'État. Sa composition reflétait les rapports de force établis progressivement depuis le début du siècle, puis de manière plus forte au lendemain de la Seconde Guerre mondiale. Les chimistes et surtout les physiciens y tenaient ainsi le haut du pavé. Le CNRS et le CEA y sont représentés mais l'INH est absent. Aucune des actions de recherche proposées par le Conseil ne concernera la santé[8]. Ce qui constitua à partir de 1964 l'Inserm, se développa donc au sein de deux espaces différents mais très imbriqués pendant la IVe République. D'une part dans certains services hospitaliers, lorsque l'énergie d'un médecin et des financements privés le permettaient. D'autre part au sein de l'INH, sous-financé, critiqué pour son activité trop faible et dont l'influence se réduisait au fil du temps.

La Réforme Debré

La réorganisation de la recherche médicale telle qu'elle sera menée par la Ve République ne peut être comprise sans prendre en compte la « Réforme Debré ».

Robert Debré avait pris la tête en 1956 d'un comité interministériel réuni à l'instigation d'un groupe de médecins menés par l'hématologue Jean Dausset (section des sciences biologiques 1977). Sa finalité était de

---

[7]   Raoul Kourilsky (Hôpital Saint-Antoine), Maurice Lamy et Jean Hamburger (Hôpital Necker), André Lambling (Hôpital Bichât,) Jean Bernard (Hôpital Saint-Louis), Bernard Halpern, (Hôpital Broussais), Paul Mandel (Institut de chimie biologique de Strasbourg) …

[8]   Jean-Paul Gaudillière, *Inventer la biomédecine. La France, l'Amérique et la production des savoirs du vivant (1945–1965)*, Paris, La Découverte, 2002.

définir un dispositif permettant de regrouper en un lieu unique les soins, l'enseignement et la recherche. Pour Robert Debré il s'agissait également de ne pas désolidariser dans ce processus de modernisation la médecine privée et le secteur publique[9]. La création des Centres hospitalier Universitaire (CHU) en sera l'élément le plus visible et le plus important. Cinquante ans après leur création, Jean Dausset en soulignera le caractère crucial : « À la sortie de la guerre, la France était couverte d'hôpitaux que seuls les plus pauvres utilisaient pour leurs soins et leurs derniers jours. Près de quatorze ministères et administrations s'occupaient de la santé et de l'hygiène. Il existait un abîme entre la médecine américaine, la recherche internationale et les hôpitaux de charité français : la situation de la santé en France imposait une transformation, ce fut l'objet de la réforme Debré. » Les ordonnances qui, les 11 et 30 décembre 1958, imposeront cette réforme hospitalo-universitaire de grande ampleur reprenaient l'essentiel des propositions élaborées dans le cadre du Front national des médecins en 1943[10]. La lente élaboration du projet entre 1956 et 1958 avait souligné les obstacles à surmonter. La situation politique permit cependant de surmonter en 1958 la vraisemblable hostilité de l'Assemblée nationale. Jean Dausset rappellera ces circonstances exceptionnelles :

> La phase de mise en application commence avec le général de Gaulle qui, à la suite des événements d'Alger, devint président du Conseil avec les pleins pouvoirs. Michel Debré, fils du professeur Robert Debré, était alors garde des Sceaux. Grâce aux fameuses ordonnances du général de Gaulle, certainement dûment informé par Michel et Robert Debré, le décret de loi fut signé le dernier jour de ses pouvoirs spéciaux, le 30 décembre 1958. Premier ministre, le fils s'appliqua à mettre en œuvre rapidement les concepts du père, il le fit avec toute sa clairvoyance, toute son efficacité auxquelles nous devons rendre hommage. Progressivement l'évidence s'imposa ...[11]

[9] Pascal Griset, *Académie de médecine. Une histoire de la santé*, Paris, Le Cherche-Midi, 2019.

[10] Alain Larcan, Jean-François Lemaire, *De Gaulle et la médecine*, Paris, Fondation Charles de Gaulle, 1995.

[11] Jean Dausset. Discours prononcé en 2008 à l'occasion du cinquantième anniversaire des CHU. https://francearchives.fr/commemo/recueil-2008/40067

La création de l'Inserm

En plaçant concrètement une médecine modernisée parmi les priorités nationales, le général de Gaulle change réellement la donne à partir de 1958. Ce changement d'état d'esprit, suivi d'actions concrètes concerne aussi de manière plus globale la recherche scientifique. L'engagement de l'État change radicalement et l'action remplace enfin les discours. En 1959, la Délégation générale à la recherche scientifique et technique (DGRST) est créée avec un budget inscrit dans les priorités du Plan. Jean Bernard est l'un des douze sages nommés au Comité consultatif de la recherche scientifique et technique (CCRST). « Malraux qui consultait assez souvent Hamburger, expliquera Jean Bernard, avait très bien vu l'importance de la recherche médicale. Maurice Ponte, qui a longtemps présidé le Comité nous a énormément aidé. »[12] Dans ces instances, traditionnellement dominées par les physiciens, Pierre Auger, physicien qui devient le président du CNES en 1962, préconisa de donner la priorité aux sciences de la vie évoquant plus spécifiquement le cas de la biologie moléculaire et de ses applications. Sur les neuf premières « actions concertées » lancées en 1960, cinq concerneront ces domaines. Cela constitue bien évidemment une rupture majeure, au sein même de la communauté scientifique, la « scientifisation » de la médecine, liée à la biomédecine favorisant sans doute cette reconnaissance.

Pour avancer, la DGRST se penche fort logiquement sur le fonctionnement des organismes scientifiques qui n'ont pas donné satisfaction et cela semble être le cas de l'INH. En 1959, une commission préconise son démembrement, le versement au CNRS de ses activités qui n'ont pas de rapport avec la clinique et le rattachement des enquêtes épidémiologiques aux services compétents du ministère de la Santé. C'est pourtant une autre voix qui est choisie. Elle consiste à regrouper les activités de l'INH et de l'Association Claude Bernard au sein d'une nouvelle organisation. C'est dans cet esprit qu'est créé l'Institut national de la santé et de la recherche médicale (Inserm) par le décret du 18 juillet 1964. Sa structuration sera supervisée par Georges Mathé. Favorisée par la mobilisation de moyens nouveaux, sa montée en puissance est liée aux « actions

---

12 Extraits d'une synthèse consultable sur le site Histrecmed à partir d'entretiens réalisés les 26 octobre 1990, 29 mai 1991, 25 septembre 1998 (E. et J.-F. Picard) et 10 juillet 2001 (S. Mouchet, J.-F. Picard).
http://www.histcnrs.fr/histrecmedcopie/entretiens/bernard/bernard.html

concertées » de la DGRST. Son conseil scientifique est structuré pour chapeauter treize commissions scientifiques spécialisées dont l'arrangement traduit la priorité désormais accordée à la recherche biologique. La réforme est soutenue par des décisions budgétaires significatives. l'Inserm sera doté pour ce faire d'un budget d'équipement initial de 100 millions de francs et disposera ainsi d'un premier budget de 28 millions de francs, porté à 72 millions quatre ans plus tard. Dans le même temps, ses effectifs doublent, passant de 750 (issus de l'INH) à 1400 agents.

La volonté d'avancer rapidement vers un volume de recherche significatif et visible se heurte cependant au temps nécessaire pour former de nouveaux chercheurs. Il s'agit donc dans un premier temps de regrouper les équipes déjà actives et de les doter de nouveaux moyens en s'efforçant de rapprocher la recherche et la clinique. Cette contingence et cette ambition entraînent donc l'intégration prioritaire des équipes installées dans les hôpitaux et dirigées par les patrons des services hospitaliers concernés. Les premières années furent donc marquées du sceau d'une large ouverture. L'important est alors de susciter des ralliements et des vocations. Les moyens sont répartis de manière assez souple par des conventionnements avec l'administration hospitalière. Ce processus permet de lancer très rapidement une soixantaine d'unités de recherche « Inserm ». Ce pragmatisme ne suscitera pas une adhésion unanime. Le CNRS ou bien l'Institut Pasteur ne voient en effet pas d'un œil totalement positif l'émergence d'une nouvelle institution susceptible de limiter leur influence et de réduire leur accès aux financements. La générosité adoptée par l'Inserm pour rallier les acteurs déjà en place à sa dynamique fait également apparaître un déséquilibre entre les équipes des « grands patrons » d'une part et les « chercheurs » n'exerçant pas la médecine, encore peu nombreux.

Mai 1968

Les événements de Mai ont touché l'Inserm de manière assez « banale ». Si l'impact à long terme des conflits qui se développèrent alors ne doit donc pas être surévalué, les questions posées, la vigueur de certaines expressions, ont néanmoins marqué une institution relativement jeune, et encore en pleine construction. Les tensions sous-jacentes présentes depuis la création de l'Institut apparaissent au grand jour. Elles recoupent indéniablement les lignes de force d'une contestation plus générale de l'autorité, mais correspondent également à des questions très concrètes, qui avaient jusqu'alors été sous-estimées, voire ignorées. Comme à l'Université ou dans d'autres établissements de recherche les « Mandarins » sont dénoncés.

La déflagration est tardive. Elle survient alors qu'Eugene Aujaleu, qui conduit la délégation française à l'Assemblée mondiale de l'O.M.S. est absent de Paris. À son retour de Genève, il trouve une situation quelque peu agitée : « Mes "révolutionnaires" expliquera-t-il occupaient mon bureau, ils étaient en grève, mais ils téléphonaient partout… » Jean-Pierre Bader, alors directeur scientifique de l'Inserm décrira une ambiance effervescente : « Les "troupes" de notre ami Lazar occupaient mon bureau tandis que celui d'Eugene Aujaleu tenait lieu d'une sorte de salle de conseil d'administration permanent … Je faisais la navette entre les deux. Les syndicats élaboraient une réforme des structures de l'Inserm et, en cas de décision importante, je joignais directement le ministre (Maurice Schuman) au téléphone qui me répondait invariablement : "écoutez mon petit vieux, faites pour le mieux, je compte sur vous… "[13] » Le regard de François Kourilsky, qui se décrira lui-même, non sans coquetterie, comme faisant « partie d'une bande de furieux »[14], est quelque peu différent. Malgré la présence de membres du Syndicat national des chercheurs scientifiques (SNCS) comme Philippe Lazar ou Jean-Pierre Bonvalet expliquera-t-il, l'Inserm n'avait pas bougé. Tous avaient décidé que l'Inserm « ne devait pas se mettre en grève ! » Les revendications ne sont ainsi formulées et arrêtées avec précision que le 26 mai 1968 lors d'une Assemblée générale tenue dans le grand amphithéâtre du CHU Saint-Antoine. Une motion demande la mise en place de nouvelles structures pour la recherche biomédicale, avec des conseils de labo intégrant des représentants du personnel, la participation des élus aux Conseils et l'intégration des vacataires et hors statuts. Le siège ne sera occupé qu'à partir du 4 juin lorsque ce document, qui mentionne également les 40 heures et un salaire minimum à 800 francs, est remis à la direction par une délégation conduite par le docteur Rosselin (Comité d'action de l'assemblée générale des travailleurs scientifiques de la recherche médicale). L'occupation est maintenue pendant les négociations qui se dérouleront jusqu'au 10 juin. Le protocole d'accord accepté le 12 juin intègre l'ensemble des revendications. En termes de gouvernance, il sera la base de l'arrêté du 20 septembre 1968 qui accordera la majorité des sièges aux élus

---

[13]   https://www.histrecmed.fr/?view=article&id=17:bader-jean-pierre&catid=8

[14]   https://www.histrecmed.fr/?view=article&id=61:kourilsky-francois&catid=8

au sein du Conseil scientifique. L'accroissement de la représentation du personnel sera la principale transformation issue des « évènements ». Un nouveau conseil scientifique, présidé par Pierre Royer, et dont François Kourilsky est un membre actif élabore un nouveau règlement instaurant davantage « d'ouverture » au sein des instances. L'esprit de conciliation de chacun... sera salué et les nouvelles règles d'élection au Conseil Scientifique, publiées au Journal Officiel du 2 octobre 1968, seront appliquées dès le scrutin du 9 novembre[15].

> « En fait, expliquera Claude Mawas, le propriétaire des mètres carrés, c'était le mandarin, le chef de service. Donc, on le nomme responsable d'une unité de recherche à laquelle on alloue un laboratoire. Il lui revient alors de trouver des chercheurs, mais ceux-ci n'ont le plus souvent ni l'accès aux malades, ni de fonction universitaire. En fait, les mandarins ont transformé les chercheurs en supplétifs. En réaction, on a vu se développer une sorte de haine du chercheur de base vis-à-vis du mandarin qui explique, me semble-t-il, en partie dans notre milieu, l'explosion de 1968.[16] »

L'épisode 1968 constitue donc, au-delà de quelques évolutions, un premier signal voire une alerte. Les systèmes anciens, qui n'ont pas démérité et qui peuvent encore à bien des égards structurer une véritable ambition scientifique, doivent être réformés, ajustés pour donner à l'Inserm l'indispensable cohérence entre « anciens » et « modernes ».

Un nouveau départ

Lorsque Georges Pompidou devient président de la République, l'Inserm est donc encore une institution aux contours assez mal précisés. Son mode de fonctionnement s'est construit, au fil du temps et des ralliements, sans qu'une vision très claire de ce qu'il serait souhaitable de faire n'apparaisse encore. L'institut évolue dans un système de recherche plus puissant et structuré, mais également plus concurrentiel, au sein duquel il doit se faire une place.

---

[15] Une lettre du ministère des Affaires sociales en date du 23 janvier 1969 fixera les nouvelles structures de l'Inserm.

[16] https://www.histrecmed.fr/?view=article&id=71:mawas-claude&catid=8:entretiens

Une politique scientifique

Au-delà des tensions qu'il faut apaiser après le gigantesque désordre du printemps, c'est bien une véritable politique scientifique, enracinée dans une doctrine et portée par une organisation solide qu'il est nécessaire de préciser désormais et de mettre en œuvre. L'Institut n'étant pas identifié comme un espace à reconquérir ou comme un enjeu majeur pour restaurer l'autorité de l'État, ce fut dans un climat relativement serein que les réformes purent s'engager. Au-delà du folklore libertaire et des clivages politiques, les humeurs de 1968 mettent en effet en lumière un problème de fond pour l'Inserm. Après avoir permis d'accélérer le développement de l'institution en apportant des forces et des compétences rapidement disponibles, les patrons des services hospitaliers, placés *de facto* à la tête des unités de recherche ne sont-ils pas devenus un frein pour mettre en place une dynamique de recherche moderne et efficace ? Sans souhaiter prendre de front ceux qui apportent encore tant, la nouvelle direction prend en compte cette interrogation et va s'efforcer de mettre en place des dispositifs permettant à ceux qui le souhaitent de s'émanciper d'une organisation très « hiérarchique ». L'évaluation des recherches est un élément clef de cette nouvelle impulsion. L'accès directe au financement pour les chercheurs, tout comme leur mobilité facilité leur offre des outils pouvant leur permettre de s'affranchir de pouvoirs jugés parfois stérilisants. À ces questions spécifiques à la sociologie des acteurs de la recherche biomédicale, se superposent des défis qui concernent l'ensemble des institutions de recherche. Comment articuler recherche « fondamentale » et recherche « appliquée », comment respecter la liberté des chercheurs, source de créativité, tout en favorisant le développement économique et social du pays en obtenant des résultats sur des problèmes très précisément identifiés. Plus que d'une « reprise en main » politique de l'Inserm après les événements de mai, c'est donc bien d'une profonde remise en cause de son organisation et de ses méthodes que l'institut a besoin. C'est dans ce contexte que doit être organisée la succession d'Eugène Aujaleu. Alors que Jean Pierre Bader, son bras droit, pouvait apparaître à certains comme un successeur « naturel », c'est à Constant Burg que le gouvernement fit appel. Fils de médecin, professeur titulaire de biophysique médicale et chef du service de médecine nucléaire à Nancy, il a 45 ans lorsqu'il prend la direction de l'Institut au début de l'année 1969. L'homme était courageux et déterminé. Enrôlé de force par les Allemands en novembre 1942 dans l'*Arbeitdienst* il était parvenu après deux tentatives à gagner la Suisse.

Interné par les autorités helvétiques, il s'échappe à nouveau et rejoint les maquisards de Haute-Savoie avec lesquels il combattra jusqu'à la Libération. Certaines rumeurs colportées au moment de sa nomination évoquèrent un homme « dur comme du béton », chargé en quelque sorte de remettre l'Inserm « au pas » après les excès de l'année précédente. Ces préventions seront balayées par l'action d'un homme qui donnera à l'Inserm sa première véritable organisation et posera les bases solides pour un développement s'inscrivant dans la durée.

Constant, Burg engage en effet une politique scientifique destinée à prendre très concrètement en compte les problèmes auxquels l'Inserm est confronté. En quête d'équilibre entre structuration et dynamisation des équipes, elle est structurée autour de deux grands axes : la politique de « l'humus » consistera à donner à toutes les formations de recherche existantes des moyens récurrents nécessaires pour leurs activités ; la politique d'objectifs ciblera des domaines spécifiques et les financements qui leur seront dédiés (lancements d'ATP, Actions thématiques programmées).

Ce cadre général doit permettre une préservation de l'équilibre entre recherche fondamentale et appliquée d'une part, et entre recherche libre et recherche finalisée d'autre part pour produire une recherche productive. Elle doit également prendre en compte la place des « grands patrons » tout en offrant aux chercheurs la liberté qu'ils demandent. Pour cela, la circulation de l'information et la créativité scientifique seront favorisées au niveau de chaque chercheur. « Les équipes, est-il expliqué, comportent en général un leader qui a des idées et des chercheurs qui s'abritent derrière le pouvoir créateur du responsable du groupe. Cette structure ne semble pas saine », malgré, rappelle la direction, les mesures déjà prises pour permettre aux chercheurs de prendre directement en charge leurs initiatives. Ce constat par sa formulation quelque peu directe peut apparaître presque surprenant. Est-il fait allusion à l'influence trop forte de certains « patrons » sur leurs équipes ? S'il est admis que « modifier des habitudes est une chose difficile », la priorité n'en sera pas moins d'autonomiser les chercheurs vis-à-vis de leur directeur de laboratoire. À partir de 1971 « le chercheur dispose d'une très grande liberté. Il peut changer de laboratoire sans l'accord de son directeur et sans l'accord des Commissions statutaires. » Quatre ans plus tard, la direction constatera que « cette politique se heurte à bien des difficultés et à bien des oppositions, mais elle commence à porter ses fruits. »

Ce choix, se veut complémentaire de la volonté de la direction de formuler et d'appliquer une stratégie permettant d'orienter les recherches.

« Avant 1970, constatera celle-ci dans un rapport ultérieur, les orientations de recherches de l'Inserm étaient entièrement laissées à l'initiative
individuelle des chercheurs. Cet état de chose, pour un organisme jeune,
a été certainement très bon. Il a permis le développement de personnalités dynamiques et marquantes. Celle-ci ne doit simplement plus être
décidée par les patrons des équipes mais bien par l'Institut lui-même.[17] »
À partir de 1970, les orientations du Plan et les directives du CCRST
et de la DGRST impliquent en effet de mettre en place une véritable
programmation de la recherche. Cette recherche dite « finalisée » s'orga-
nisera autour de priorités définies en fonction d'une grille de critères associant : les problèmes posés par le corps social, les secteurs de la recherche
dont l'insuffisance est préjudiciable au développement de la médecine de
soin, les domaines dont le développement peut laisser espérer des retom-
bées scientifiques importantes susceptibles de féconder d'autres secteurs
de la recherche…

Traduire dans les faits un équilibre improbable

Trouver un équilibre opérationnel entre des ambitions pouvant sembler contradictoires passera par la mise en place d'outils novateurs en ce
début des années 1970. Celle-ci fut lente car convaincre l'ensemble des
acteurs s'avérait difficile. Elle le fut également en raison de la difficulté à
trouver les ressources humaines nécessaires pour mettre en œuvre cette
« administration de la recherche », d'autant que les supports budgétaires
nécessaires pour assurer leur rémunération étaient très rares. L'effort
porta sur la direction administrative, sérieusement renforcée. Les rému-
nérations y sont relevées de manière « substantielle » en raison de l'accroissement des responsabilités. Avec un effort particulier vers la gestion
des contrats, des constructions et des équipements, ce volet est mené sans
écueil majeur. Des structures d'appui spécifique, articulées à l'activité
scientifique sont également mises en place. Quatre bureaux sont ainsi
créés : « Prévisions, plan et tableau de bord », « Relations internationales »,
« Publications » et « Relations avec la presse ». La partie scientifique de
l'activité pose des problèmes tout aussi importants. Ce domaine avait
été dominé par la personnalité de Pierre Bader. Entré à l'INH en 1955,
il avait été directeur scientifique de l'Inserm de 1964 à 1970. Son rôle

---

[17]   Rapport annuel au Parlement, l'Inserm 1970–1974, Bilan et perspectives, juin 1975.

dans l'élaboration des Ve et VIe Plan et dans la mise en œuvre du Ve avait été déterminant. Pour développer l'action scientifique, Constant Burg ne souhaite plus compter sur une seule personne aussi brillante soit-elle. Il décide la mise en place d'une direction scientifique solide et puissante, condition indispensable à ses yeux, au bon fonctionnement d'un organisme de recherche. Ce processus se heurte cependant, en ce début des années 1970, à la très grande difficulté de recruter des hommes compétents et prêts à consacrer à l'administration l'essentiel de leur temps. Les bonnes volontés semblent d'autant plus difficiles à motiver qu'aucune rémunération spéciale ni prime n'est prévue pour les volontaires. Patiemment l'Inserm se dote cependant des moyens et des équipes nécessaires pour des services centraux répartis entre trois immeubles (deux à Paris le troisième à Boulogne). Leur regroupement à partir de juin 1974 « dans des locaux modernes, fonctionnels et mieux adaptés à l'importance de l'Inserm, au 101 rue de Tolbiac » marque une étape importante de cette structuration peu visible mais cruciale de l'Inserm.

Faire savoir, informer les tutelles politiques, sur des sujets qui ne relèvent que très peu de leur sphère culturelle constitue un autre défi. L'organisation de la recherche en « secteurs », identifiables et désignés de manière administrative compréhensible par la sphère politico-administrative constitua le corollaire de la montée en compétence et en moyens de l'administration de la recherche. Pour cela il fallait passer de la carte mentale, tacitement partagée depuis la création de l'institut par les acteurs du monde de la santé, à une structure formelle, lisible par de multiples interlocuteurs ou partenaires. Cette « traduction » s'avérera tout à la fois cruciale et particulièrement délicate. Pour choisir et structurer ses investissements, puis en justifier l'éventuelle pertinence, l'Inserm décide en effet d'adopter un découpage de la recherche médicale en secteurs individualisés et identifiables pour les non spécialistes. Cette approche ne passionne guère les chercheurs, ce détachement irritant fortement la direction. Les équipes ont tendance à choisir un titre décrivant très précisément ce qu'elles font mais qui ne peut être réellement « parlant » pour des non-experts. La direction constate en effet que si les mots qui expliquent les missions de l'Institut n'expriment pas clairement ses buts et sa politique scientifique, les décisions qui le concerneront en seront sensiblement affectées. Alors que le découpage par discipline « traditionnelle » est jugé stérilisant par le cloisonnement qu'il introduit et le développement d'attitudes corporatistes, l'approche multidisciplinaire, adoptée par le Plan, est saluée comme un réel progrès. l'Inserm n'en envisage pas moins de franchir une étape supplémentaire en regroupant l'ensemble des techniques et des disciplines (de la biologie moléculaire à la sociologie) en fonction de l'ensemble des problèmes posés par un organe défini (cœur, poumon, rein etc.) et en les définissant comme l'ensemble des moyens à mettre en œuvre pour atteindre un objectif. On peut y lire un compromis, ou un « rapprochement » entre la paillasse et la clinique mais le conseil scientifique s'agacera de ces choix. Il estimera qu'ils fixent les recherches dans une discipline très limitée, alors que l'évolution générale des sciences fait que ces sujets peuvent être obsolètes au bout de quelques années.

On le comprend, les enjeux de communication ne sont pas minces car il s'agit également pour l'Inserm de faire passer des messages acceptés en interne, au sein d'une communauté très exigeante sur les formulations employées, vers le politique et plus largement vers l'opinion. Constant Burg prend en compte cette problématique dans la réorganisation de l'institution et l'Inserm développe des initiatives significatives en matière de communication. Le Bureau des enseignements technologiques, colloques et publications, le Bureau de presse et des relations publiques et le Secteur de la documentation et de l'information automatisée œuvrent ainsi pour promouvoir l'information scientifique et mieux faire connaître l'institution. Les moyens restaient cependant assez limités. Dans le contexte technologique des années 1970, l'évolution des systèmes d'impression, bien que réelle avec la diffusion de l'offset, n'avait pas encore permis de multiplier les supports en maintenant des coûts de production raisonnables. L'engagement de la « communication » reste donc encore bridé par des produits peu attractifs car la couleur, le maquettage, l'impression restent très coûteux. Les équipes en charge de ce domaine sont également peu ouvertes à l'utilisation de méthodes nouvelles et s'inscrivent dans le dogme d'une « information scientifique » qui ne doit pas user des méthodes plus largement adoptées pour attirer voire séduire. Des évolutions apparaissent cependant. L'image est ainsi devenue le témoin privilégié du chercheur voulant montrer ses résultats et les communiquer. Exceptionnelle lors du mandat d'Eugene Aujaleu, la photographie prend à partir de 1969 toute son importance à l'Inserm. Le dixième anniversaire de l'Inserm, l'introduction de la couleur, la réalisation d'affiches destinées à augmenter la visibilité des publications de l'Inserm, la confection de plaquettes favorisent l'utilisation de l'imagerie scientifique. L'image n'est alors plus simplement l'acteur et le témoin de la recherche scientifique mais devient également un facteur de promotion de l'institut tout entier.

Un gouvernail incertain : la répartition des moyens et ressources humaines

L'Inserm est donc confronté aux contradictions inhérentes à tout dispositif de financement de la recherche. Elles sont clairement identifiées : comment assurer le renouvellement des approches tout en donnant aux équipes une indispensable stabilité, comment donner une flexibilité aux équipes tout en garantissant un statut aux chercheurs, comment définir des priorités scientifiquement validées tout en restant ouvert aux sollicitations d'une demande socio-économique souvent fluctuante. Ces tensions sont de surcroît souvent exacerbées par une réalité socio-professionnelle spécifique et quelque peu tendue entre hôpital et laboratoire.

Répartir de manière volontaire les ressources financières

L'attribution des moyens pour favoriser l'équilibre de l'ensemble apparaît comme le levier le plus logique pour ceux qui ont en charge la gouvernance. C'est d'autant plus envisageable que l'époque est favorable. Le VIe plan prévoit en effet un effort encore plus considérable pour les sciences du vivant qui verraient les moyens accordés plus que doubler entre 1971 et 1975. En francs constants 1970 le budget passe ainsi de 110 à 170 millions de francs. Ce fait est souligné par Constant Burg :

> « En 1970, le budget de l'Inserm était de l'ordre de 11 milliards d'anciens francs et il sera, pour 1975, au voisinage de 27 milliards ; quelle que soit l'érosion monétaire[18], ces deux chiffres traduisent l'ampleur de l'effort du gouvernement en faveur de la recherche biomédicale. Dans le cadre des mesures nouvelles prévues au budget de 1975 qui est un budget d'austérité, il faut relever la création de 100 postes de chercheurs et techniciens pour l'Inserm, alors que pour l'ensemble de l'enveloppe recherche, il n'a été créé que 300 postes. On dit généralement qu'il existe deux manières de couler une entreprise publique ou privée, en lui accordant un taux annuel de

---

[18] Compte tenu de l'érosion monétaire due à l'inflation, le pouvoir d'achat de 27 milliards d'anciens francs en 1975 était équivalant à 17 milliards de 1970 soit 170 millions de francs.

croissance nul ou supérieur à 12 %. Or, nous obtenons régulièrement entre 15 et 20 %, et nous nous portons bien.[19] »

Le tournant des années 1960–1970 est ainsi marqué par la mise en place de procédures destinées à stabiliser une institution dont la taille a sensiblement augmenté. De janvier 1968 à décembre 1970, 35 unités de recherche avaient été ouvertes mais ces nouvelles unités ne pouvaient intégrer des chercheurs faute d'un budget de fonctionnement suffisant. Il s'agit de rééquilibrer les attributions budgétaires entre crédits de fonctionnement et d'équipement. Pour cela, un ensemble de procédures est mis en place pour tenter d'évaluer les besoins réels en financements de base des laboratoires. Le nombre de chercheurs est la donnée de référence. Il est ajusté en fonction du statut et de l'activité. Pour être comptabilisés à « mi-temps », les hospitalo-universitaires et les universitaires doivent ainsi faire valoir une publication de bonne qualité à leur nom, parue au cours des deux années précédentes. Le périmètre d'action de l'Inserm implique également des choix. Faute de moyens et parce qu'ils semblent trop difficiles à contrôler, les laboratoires extérieurs (hospitaliers et universitaires) ne seront pas concernés par les crédits d'équipement. Des décisions sont cependant prises pour tenter d'assouplir les procédures afin de donner aux laboratoires une certaine capacité d'ajustement de leurs dépenses. Ainsi, les crédits d'équipement sont divisés en attributions normales pour 40 % et « exceptionnelles » pour 60 %, les reports et les avances d'une année sur l'autre étant possibles pour utiliser au mieux ces moyens.

L'équilibre entre financements récurrents pour les équipes et financement alloués sur objectif est un autre point sensible, très discuté, puisqu'il touche directement à la philosophie de la recherche que l'institut entend mettre en place. La nécessité d'établir un véritable dialogue avec les équipes apparaît donc primordiale. Les efforts portent sur la mise en place de procédures permettant « d'ajuster le plus exactement possible le financement aux besoins réels des laboratoires propres [...] et éviter par là toute attribution excessive ou insuffisante des crédits.[20] » Pour atteindre cet objectif, la direction identifie deux méthodes considérées comme « classiques ». L'une consisterait à « se fier aux demandes

---

[19]   Témoignage de Constant Burg, https://www.histrecmed.fr/temoignages-et-biographies/temoignages?view=article &id=15:burg-constant&catid=8:entretiens

[20]   Rapport annuel au Parlement, l'Inserm 1970–1974, Bilan et perspectives, juin 1975, page 14.

émanant des directeurs des laboratoires et procéder à un abattement systématique », l'autre verrait « la décision reposer sur l'opinion d'une commission d'experts chargée de répartir les crédits disponibles.[21] » Ces deux méthodes sont écartées en attribuant dans un premier temps un crédit de fonctionnement en tout état de cause, inférieur aux besoins réels du laboratoire. Dans un second temps, le complément de ressources nécessaires est attribué « par un canal suffisamment astreignant pour qu'il ne soit utilisé que dans la limite où des compléments de financement sont réellement indispensables. Dans cet esprit a été créée une procédure de contrats signés directement entre la Direction de l'Inserm et les chercheurs travaillant dans les laboratoires, et ceci en instaurant un contrôle scientifique très rigoureux sur l'exécution de ces contrats.[22] »

Pour apporter plus de souplesse et équilibrer la logique des équipes à des priorités plus globales, l'Inserm s'engage en effet à partir de 1970 dans une politique de contrats. Celle-ci doit favoriser l'autonomie des chercheurs vis-à-vis de leur hiérarchie. Elle sera un point fort de la vision de Constant Burg fermement soutenu sur ce point par Jean Bernard et Georges Mathé. Celui-ci fait ainsi observer que la politique contractuelle préconisée augmente certes « l'intoxication par le papier » mais qu'elle n'en est pas moins la seule efficace car elle permet d'abandonner les recherches sans intérêt tout en assurant le développement des meilleurs laboratoires. D'une durée pouvant aller de 1 à 3 ans ces contrats ont un plafond légèrement supérieur à 100 000 francs. Tout chercheur, « à partir d'un certain niveau scientifique », quelle que soit son appartenance administrative, peut demander des contrats de recherche. Il est personnellement responsable de leur exécution, et non pas le directeur de laboratoire, comme il était de tradition. En cas de changement de laboratoire le chercheur reste « propriétaire » de son contrat. Les contrats libres (thème défini par le demandeur) complètent les axes forts de cette politique structurés autour des Actions thématiques programmées (ATP). On comprend que ces dispositions répondent au désir de voir les chercheurs s'émanciper de la trop forte tutelle de leurs directeurs d'équipe. Elles n'en sont pas moins contestées, ici ou là, car la souplesse du dispositif entraîne mécaniquement des résultats très inégaux. Les engagements n'étaient pas toujours tenus, et l'utilisation effective des crédits alloués pouvait quelque peu s'éloigner en certaines occasion des projets présentés. Le regard porté

---

[21] *Ibid*, p. 15.
[22] *Ibid*.

sur les ATP révèle cependant quelques contradictions. Tout en les soute-
nant, Constant Burg reconnait qu'elles ne sont pas la panacée. Il regrette
leur trop grande spécialisation. Les ATP ont cependant permis d'orienter
les recherches dans des domaines délaissés ou considérés comme straté-
giques. Un tel dispositif qui peut, il est vrai, orienter des financements
vers des sujets sans s'être suffisamment assuré que le milieu capable de
les utiliser est disposé à les porter ou tout simplement existe, donne un
moyen d'orientation à la direction de l'institut.

Les ressources humaines

Au pessimisme lié par le passé au manque de moyens s'était substi-
tué la perspective inquiétante d'une croissance trop rapide et donc dan-
gereuse pour l'organisme. Comment former ? Comment recruter ? 800
chercheurs Inserm, 300 pour le CNRS, la formation d'une masse de
1000 chercheurs est-elle possible ? Ne risque-t-on pas de saturer un organisme sur une période aussi courte et de bloquer sa croissance pour les
dix années ultérieures ? Alors que l'angoisse de l'abondance fut surmon-
tée sans difficultés, la question de la « démédicalisation » des équipes la
remplaça. Alors que la part des chercheurs sans formation de médecin
s'accroissait régulièrement au sein des équipes de l'Inserm, cette question, déjà présente dès les premières années d'existence de l'Institut,
apparut de manière plus forte et sans doute moins strictement tactique.
En 1969, le rapport Mathé souhaite ainsi alerter sur les faiblesses de la
recherche clinique. La recherche fondamentale par son attractivité en
détournerait les énergies. Le professeur recommande à l'Inserm de multiplier les centres de recherche clinique disposant d'un petit nombre de lits
et de personnel technique. Fondant ses analyses sur des exemples puisés
aux États-Unis, il estime que la recherche clinique est trop isolée et que
l'interdisciplinarité devrait être beaucoup plus favorisée. Ces questions
croisent les problèmes de financement mais soulignent également les
difficultés résultant des statuts différents au sein d'ensembles construits
au fil des initiatives. Comment permettre à chacun de contribuer sans
arrière-pensées alors que, par exemple, la reconnaissance des fonctions
hospitalières assurées par les chercheurs Inserm reste très insuffisante et
que rien n'est vraiment fait pour que l'emploi du temps des médecins
puisse libérer la disponibilité nécessaire pour la recherche. Symétriquement la rémunération globalement inférieure des médecins choisissant
l'investissement dans la recherche est un élément dissuasif pour le développement de tels parcours.

La « professionnalisation » de la recherche, si elle ouvre de larges perspectives et permet de mobiliser d'importants moyens, met donc en porte-à-faux les différents statuts. Le risque de voir apparaître un véritable clivage est bien perceptible dans la pyramide des âges. En 1975 48 % de l'ensemble des chercheurs de l'Inserm n'ont plus de formation médicale. Ce taux moyen cache la réalité de ruptures générationnelles puisque ce taux est de seulement 11 % pour les directeurs de recherche, mais de 74 % pour les nouveaux recrutés. En mars 1975, un rapport souligne le risque de voir apparaître un « fossé » entre l'Inserm d'une part et les facultés de médecine et les centres de soins d'autre part. « L'Inserm risque de perdre sa spécificité, de devenir un institut très comparable au CNRS et de faire double emploi avec lui, malgré l'implantation hospitalière de ses UR. Les unités d'enseignement et de soins risquent de perdre leur vocation à la recherche et, à terme, ce phénomène aboutirait à la disparition de l'investigation clinique, au retour à la situation qu'avait voulu changer la réforme Debré, à une diminution de qualité de l'enseignement et des soins.[23] » Les causes restent celles identifiées par le passé. Une formation scientifique insuffisante pour les étudiants en médecine, des conditions matérielles, « et peut-être morales » avance le rapport, moins favorables pour la carrière recherche, mais symétriquement des charges de travail pour les hospitalo-universitaires qui ne leur permettent pas de disposer du temps nécessaire pour faire de la recherche. « Les autorités de tutelle ne semblent pas trouver concevable de décharger un universitaire de ses cours, un hospitalier de ses soins. » Dans un tel contexte il est presque superflu de constater que la politique de recrutement de l'Inserm « qui s'efforce d'être de qualité privilégie des critères de sélection qui défavorisent les médecins. » Les suggestions formulées pour remédier à cette situation ne sont pas à la hauteur des problèmes et ne peuvent l'être puisque les décisions susceptibles de modifier les logiques structurelles qui tendent à éloigner les médecins de la recherche ne dépendent pas de l'Inserm et concernent l'ensemble du système français d'enseignement supérieur et de recherche. Ces incertitudes s'articulent en effet bien plus largement à la question des statuts qui revient sans cesse dans la manière dont l'Inserm tente de trouver un difficile équilibre. Elle est particulièrement sensible lorsque la composition des instances est en cause et que les périmètres des corps représentés doivent être décidés. Un « référendum »

---

[23] Projet de rapport sur la démédicalisation de l'Inserm, Conseil Scientifique, 1–2 mars 1976, archives Inserm.

organisé au sein du personnel refléterait la volonté d'organiser ce processus à partir d'un « collège unique » tandis que le conseil scientifique
s'oppose à cette perspective. Des points sensibles comme la définition du
collège universitaire des hospitalo-universitaires met en lumière l'hété-
rogénéité des situations et la difficulté de tenir compte de cette diversité
de manière équitable pour les individus et compatible avec les intérêts de
l'institut. L'accès aux fonctions de direction d'équipe est également lié à
ces questions. Certains estiment qu'il ne faut pas confier la responsabilité
d'une direction de recherche à quelqu'un qui ne se consacre pas exclusivement à cette fonction.

Conclusion

Constant Burg a défini un esprit, un cap qui permet à l'Inserm de
se structurer sans que pour autant l'ensemble des problèmes soulevés au
début de son mandat ne soient bien évidemment résolus. Pourrait-on
dire que le plus important fut qu'ils aient été identifiés, abordés, confrontés au réel et à des tentatives d'organisation ? La recherche à l'Inserm
attire des vocations diverses et ceux qui formeront ses cadres, qui en
seront les leaders, y viennent par des pistes diversifiées. Si de multiples
polarités pourraient mettre en avant des clivages – différence de génération, opposition droite/gauche, tensions entre recherche et PH-PU, rivalités syndicales, affrontements idéologiques entre gauches et extrêmes
gauches etc. – il serait particulièrement mal adapté de prendre au pied de
la lettre les joutes rhétoriques et les postures tactiques. Il se dégage ainsi
au fil des années une communauté d'hommes qui permet au concept
de recherche biomédicale de s'inscrire dans des structures pérennes de
plus en plus puissantes et de construire celles-ci sur la base de projets
nouveaux, portés par une génération active et ambitieuse. Georges Pompidou Premier ministre et Président joua un rôle important dans cette
« montée » en puissance de la recherche biomédicale. Il connaissait mal
le détail des enjeux mais s'appuyait sur les spécialistes qui avaient obtenu
sa confiance. La période 1958–1974 marque concrètement un accroissement considérable des efforts consentis. Plus fondamentalement encore,
elle voit les principes d'organisation d'une recherche financée et évaluée
s'inscrire dans des organisations pérennes capables de mobiliser talents
et énergies. Se concrétisent alors également les premiers résultats d'une
recherche qui intéresse par ailleurs de plus en plus le grand public. Les
travaux de Jean Dausset en immunologie (Prix Nobel 1980), le « rein

artificiel » et la greffe du rein de Jean Hamburger au sein de l'Unité Inserm 25, les greffes de moelle osseuse de Georges Mathé, sont les points les plus médiatisés d'une recherche qui se développe de manière inédite entre laboratoire et clinique. « Le monde moderne est dominé par le progrès scientifique et technique et [...] un pays qui ne consent pas l'effort intellectuel et financier nécessaire pour être dans le train est condamné irrémédiablement à la médiocrité et à la dépendance », déclara Georges Pompidou dans son discours de Toulouse en 1971[24]. Cette forte conscience de l'importance de la recherche du Premier ministre puis du Président[25] permit à la recherche de se développer dans des proportions jusqu'alors inconnues. La recherche biomédicale, jusqu'alors relativement négligée, put y construire les bases qui sont encore aujourd'hui des rouages essentiels de ce domaine. Alors que les premières grandes réussites de la période reposent dans une large mesure sur l'élan d'équipe déjà actives avant la création de l'Institut, les dix premières années d'activité de l'Inserm apparaissent néanmoins cruciales car elles construisent les bases d'un développement solide et structuré. Évaluation, structuration des champs de recherche, articulation recherche fondamentale et appliquée, modalités les plus opérationnelles de financement, relation entre la paillasse et la clinique, recrutement... Constant Burg aborda pour la première fois, de manière organisée, l'ensemble des questions soulevées par la mise en place d'un dispositif de recherche biomédicale moderne. Elles restent bien présentes aujourd'hui, tant il semble que toute réponse ne peut être, et ne pourra être, qu'imparfaite et provisoire[26].

---

[24] https://www.georges-pompidou.org/publications/discours-de-toulouse

[25] Pascal Griset (dir), *Georges Pompidou et la modernité. Les tensions de l'innovation (1962– 1974)*, Bruxelles, Peter Lang, 2006.

[26] Pascal Griset, « Recherche biomédicale et expertise, les tensions d'une relation complexe », *Revue politique et parlementaire*, n° 1103, 2022, p. 105–111.

Comment concilier recherche et expertise ? La santé publique en France des années 1950 au milieu des années 1970

Luc BERLIVET

La période couverte par le mandat présidentiel écourté de Georges Pompidou correspond à une période charnière de l'histoire de la santé publique en France, caractérisée par un important essor des recherches sur la santé des populations humaines[1]. Car si l'Institut national de la santé et de la recherche médicale (Inserm) est aujourd'hui connu principalement pour son investissement dans le domaine de la biomédecine[2], l'institution (créée en 1964) n'en avait pas moins hérité de l'Institut national d'hygiène (INH), fondé par le Régime de Vichy[3], une compétence en matière « d'hygiène publique », bientôt rebaptisée santé publique. Deux grands types de travaux rattachés à ce domaine de recherche étaient alors

---

[1] Cet article rend compte, de manière synthétique, d'une série de recherches précédemment publiées en langue anglaise : Luc Berlivet, « Between Expertise and Biomedicine: Public Health Research in France after the Second World War », *Medical History*, vol. 52, n°4, 2008, p. 471–492.

[2] Voir, notamment, Jean-Paul Gaudillière, *Inventer la biomédecine : la France, l'Amérique et la production des savoirs du vivant (1945–1965)*, Paris, La Découverte, 2002.

[3] La création de l'INH, en septembre 1941, par le gouvernement du Maréchal Pétain a ceci de singulier qu'elle repose sur la mobilisation d'équipes de chercheurs financées depuis plusieurs années par la Fondation Rockefeller : cf. Jean-François Picard, « Aux origines de l'Inserm: André Chevallier et l'Institut national d'hygiène », *Sciences Sociales et Santé*, n° 21, 2003, p. 5–26 ; Jean-François Picard, William H. Schneider, « From the art of medicine to biomedical science in France: modernization or Americanization? », dans William H. Schneider (dir.), *Rockefeller philanthropy and modern biomedicine: international initiatives from World War I to the Cold War*, Bloomington, Indiana University Press, 2002, p. 106–124 ; William H. Schneider, « War, philanthropy, and the National Institute of Hygiene in France », *Minerva*, n° 41, 2003, p. 1–23.

menés au sein de l'Inserm. En premier lieu, une série d'investigations initiées sous Vichy visait à objectiver un ensemble de problèmes sanitaires, telle que la prévalence de maladies dites « sociales » (tuberculose, alcoolisme, syphilis, etc.). Ces études relevaient dans une large mesure de la statistique descriptive, même si, au fil du temps, des innovations méthodologiques furent introduites, comme en témoigne, par exemple, les recherches menées dans une ville de la banlieue parisienne, à partir de 1969, pour évaluer les besoins de santé des Français, sur la base d'une enquête pluriannuelle incluant un volet économique et sociologique[4]. Parallèlement, un second type d'investigation, plus détaché des préoccupations liées à la production d'une expertise en santé publique et donc mieux adapté (du fait de cette distance même) aux exigences de la recherche biomédicale, prit son essor vers le milieu des années 1950. Souvent qualifiée de « statistique médicale », cette recherche épidémiologique délaissait pour sa part les maladies infectieuses transmissibles et focalisait entièrement son attention sur l'étiologie des maladies dites « chroniques dégénératives », telles que les cancers et les maladies cardio-vasculaires, analysée grâce aux techniques de la statistique inférentielle, bien plus que de la statistique descriptive[5]. Ce à quoi l'on assiste, à partir du milieu des années 1970, dans la période qui suit le décès prématuré de Georges Pompidou, c'est à la disparition programmée du premier type d'investigation au profit du second. « Profit » tout relatif, dans la mesure où l'objectif des épidémiologistes français travaillant sur les maladies non-transmissibles n'était pas nécessairement de supplanter leurs collègues spécialisés dans l'étude statistique des maladies infectieuses et certainement pas de les

---

[4]   Denise Minvielle, Pierre Aïach, Dominique Cebe et al., *Problèmes de santé dans une agglomération urbaine en mutation : Boulogne-Billancourt*, Paris, Inserm, 1975. Sur cette enquête de longue durée, voir le témoignage de Pierre Aïach, « Une confrontation initiatique. Un exemple de recherche en santé publique : la DRMS », *Cahier du Centre de Recherches Sociologiques*, n° 9, 1988, p. 243–256 et *idem*, « Limites et ambiguïtés de la recherche en santé publique : L'exemple de l'enquête de Boulogne-Billancourt », *Cahiers de Sciences Humaines*, n° 28, 1992, p. 12–21.

[5]   Sur cette distinction, cf. Luc Berlivet, « Exigence scientifique et isolement institutionnel : l'essor contrarié de l'épidémiologie française dans la seconde moitié du XXe siècle », dans Gérald Jorland, Annick Opinel, George Weisz (dir.), *Body counts: medical quantification in historical and sociological perspective*, Montreal, McGill-Queen's University Press, 2005, p. 335–58 ; *idem*, « Déchiffrer la maladie », dans Jean-Pierre Dozon, Didier Fassin (dir.), *Critique de la santé publique : Une approche anthropologique*, Paris, Balland, p. 75–102.

faire disparaître purement et simplement du champ de la recherche française en santé publique.

L'objet de cet article est d'analyser les circonstances ayant conduit à cette inflexion majeure dans la trajectoire de la santé publique en France ; ce qui implique de s'interroger sur les transformations des rapports entre la recherche biomédicale, d'une part, et l'étude de la santé des populations, de l'autre, de la fin des années 1940 au milieu des années 1970 et d'affronter, ce faisant, la question de l'évolution du rapport entre investigation scientifique et expertise sanitaire au cours de cette période.

Documenter la santé des populations humaines : l'hygiène publique comme expertise

Aussi étonnant que cela puisse sembler à des lecteurs contemporains, il convient avant tout de souligner le caractère central des enjeux de santé publique au sein de l'INH, puis de l'Inserm, jusqu'au décès de Georges Pompidou à tout le moins. Et pour saisir les raisons de cette importance, il est nécessaire de revenir sur le type d'activité mené au sein de l'institution dès les années 1940 et poursuivies au cours des deux décennies suivantes.

À la Libération, au moment où les nouveaux responsables politiques et administratifs issus de la Résistance décident de pérenniser l'INH, la vie de l'Institut s'organise autour de deux types de travaux. Les premiers prennent la forme d'études de laboratoire portant sur des questions relevant notamment de la radiobiologie et de la physiobiologie. Le premier directeur de l'Institut, André Chevallier (nommé par Vichy tout en étant très bien introduit au sein de la Fondation Rockefeller) est ainsi professeur de physique biologique, auteur de recherches pionnières sur le rôle des vitamines dans l'alimentation[6]. Les seconds consistent en une série d'enquêtes, essentiellement de type statistique, concernant diverses « maladies sociales » (j'ai déjà mentionné la syphilis, l'alcoolisme et la tuberculose) accusées par le régime de Vichy d'avoir joué un rôle essentiel dans la décadence de la France et source de préoccupation, également, pour les élites politico-administratives de la IVᵉ République[7]. Loin d'être

---

[6]   Jean-François Picard, « Aux origines de l'Inserm : André Chevallier et l'Institut national d'hygiène », *Sciences Sociales et Santé*, vol. 21, n° 1, 2003, p. 5–26

[7]   Voir notamment Luc Berlivet, « Les démographes et l'alcoolisme. Du "fléau social" au "risque de santé" », *Vingtième Siècle. Revue d'histoire*, vol. 95, no. 3, 2007,

figée, la nomenclature des maladies sociales (le terme remonte au XIXe siècle) ne cessera au contraire de s'élargir au cours des années 1940–1950, en intégrant certaines pathologies émergentes, tels les cancers ou même les maladies cardio-vasculaires. À l'appui de ces enquêtes, l'INH dispose, depuis sa création, d'une « section » (structure en réalité assez minuscule, où travaille une poignée de personnes) spécifiquement dédiée aux statistiques sanitaires, qui est notamment chargée d'étudier la répartition et les variations dans le temps des causes de décès[8].

Cette situation va commencer à évoluer, quoique très lentement et de manière initialement limitée, dans les années qui suivent la Libération, sous l'impulsion du successeur d'André Chevallier, Louis Bugnard, nommé dès 1946. Doté d'une double formation en sciences (il est sorti diplômé de l'École polytechnique en 1922, tout en étant titulaire d'une licence) et en médecine (qu'il a étudiée à la faculté de Toulouse)[9], Bugnard s'est rapidement tourné vers la biophysique naissante, qu'il a découverte au cours d'un séjour de recherche à Londres, dans les années 1930, auprès d'Archibald V. Hill (prix Nobel 1922). Désireux de voir se développer en France une recherche biomédicale du type de celle qui a vu le jour aux États-Unis, grâce notamment au soutien financier de la fondation Rockefeller, avant de prendre pied en Grande-Bretagne, le second directeur de l'INH va encourager la création d'unités de recherche localisées dans les principaux pôles hospitalo-universitaires. Pour autant, l'Institut ne peut certes pas se permettre de délaisser l'hygiène publique qui constitue une de ses missions essentielles et revêt une activité importante aux yeux du ministère de la Santé publique et de la Population. De fait, les fonctionnaires du ministère et les conseillers ministériels dépendent très étroitement des connaissances, statistiques en particulier, produites au sein de ses différentes sections. Ainsi, même si les promoteurs français de la biomédecine auraient probablement préféré, dès la fin des années 1940, consacrer la quasi-totalité des ressources financières et humaines mises à la disposition de l'INH à la création et au développement de leurs chères unités de recherche, ils n'en sont pas moins contraints par les spécificités de cette institution singulière. Le nombre des sections de santé publique

---

p. 93–113 et Lion Murard, « Les médecins de la santé publique en France (1866–1945) », dans Pierre-Henri Bréchat, Emmanuelle Salines, Christophe Segouin (dir.), *Médecins de santé publique*, Rennes, Éditions de l'ENSP, 2006, p. 25–139

8 Cf. Jean-François Picard, « Aux origines de l'Inserm… », art. cit.

9 *Ibid.*, p. 22.

ne cessera d'ailleurs de croître entre la fin des années 1940 et le milieu des années 1970, y compris, donc, après la transformation de l'INH en Inserm (survenue en 1964). En effet, si les sections créées à l'origine sous Vichy étaient au nombre de quatre (sous le nom de Section de Nutrition, d'Hygiène, des Maladies Sociales, et d'Épidémiologie, à quoi s'ajoute le centre de statistique médicale déjà cité, partiellement indépendant de l'épidémiologie), on en compte onze en 1974 !

Cette multiplication résulte pour une part d'un phénomène de scissi-parité : la section des maladies sociales va se démembrer en une série de sections spécifiquement dédiées à l'alcoolisme, à la tuberculose, au cancer, puis aux maladies cardiovasculaires, etc. Cependant, elle traduit également l'importance que prennent des problématiques nouvelles comme la santé mentale, ou la question déjà évoquée de l'évaluation des besoins de santé.

Tableau n°1 : liste des onze sections existantes au sein de Inserm en 1974 et de leur responsable

Nom de la section	Responsable:
Information en Santé Publique (intègre un centre collaborateur de l'OMS sur la classification des maladies)	Dr Madeleine GUIDEVAUX
Recherche en actions de Santé Publique 1. Problèmes de Santé liés à l'Environnement social	Dr Françoise DAVIDSON
Recherche en actions de Santé Publique 2. Prévention	Dr François CHICOU
Recherche en actions de Santé Publique 3. Problèmes de santé en lien avec le système de soins	Denise MINVIELLE
Tuberculose et Affections Respiratoires	Dr Alice LOTTE
Maladies Transmissibles (autres que respiratoires)	Dr Gilbert MARTIN-BOUYER
Cancer	Dr Maurice BRUNET
Cardiologie	Dr Jacques-Lucien RICHARD
Mère et Enfant	Dr Claude RUMEAU-ROUQUETTE
Méthodes statistiques, épidémiologiques et informatiques appliquées aux problèmes de Santé Publique	Dr Françoise HATTON
Nutrition	Dr Georges PEQUIGNOT

L'ensemble de ces sections, qui emploient un nombre limité de chercheurs épaulés par une grande diversité de techniciens spécialisés dans la mécanographie (les ordinateurs de l'époque utilisent des cartes perforées), les calculs statistiques, etc., sont regroupées, depuis la fin des années 1950, au sein d'une Direction de la recherche médico-sociale. Cette DRMS est hébergée depuis 1961 au Vésinet, sur le site de l'Établissement National des Convalescentes, soit l'ancien Asile Impérial.

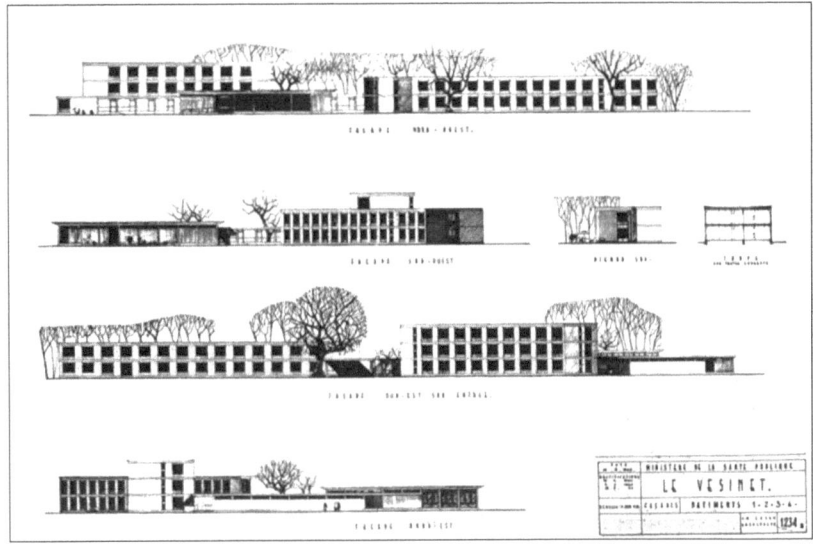

Elle vit donc à l'écart, fort loin des grands pôles hospitalo-universitaires parisiens (d'un point de vue géographique, mais également social), que les directeurs généraux successifs de l'INH puis de l'Inserm n'auront de cesse d'investir : Saint-Louis, Cochin, La Pitié, Port-Royal, etc. La polarisation institutionnelle entre biomédecine et santé publique recouvre ainsi une polarisation spatiale. Elle prend également une dimension genrée, puisque sept des onze directeurs de section dont le nom apparaît sur le tableau n°1 sont en réalité des directrices, ce qui constitue une singularité notable dans le milieu de la recherche française, *a fortiori* à cette époque. « Les dames du Vésinet » constituent un syntagme que plusieurs anciens chercheurs et chercheuses rattachés à la DRMS m'ont dit avoir entendu prononcer, de manière récurrente, par des dirigeants de l'Inserm[10]. Cette formule, associant une caractéristique de genre à une localisation désignant, par synecdoque, les sections de santé publique, semble avoir été utilisée de manière dépréciative pour souligner l'association entre le « sexe faible » et une série de thématiques, d'approches et de pratiques de recherche très différentes de celles qui avaient alors cours au sein des unités de recherches biomédicales. Le directeur général de l'Inserm en ce milieu des années 1970, Constant Burg (biophysicien, lui aussi) décrivait souvent le travail effectué au sein de la DRMS comme relevant de la « routine » et du « contrôle »[11]. Les opérations statistiques menées à intervalles réguliers par les sections du cancer et de la tuberculose, aussi bien que l'analyse secondaire des causes de décès et même certaines études menées en population générale, sont ainsi régulièrement qualifiées « d'enquêtes de routine », ce qui traduit bien le jugement dépréciatif porté sur ces activités, par Burg et la quasi-totalité de l'élite hospitalo-universitaire de l'époque.

Le hiatus entre « le monde de la DRMS » et celui des « unités de recherches » (enquêtes statistiques *versus* études de laboratoire et recherche clinique) est d'ailleurs renforcé par une forte disparité en ce qui concerne les stratégies de publication : tandis que les chercheurs des unités bio-médicales sont déjà incités à publier des articles – de plus en plus brefs – dans des revues médicales et scientifiques anglophones, les membres des sections continuent à écrire principalement des rapports et des articles en français, qu'ils publient ensuite sous forme de monographie ou dans les recueils de travaux de l'INH, puis de l'Inserm[12]. Le recours à ces modes

---

[10]   Cet usage, dont il m'est impossible de dire dans quelle mesure il était diffusé, m'a été rapporté au cours d'une série d'entretiens que j'ai réalisés à partir de la fin des années 1990 avec des chercheurs et chercheuses de l'INH/Inserm dont Pierre Aïach et Françoise Hatton.

[11]   Par exemple : Constant Burg, « Confidentiel — Notes à l'attention de Madame Veil, Ministre de la santé », 22 avril 1976 ; « Note 1: Réorganisation de la Division de la Recherche Médico-Sociale — Situation actuelle de la recherche en santé publique et en épidémiologie à l'Inserm —Place des Sections Spécialisées de la Division de la Recherche Médico-Sociale », p. 2 ; ainsi que « Note 2: Réorganisation de la Division de la Recherche Médico-Sociale — Division de la Recherche Médico-Sociale: Historique » p. 2. CAC 2001165, boite n° 23, *Archives. Direction Générale Inserm, 1969–1989.*

[12]   Dès 1952, l'INH s'était doté d'une collection de monographies ; l'introduction au premier volume, rédigée par Louis Bugnard, vantait d'ailleurs les mérites des enquêtes statistiques menées dans les sections : « Seuls les progrès de la statistique, très accentués au cours de ces dernières années, pouvaient apporter au médecin,

de publicisation des résultats de la recherche, que les directions générales successives de l'Institut vont peu à peu stigmatiser comme rétrogrades, s'explique en réalité assez aisément si l'on prend en considération la tâche impartie par le ministère de la Santé aux personnels scientifiques de la DRMS : éclairer le débat public sur les problèmes de santé et l'action gouvernementale. Dans la mesure où l'École nationale de santé publique, fondée en 1945, demeurait incapable d'émuler les écoles de santé publique apparues dès les années 1920, aux États-Unis d'abord (au sein de la Johns Hopkins University, de Harvard, etc.) puis à travers le monde (London School of Hygiene and Tropical Medicine, école de Zagreb, etc.) la connaissance de l'état de santé des populations reposait dans une très large mesure sur les sections. Pour les chercheurs travaillant au sein des unités hébergées dans les pôles hospitalo-universitaires, l'enjeu consistait, au contraire, à se distancier des aspects administratifs et politiques de leurs thèmes de recherche, en adoptant une approche scientifique de type biomédicale, qu'il convenait ensuite de légitimer en obtenant d'être publiés par une ou plusieurs revues anglophones. Une évolution est cependant en cours au moment de l'élection de Georges Pompidou, marquée par la tentative de quelques scientifiques visant à concilier, en quelque sorte, la recherche sur des questions intéressant la santé publique et les contraintes du modèle biomédical.

La statistique médicale à Villejuif : savoir se montrer utile

Cette tentative, initialement très marginale, est le fait d'un petit groupe de statisticiens initialement étrangers au monde médical, mais qui va néanmoins parvenir à acclimater en France, entre la fin des années 1950 et le milieu des années 1970, une approche « inférentielle » de la statistique, reposant sur des outils mathématiques plus sophistiqués que les méthodes mise en œuvre au cours de la même période dans les sections de santé publique[13]. C'est ainsi que va prendre pied en France

---

à l'hygiéniste, au chercheur, l'outil indispensable à l'accomplissement de leur tâche. » Ministère de la Santé publique, *Monographie de l'institut national d'hygiène n°1: Documents statistiques sur la morbidité par cancer dans le monde*, Paris, INH, 1952, p. 3–5; citation p. 3.

[13]   Sur l'essor de la statistique inférentielle, cf. Lorenz Kruger, Lorraine Daston, Michael Heidelberger (dir.), *The Probabilistic Revolution*, t. 1, Cambridge (Ma), MIT Press, 1987.

une épidémiologie qualifiée d'analytique, en ce sens qu'elle mobilise les ressources de l'analyse statistique pour éclairer l'étiologie de maladies non-infectieuses telles que les cancers et les maladies cardio-vasculaires, mieux adaptée aux exigences prévalant au sein de la recherche biomédicale que l'épidémiologie descriptive de la DRMS.

Ce groupe d'épidémiologistes est parfois désigné sous le nom « d'école de Villejuif » ou « d'école Schwartz », du fait de son inscription au sein de l'Institut Gustave Roussy, le principal pôle français de cancérologie (à bonne distance du Vésinet, domaine de la DRMS) et du rôle central joué par son fondateur, Daniel Schwartz[14]. Cette véritable figure tutélaire de la statistique médicale française est polytechnicien de formation, membre du corps des ingénieurs des tabacs. Ayant rejoint le SEITA à sa sortie de l'X, en 1939, il passera les premières années de sa vie professionnelle au sein du service des études à étudier la résistance génétique des différentes variétés de cette plante aux parasites et virus. Au tournant des années 1950, désireux d'élargir ses horizons, il cherche à se reconvertir dans la recherche médicale avec le concours de son oncle, Robert Debré. Et si ses espoirs d'intégrer un groupe de généticiens médicaux dirigé par Robert Lamy (un élève de Debré) sont douloureusement déçus, en 1954 il est finalement recruté par Pierre Denoix, chirurgien et cancérologue éminent rattaché à l'Institut Gustave Roussy de Villejuif, pour mettre sur pied une enquête statistique sur l'origine du cancer du poumon. Il s'agit pour Denoix et la section du cancer de l'INH de réitérer sur une population française de malades suivis à l'IGR, l'étude britannique, de type statistique, publiée en 1950 par Austin Bradford Hill et Richard Doll, qui avait mis en évidence le lien entre tabagisme et cancer du poumon[15]. C'est ainsi qu'un ingénieur du SEITA, spécialiste des maladies affectant la plante de tabac, se fit connaître du milieu médical français, puis au plan international, par une série de travaux mettant en évidence le rôle du tabac dans un nombre croissant de maladies affectant l'être humain…

---

[14] Luc Berlivet, « Exigence scientifique et isolement institutionnel… », *art. cit.*

[15] Richard Doll, Austin Bradford Hill, « Smoking and carcinoma of the lung; preliminary report », *British medical journal*, t. 2, n° 4682, p. 739–748; pour une analyse des conditions de production et de la réception de cet article, cf. Luc Berlivet, « Les médecins, le tabagisme et le Welfare State. Le gouvernement britannique face au cancer (1947–1957) », *Annales. Histoire, Sciences Sociales*, vol. 65, n° 1, 2010, p. 157–190.

Totalement étranger au monde de la santé publique, Schwartz s'intégra de fait fort bien à l'IGR où il fut nommé, en 1956, directeur d'un service de statistique médicale créé spécialement pour lui. Grâce à ses soutiens professionnels et familiaux, son service devint en 1959 l'Unité de statistiques médicales de l'INH. Les premiers chercheurs recrutés au sein de la nouvelle unité de recherche, qui porte le numéro 21, sont presque tous polytechniciens : au cours de ses dix premières années d'existence, elle ne comptera que deux médecins à son effectif. Habilement, Schwartz acclimate aux spécificités de la recherche biomédicale française un type de recherche élaboré au sein de la Statistical Research Unit (SRU) du Medical Research Council (MRC) britannique dès la fin des années 1920, à l'instigation de Major Greenwood, et perfectionné aux lendemains de la Deuxième Guerre mondiale par Austin Bradford Hill[16]. L'Unité 21 reproduit ainsi l'organisation caractéristique de la SRU en trois axes complémentaires : une équipe se charge des enquêtes épidémiologiques ; une autre s'efforce, en lien avec une poignée de cliniciens désireux de moderniser leurs pratiques, d'importer en France la méthodologie des essais cliniques dits « randomisés » (car structurés autour de procédures de tirage au sort) ; enfin, une troisième se spécialise dans l'élaboration d'outils statistiques applicables aux travaux de laboratoire, afin d'aider les biochimistes et certains biophysiciens, notamment, à analyser de manière rigoureuse leurs données expérimentales ou observationnelles. Lorsque l'on analyse dans le détail la contribution de l'Unité 21 aux études épidémiologiques, qui nous intéressent plus particulièrement ici, l'on remarque qu'elles se déploient selon un double processus de diversification thématique et de spécialisation méthodologique. Le « groupe de Villejuif » va subséquemment étendre graduellement son périmètre d'activité à l'ensemble des cancers, aux maladies cardiovasculaires, puis à un nombre croissant de pathologies chroniques non-transmissibles, en privilégiant à chaque fois une méthode d'enquête déjà éprouvée par les épidémiologistes britanniques et états-uniens : l'étude dite « cas-témoins »[17]. Leurs travaux sont de type étiologique, puisqu'il s'agit d'identifier l'origine des

---

[16]   Edward Higgs, « Medical statistics, patronage and the state: the development of the MRC Statistical Unit, 1911–1948 », _Medical History_, vol. 44, n° 3, 2000 p. 323–40.

[17]   Pour une analyse de ces méthodes précisant ses avantages et ses limites, voir notamment Luc Berlivet, Mark Parascandola, « Skepticism, statistical methods, and the cigarette : A historical analysis of a methodological debate », _Perspectives in biology and medicine,_ vol. 47, n° 2, 2004, p. 244–261, et Luc Berlivet, « Les médecins, le tabagisme et le Welfare State… », art. cit.

maladies en évaluant le « risque relatif » associé à une série toujours plus longue de « comportements à risque » : fumer, boire, adopter une alimentation riche en graisse, etc., grâce à ce que les statisticiens appellent des *Odds Ratios*. Ces études donnent systématiquement lieu à publication d'articles, Schwartz y est d'emblée attentif, si possible dans des revues anglophones. De fait, le polytechnicien, qui a rejoint l'INH dans le but d'élargir ses horizons scientifiques, est beaucoup plus en phase avec la vision du monde des promoteurs de la biomédecine à la française que celle des personnels de la DRMS.

Du fait de son insertion dans un pôle hospitalier de recherche majeur, autant que du choix de ses thématiques de recherche, de ses approches méthodologiques et de ces pratiques de publication, l'Unité 21 est bien mieux adaptée aux exigences des dirigeants de l'INH puis de l'Inserm. L'école de Villejuif va ainsi se faire une place dans le monde de la recherche biomédicale française, en dépit des réticences de certains mandarins, qui considèrent qu'aussi utile puisse-t-elle être, la statistique médicale ne constitue jamais qu'une science « appliquée » et finalement subalterne, au contraire des disciplines « fondamentales » telles que la biophysique, la biochimie ou la biologie moléculaire. Pour autant, les chercheurs réunis autour de Schwartz (dont le nombre croît à partir du milieu des années 1960) n'aspirent nullement à voir disparaître la DRMS et n'entendent certainement pas la remplacer. D'ailleurs, même si les polytechniciens et les quelques médecins de l'unité peuvent se montrer critiques vis-à-vis de certaines au moins des enquêtes menées au sein des sections de santé publique, qu'ils jugent parfois bancales sur le plan méthodologique, et que des rivalités et tensions diverses se font parfois jours, des collaborations entre Villejuif et Le Vésinet n'en voient pas moins le jour. De jeunes chercheurs formés par Schwartz vont ainsi trouver un premier emploi scientifique au sein de différentes sections de santé publique : Pierre Ducimetière en cardiologie, Claude Rumeau-Rouquette en périnatalité, etc. Si bien que lorsque, au milieu des années 1970, Constant Burg entreprend de démanteler la DRMS, Schwartz et certains de ses proches comme Philippe Lazar, polytechnicien lui aussi, vont tenter de s'y opposer, en proposant, au contraire, de réorganiser en profondeur la recherche française en santé publique pour suivre l'exemple d'institutions états-uniennes et britanniques étant parvenues à concilier production de connaissances scientifiques et réalisation d'expertises sur des thèmes d'intérêt public majeurs.

Épilogue : un rendez-vous manqué de la santé publique française

Longtemps tenu secret, le projet du directeur général de l'Inserm (il a succédé à Eugène Aujaleu en 1969) traduit l'exaspération croissante des hiérarques de la biomédecine française vis-à-vis de la santé publique, qu'ils n'envisagent plus que comme un fardeau. Un handicap, au sens premier du terme, financier autant qu'organisationnel, qui gêne l'organisme dans ses efforts pour émuler ses homologues britanniques et états-uniens, en particulier. Déjà en 1963–1964, au moment de la transformation de l'INH en Inserm, des tentatives pour redimensionner à la baisse la part de la santé publique s'étaient faites jour ; elles avaient cependant achoppé sur la protection statutaire, juridique, dont bénéficiaient les sections de santé publique et sur la vigilance du ministère de la Santé, désireux de ne pas perdre sa principale source de connaissance sur l'état de santé de la population française[18]. Instruit de cet échec, Burg prit la peine de faire voter par le conseil scientifique de l'Inserm, en décembre 1976, une résolution rappelant la nécessité de maintenir une activité de recherche en santé publique au sein de l'institution, alors même qu'il avait déjà ourdi son plan[19]. Le directeur général négociait en effet déjà en secret avec le cabinet de la ministre, Simone Veil, en s'efforçant de convaincre ses conseillers de l'opportunité historique unique représentée par le départ en retraite, à brève échéance, de plusieurs responsables de la DRMS, dont sa directrice (très appréciée au ministère), pour amender discrètement le statut juridique des sections et les transformer en services techniques ou en unité de recherche, selon le cas. Ce que fit miroiter Burg à l'entourage de Simone Veil, au mitan des années 1970, dans une série de notes confidentielles, consistait en une modernisation de l'Inserm sans diminution des capacités de recherche française en santé publique. Après tout, faisait valoir le directeur général, les sections les plus dynamiques pouvaient fort bien être transformées en unité de recherche, tandis que

---

[18]   Voir le document de travail intitulé *Projet d'un INR*, 28 août 1963 : archives Inserm, Bugnard Papers (Centre des Archives Contemporaines, 20060293, boîte n° 1). Pour une perspective d'ensemble sur ce moment, cf. Jean-François Picard, « Poussée scientifique ou demande de médecins ? La recherche médicale en France de l'Institut National d'Hygiène à l'Inserm: contributions à l'histoire de la recherche médicale en France au XXe siècle », *Sciences Sociales et Santé*, vol. 10, n° 4, 1992, p. 47–106.

[19]   Voir les minutes du conseil scientifique des 13–16 décembre 1976, archives Inserm, 9440/02.

le groupe constitué autour de Schwartz, que le secrétaire général citait en exemple, serait renforcé dans ses missions. Afin de légitimer sa réforme, il prendra même la peine de commander à l'un de ses proches, membre du comité scientifique de l'Institut, un rapport d'évaluation dont il anticipe déjà les conclusions, présentées comme « accablantes », dans une note confidentielle à l'attention du cabinet, avant même que le rapport n'ait été officiellement commandité.

La stratégie de Burg va se révéler payante et le démantèlement de la DRMS sera dûment mis en œuvre, avec l'accord du ministère, entre 1976 et 1977. Cependant, en dépit des assurances fournies aux conseillers de Simone Veil, il en résulta rapidement un appauvrissement considérable de l'offre de recherche en santé publique, ce d'autant que la plupart des unités de recherche créées à partir des sections préexistantes virent leur existence remise en cause dès le début des années 1980. Comme j'ai déjà eu l'occasion de le détailler[20], les spécificités de la recherche en santé publique s'accordaient, en effet, fort mal aux modes d'évaluation de l'activité scientifique en vigueur à l'Inserm à cette époque. De sorte que, dix ans après la mise en œuvre de la « réforme Burg », des pans entiers de la recherche et de l'expertise en santé publique avaient disparu.

Une telle perte de compétences, aussi considérable qu'inédite, n'avait en réalité rien d'inattendu : elle avait été au contraire parfaitement anticipée par Daniel Schwartz et certains au moins de ses élèves, qui n'avaient pas manqué de manifester publiquement leur désaccord, à peine le projet de Burg connu, y compris parfois par des voies syndicales. L'un d'entre eux, Philippe Lazar, futur directeur général de l'Inserm (de 1982 à 1996), ira d'ailleurs jusqu'à proposer à Burg un projet alternatif destiné à revivifier la recherche française en matière de santé des populations. De retour d'une année sabbatique passée à l'École de santé publique de Harvard, il avait pu se familiariser avec une recherche scientifique originale et de haut niveau qui ne se détournait pas pour autant des préoccupations des professionnels de santé publique et des responsables politico-administratifs. Dans cet esprit, il soumit à la direction de l'Institut un plan d'action visant à transformer Le Vésinet en un grand campus alliant recherche et enseignement, où l'ensemble des thématiques de santé publique pourraient être prises en charges, des objets les plus canoniques jusqu'aux problèmes émergents, comme les effets sanitaires de la pollution atmosphérique. Constant Burg ne fit pas suite à cette proposition.

---

[20] Luc Berlivet, « Between expertise and Biomedicine », art. cit., p. 490–491.

La Françafrique du vaccin

Gaëtan THOMAS

En novembre 1970, Nicole Guérin et une infirmière atterrissaient au Cameroun afin d'y réaliser un essai vaccinal « en zone urbaine et en brousse », répondant à l'invitation d'un médecin militaire à la tête d'une institution phare de la région. C'était une première pour la directrice adjointe de la Station pilote. Comme le reste de son équipe, elle n'avait jamais travaillé au Cameroun, ni dans aucun pays africain ou étranger. Ce manque d'expérience fut toutefois vite corrigé : la Station pilote monta à partir de l'année suivante des études en Côte d'Ivoire et en République centrafricaine. Elle retourna aussi au Cameroun. Ces pays en vinrent à concentrer l'essentiel de ses activités, si bien qu'elle devint en moins d'une décennie une autorité sur la vaccination en Afrique.

Au-delà du tropisme africain du Centre international de l'enfance et des liens noués de longue date par Robert Debré avec des dignitaires du continent, l'aisance avec laquelle ce changement de terrain s'opéra s'explique largement par le système de relations bilatérales instauré par l'État gaulliste après les indépendances. Les années 1970 ont marqué l'apogée de la « coopération », un terme qui désigne des relations franco-africaines d'apparence apaisées, tournées vers l'assistance technique. Les interdépendances restèrent fortes et asymétriques, même si la rhétorique de la mission civilisatrice devint plus discrète. L'ancienne métropole exprima alors un niveau inédit de « besoin d'Afrique[1] ». En contrepartie du soutien matériel, financier et humain aux politiques africaines de développement, celle-ci parvint à maintenir son influence prépondérante, voire sa mainmise sur plusieurs domaines relevant de la raison d'État – comme l'accès prioritaire aux ressources géologiques. En médecine, l'une des disciplines

---

[1] Jean-Pierre Dozon, *Frères et sujets. La France et l'Afrique en perspective*, Paris, Flammarion, 2003.

les plus réclamées par les pays recevant de l'aide au développement, les Français devaient composer avec la présence accrue d'experts internationaux, missionnés par l'OMS ou par d'autres gouvernements qui utilisaient, eux aussi, la science comme un levier diplomatique – guerre froide oblige. Cet engouement contribua à faire du continent l'une des scènes de la mondialisation des vaccins et de leur marché.

La France et l'Afrique, en parallèle

Le pays par lequel la Station pilote s'introduisit en Afrique occupe une place particulière dans l'histoire de la médecine. Dans l'entre-deux-guerres, le Cameroun était un haut lieu de la lutte contre la maladie du sommeil, pathologie qui ravageait l'Afrique centrale et sur laquelle se focalisaient les médecins européens. Ces derniers, soucieux de mettre en avant des actions pouvant justifier la colonisation, se lancèrent dans une compétition inter-impériale autour du contrôle de cette maladie aussi appelée trypanosomiase. Porté par le rêve de « réveiller la race noire », selon l'expression qui figure au pied d'une stèle qui lui est dédiée à Yaoundé[2], le pastorien et militaire Eugène Jamot élabora une stratégie consistant à envoyer des équipes itinérantes sillonner les campagnes, à la recherche de « sommeilleux » à isoler et à traiter. Son style musclé, qui s'accompagnait d'une dénonciation des pesanteurs de la bureaucratie coloniale, fut longtemps une référence mythique parmi les médecins « broussards » qui y reconnurent *a posteriori*, pour reprendre l'analyse de Guillaume Lachenal et Bertrand Taithe, « une incarnation précoce de l'ethos du *French doctor*[3] » investi dans l'humanitaire. Le colonel Gaston Muraz reprit ce mode d'intervention lorsqu'il fonda, en 1939, à Bobo-Dioulasso, la capitale de l'ancienne Haute-Volta (Burkina Faso), le Service général autonome de la maladie du sommeil. Celui-ci survécut aux indépendances et inspira la création de deux institutions intergouvernementales aux périmètres élargis, l'Organisation de coopération et de coordination pour la lutte contre les grandes endémies (OCCGE, 1960) et l'Organisation de coordination

---

[2]   L'inscription exacte est : « Je réveillerai la race noire », voir Guillaume Lachenal, *Biomédecine et décolonisation au Cameroun, 1944–1994*, thèse de doctorat en épistémologie, histoire des sciences et des techniques, Université Paris 7, 2006, p. 52.

[3]   Guillaume Lachenal, Bertrand Taithe, « Une généalogie missionnaire et coloniale de l'humanitaire : le cas Aujoulat au Cameroun, 1935–1973 », *Le Mouvement Social*, n° 227, 2009, p. 49.

pour la lutte contre les endémies en Afrique centrale (OCEAC,1963), qui recoupaient peu ou prou les frontières régionales de l'AOF et de l'AEF. Les bureaucraties embryonnaires des États étaient censées leur envoyer des données pour compilation et pouvaient solliciter leur aide. Quant à la France, qui occupait le siège de membre « européen », elle était leur principal bailleur et leur pourvoyeur de personnel qualifié. Dans les années 1960 et 1970, les coopérants et les médecins militaires y occupaient tous les postes de recherche.

Le premier directeur de l'OCEAC, le général René Labusquière, élabora une doctrine sur la simplification de la vaccination. Elle reposait sur l'articulation entre le rythme des injections de vaccin et celui du passage des équipes mobiles dans les zones rurales. Il était impensable que les médecins se déplacent pour effectuer un rappel un mois après la première injection. Le manque d'infrastructures, les contraintes imposées par la température de conservation des vaccins ou encore l'organisation du personnel imposaient de prémunir contre un maximum de pathologies en une seule fois et d'espacer au maximum les rappels, voire de s'en dispenser. « Nous avons dit, remarqua Labusquière, qu'il n'existait pas de cocktail idéal, susceptible d'immuniser d'un seul coup toute la population contre toutes les maladies. C'est bien dommage, mais c'est comme ça, du moins selon les connaissances actuelles. Il a donc fallu choisir les associations possibles, et définir à qui ces associations seraient spécialement réservées.[4] » L'industriel Charles Mérieux justifiait le besoin de réduire le nombre des injections par un trait culturel : « si, en Europe, les gens sont assez disciplinés et assez informés pour se soumettre à la discipline des rappels obligatoires, en Afrique, en revanche, on n'obtiendra jamais que quelqu'un qui habite au fond de la brousse fasse trois fois le long trajet qui le sépare du dispensaire pour une piqûre dont il ne comprend pas très bien la raison.[5] » En tout état de cause, le programme de simplification se révéla si important pour les médecins travaillant dans les tropiques que plusieurs d'entre eux y situèrent sa genèse[6].

Labusquière passa de la théorie à la pratique grâce à l'intervention des Étasuniens. En 1965, le président Lyndon Johnson, à la recherche

---

[4] Archives nationales (AN), 19940355/11, *Rapport final de la deuxième conférence technique de l'OCEAC, Yaoundé, du 30 janvier au 3 février 1967*, tome 2, p. 481.

[5] Charles Mérieux, *Le Virus de la découverte*, Paris, Robert Laffont, 1988, p. 168.

[6] Claude Gateff, Michel Rey, « État actuel de la vaccination antitétanique simplifiée », *Afrique médicale*, vol. 14, n° 134, 1975, p. 835–842.

d'une mesure forte sur le plan international, annonça un programme de cinq ans visant à éradiquer la rougeole et la variole dans dix-huit pays de l'ouest-africain, poussant les équipes des Centers for Disease Control à mettre en œuvre un projet inabouti qu'elles lui avaient suggéré sans y croire[7]. La plupart des épidémiologistes d'Atlanta n'avaient encore jamais travaillé à l'étranger. La campagne variole-rougeole accéléra la carrière de plusieurs d'entre eux – Donald A. Henderson la dirigea brièvement avant d'être appelé à la tête du programme d'éradication de la variole au siège de l'OMS en 1966 ; onze ans plus tard, un autre vétéran de la campagne, Ralph Henderson (lequel n'entretenait aucun lien de parenté avec son collègue homonyme), accéda à la direction du Programme élargi des vaccinations de l'OMS. L'arrivée des Étasuniens dans la région représentait une opportunité financière pour Labusquière. Il leur fit payer son programme, parvenant à dépasser leur réserve à l'idée de collaborer avec une institution « dominée[8] » par des militaires français – si cette position reflète une nécessité de changement provoquée par les indépendances, elle n'est pas dénuée de contradiction dans la mesure où les CDC sont eux-mêmes issus du Malaria Control in War Area, une institution créée en 1942 pour protéger les bases militaires des États du Sud contre le paludisme. L'initiative des CDC suscita une dynamique sans bouleverser la situation. À la fin des années 1960, l'écrasante majorité des habitants d'Afrique centrale avaient uniquement été exposés aux vaccins contre la variole et la fièvre jaune. Si les archives françaises ne contiennent pas de données fiables, il semble que seul le Tchad ait alors largement utilisé d'autres vaccins, dont ceux contre la rougeole et la tuberculose[9].

Les considérations sur le rythme des injections étaient remarquablement proches du programme de recherche de la Station pilote. À ceci près que les contraintes initiales n'avaient rien à voir. En métropole, le CIE voulait organiser la multiplicité des doses en rationalisant un calendrier vaccinal dont les détails, comme l'agencement des rappels, avaient été laissés à la discrétion des médecins vaccinateurs. L'OCEAC espérait de son côté introduire des prophylaxies là où manquaient infrastructure

---

[7]   Donald A. Henderson, Paul O'Grady, «D.A. Henderson Oral History – The Global Health Chronicles », 2008, disponible sur : http://www.globalhealthchronicles.org/items/show/3532

[8]   National Archives d'Atlanta, 69-0885/3, Mémorandum adressé à D.A. Henderson, 30 novembre 1965.

[9]   AN, 19940355/11, *Rapport annuel de l'OCEAC*, 1966.

et personnel. L'essai du CIE, commencé en 1970 au Cameroun, portait sur la simplification du calendrier. Le protocole prévoyait 500 enfants de 2 à 12 mois, répartis pour moitié entre Yaoundé et la brousse. Avec cette division, qui évoque un motif récurrent de la médecine coloniale, les hôpitaux urbains d'un côté et les équipes mobiles parties prospecter les populations rurales de l'autre, la Station pilote souhaitait étudier le rôle de l'environnement dans la réaction des nourrissons aux différents calendriers. Mais les familles de la capitale, dispersées et nomades, échappèrent aux suivis des investigatrices françaises. Sans l'aide d'une sœur, Miss Taylor, dont la connaissance du district permit d'achever le volet rural, l'étude aurait été abandonnée. Cette infirmière de l'Église Presbytérienne du Cameroun à Ibong aida d'autres chercheurs français. C'est un détail moins contingent qu'il n'y paraît, car les missionnaires protestants et anglicans jouèrent un rôle médical significatif, qui permet en outre d'identifier des continuités entre l'époque coloniale et les motivations empreintes de religiosité de la médecine humanitaire[10].

Malgré des débuts mitigés, la Station pilote monta presque chaque année, entre 1970 et les années 1980, un essai dans un pays d'Afrique centrale et francophone. Si l'on se fie aux archives consultées qui ne tiennent compte que du point de vue des médecins, ces dernières n'y auraient pas rencontré de résistance frontale – peut-être parce qu'elles venaient y rejouer une scène ordinaire de l'histoire coloniale où le blanc, pour citer Augustin Emane, laisse cours à « son obsession de quantifier le réel », cette « manie de vouloir tout compter. » « Dès qu'il arrive quelque part » poursuit Emane, en se référant à des témoignages, « il lui faut savoir le nombre d'enfants que l'on a, le nombre d'années que l'on a passé sur cette terre, etc.[11] » À l'exception d'une épidémie de choléra en Côte d'Ivoire en 1975, et de troubles politiques en République démocratique du Congo dans les années 1980, on ne trouve pas non plus la trace d'événement ayant perturbé le travail de la Station pilote. Dans la mesure où le recours à d'anciennes populations colonisées par des médecins français évoque presque instinctivement le motif des cobayes, se pose la question des bénéficiaires des expérimentations. La réponse est assez simple s'agissant des études qui évaluaient des instruments d'injection substitutifs à la seringue, comme l'aiguille bifurquée, popularisée lors

---

[10]   Guillaume Lachenal, Bertrand Taithe, « Une généalogie missionnaire et coloniale de l'humanitaire », *op. cit.*

[11]   Augustin Emane, *Docteur Schweitzer, une icône africaine*, Paris, Fayard, 2013, p. 77.

de la campagne d'éradication de la variole. Les investigatrices du CIE cherchaient à préparer la réalisation de grandes campagnes en Afrique avec des instruments qui n'étaient pas utilisés en hexagone – le coût des seringues n'y posant pas problème, il n'était pas nécessaire d'y chercher des alternatives.

D'autres études menées par la Station pilote en Afrique, celles sur la simplification, brouillent les idées préconçues sur la relation entre bénéficiaires et sujets de l'expérimentation. Différents calendriers, comprenant chacun six vaccins, furent testés lors du premier essai au Cameroun (1970–1973). Ce dernier, puis ceux de 1974 et 1979, effectués en Côte d'Ivoire, reprenaient à l'identique un protocole utilisé depuis 1964 en Seine-Saint-Denis, dans des PMI du Blanc-Mesnil et de Drancy. Les médecins expliquaient avoir développé une méthodologie exportable à tout type de contexte, qu'il s'agisse de la composition des groupes de sujets, de l'analyse des anticorps, des vaccins et des associations possibles. À l'extérieur du CIE, elles soulignaient la proximité, voire l'unicité, des recherches franco-africaines. Dans les réunions de service, cette forme de standardisation les autorisait à solliciter les résultats d'une étude pour en interpréter une autre. Il suffisait d'ajuster les protocoles à la marge, car on ne pouvait pas plaquer un calendrier identique à ceux testés en Seine-Saint-Denis sur le contexte africain, où les schémas devaient être encore plus simples.

Les chercheuses utilisaient l'expression « en parallèle » pour décrire la simultanéité des terrains français et africains. Mais la formule est imprécise, voire imparfaite, car elle ne rend pas compte de la façon dont les protocoles se modifièrent les uns les autres au moyen d'une série d'ajustements. Qui plus est, cette expression passe à côté des opérations de comparaison entre les sujets. L'essai camerounais de 1970 comprenait par exemple une enquête témoin en Seine-Saint-Denis. « Le but était de voir si le petit nourrisson africain était capable de répondre aussi bien que le petit enfant européen aux diverses incitations antigéniques et d'étudier les corrélations possibles entre la réponse immunitaire et l'état nutritionnel[12]. » « Les mêmes critères cliniques, anthropométriques, biologiques et immunologiques y sont étudiés, pour être comparés et permettre de déterminer le rôle de l'environnement, de l'ethnie, de l'épidémiologie,

---

[12]   Archives du CIE, Université d'Angers, 1CIDEF498, « Vaccination du nourrisson en Afrique ».

de l'état nutritionnel, des parasitoses, les techniques et les vaccins restant identiques[13]. » Il convenait de faire ressortir les spécificités du terrain camerounais en déterminant les conséquences de la nutrition sur la réponse immunitaire. « On devrait s'orienter vers des causes liées à l'environnement plutôt qu'à des facteurs génétiques. Ceci est corroboré par des observations faites dans la banlieue parisienne sur des enfants d'origine algérienne, sur d'autres d'origine africaine et enfin sur des enfants portugais[14]. »

La comparaison ne se limitait pas aux études sur le calendrier. Colette Fillastre proposa par exemple qu'« une étude en parallèle [à une étude du BCG en Côte d'Ivoire soit] effectuée à Paris, dans un groupe de quatre cents écoliers comprenant quelques sujets de race noire[15]. » La comparaison entre les sujets résidant en banlieue parisienne et en Afrique centrale était à tel point inscrite dans ce fonctionnement « en parallèle », qu'elle devint un argument lorsque les activités métropolitaines furent menacées : « Il est impossible de supprimer les consultations PMI : Blanc-Mesnil, Drancy : les enfants de ces consultations servent de témoins aux enfants africains et c'est vraiment le minimum[16]. » Fillastre explique ailleurs : « En ce qui concerne la France, si la Station pilote y maintient plusieurs zones d'étude, c'est pour deux raisons : le fait de pouvoir disposer en permanence d'une population témoin d'enfants bien nourris sur lesquels il est possible de tester en double aveugle les vaccins utilisés dans le Tiers Monde, et l'utilité d'avoir à disposition des terrains de formation de personnels proches de la Station pilote[17]. »

Pour reprendre une métaphore courante à l'époque coloniale, on pourrait avancer que la Seine-Saint-Denis est devenue un laboratoire du Cameroun ou de la Côte d'Ivoire, dans la mesure où le CIE y éprouvait, à une échelle microscopique, des variables environnementales

---

[13] Archives du CIE, Université d'Angers, 1CIDEF483, « Évaluation du travail de la Station pilote au cours des cinq dernières années », circa 1975.

[14] Archives du CIE, Université d'Angers, 1CIDEF485, « Comparaison des taux d'immunoglobuline chez l'enfant africain et l'enfant français ».

[15] Archives du CIE, Université d'Angers, 1CIDEF480/14, « Projet d'étude sur la tuberculose en Côte d'Ivoire ».

[16] Archives du CIE, Université d'Angers, 1CIDEF491, « Station pilote, projets à long terme, lundi 21 juillet 1975 ».

[17] Archives du CIE, Université d'Angers, 1CIDEF24, « Comité consultatif technique », 1978.

et nutritionnelles qui comptaient en Afrique. Mais même inversée, la métaphore détone[18]. Au début du XXe siècle, elle postulait une altérité insurmontable entre la métropole et les colonies, le laboratoire devait son existence, rhétorique du moins, aux particularités des outre-mer, aux facilités qu'elles offraient, au fait qu'on prétendait y expérimenter mieux ou différemment. Le laboratoire colonial et ses populations étaient un ailleurs pour les scientifiques. Le CIE expérimenta, au contraire, les mêmes choses en région parisienne et en Afrique francophone, sur des individus qu'il rendit comparables. Un travail de lissage homogénéisa les méthodes, les vaccins, les âges, et dans certains cas la couleur de peau, afin d'exclure de la comparaison des facteurs génétiques vaguement formulés. Ce dispositif créait de la commensurabilité, et il ne connaît pas d'équivalent dans les années 1970. Il existe certes des essais vaccinaux comparatifs menés ponctuellement par d'autres institutions, mais pas une longue série d'expérimentations rapprochant systématiquement des terrains aussi éloignés. De ce point de vue, le CIE apporte une illustration originale du sentiment de proximité cultivé par la France avec ses anciennes possessions africaines.

Les essais africains de simplification ne bouleversèrent pas le programme transnational dont ils n'étaient qu'une application. L'effet sur les pratiques semble avoir été limité, car la simplification effective des procédures dépendait, en dernier ressort, de stratégies industrielles. Comme me l'a expliqué Michel Rey, chef du service des maladies infectieuses du CHU de Dakar (1963–1971), où il dirigea plusieurs essais vaccinaux avant de rejoindre l'hôpital de Clermont-Ferrand : « nos essais africains de vaccination antitétanique simplifiée par une anatoxine renforcée réduisant le nombre de doses n'ont finalement pas modifié les calendriers vaccinaux, que ce soit dans les pays dits « en développement », ou dans les pays riches. En effet cette vaccination antitétanique simplifiée est toujours combinée à d'autres antigènes vaccinaux, dont on ne peut guère changer le calendrier, que ce soit chez l'enfant et chez l'adulte, et le renforcement du titre de l'anatoxine tétanique n'a pas eu de développement économique[19]. »

---

[18]　Pour un examen critique de l'image du laboratoire colonial, voir Guillaume Lachenal, « Le médecin qui voulut être roi. Médecine coloniale et utopie au Cameroun », *Annales,* vol. 65, n° 1, 2010, p. 121-156.

[19]　Mail de Michel Rey à l'auteur, 12 novembre 2014.

Les épidémiologistes que j'ai rencontrés mirent souvent l'accent sur des effets d'ordre personnel, qui concernent leur adhésion à la vaccination. Devant des populations jusque-là non prémunies, ils ont pu faire le constat tangible, presque instantané, de la protection qu'elle apporte. La recherche d'individus peu exposés à la pharmacopée occidentale provoqua d'ailleurs, à la fin du XXe siècle, une vaste délocalisation des essais cliniques vers le Brésil, l'Europe de l'Est ou l'Afrique[20]. « C'est la période Dakar, m'a confié Michel Rey, qui m'a persuadé que la vaccination était très importante. [...] En 1968, je crois, on a vacciné tout un village contre la rougeole. Ce village nous était très reconnaissant, on a pu y faire d'autres études. Ça avait complètement fait disparaître la rougeole pendant deux ans[21]. » Nicole Guérin confirme : « On vaccinait contre la rougeole, à l'époque, ça ne se faisait pas beaucoup et ça avait un impact quasi immédiat[22]. »

Le spectacle des effets de la médecine sur des individus considérés pures biologiquement n'a rien d'anecdotique vu le nombre de Français ayant exercé ou ayant été formés en coopération – on dénombrait, en 1982, 10500 coopérants actifs dans le domaine de la santé, dont 10000 installés dans un pays francophone[23]. Plusieurs d'entre eux occupèrent ensuite des postes à responsabilité en métropole, comme Pierre Salou : biologiste au centre Muraz (OCCGE) à Bobo-Dioulasso (1973–1977), il fut nommé à la chaire d'épidémiologie du Val-de-Grâce (1980–1986), avant de passer le début de sa retraite militaire comme directeur médical de Pasteur-Vaccin – l'entreprise issue de la fusion entre Mérieux et Pasteur Production. Pierre Bégué, le premier président du Comité technique des vaccinations (1985–1997), avait précédemment mis sur pied un service pédiatrique hospitalier au Togo (1975–1980). Jacques Drucker participa à la recherche sur le vaccin contre l'hépatite B à Tours, comme chef de clinique, puis il intégra la galaxie Mérieux en 1982. L'industriel le chargea d'observer la mise en place des programmes de vaccination en Afrique. Dix ans plus tard, Drucker prit la tête de la première agence française d'épidémiologie, le Réseau national de santé publique, l'ancêtre de Santé

---

20 Adriana Petryna, *When Experiments Travel: Clinical Trials and The Global Search For Human Subjects*, Princeton, Princeton University Press, 2009.

21 Entretien de l'auteur avec Michel Rey, 23 avril 2014, Paris.

22 Entretien de l'auteur avec Nicole Guérin, le 28 mars 2014, Paris.

23 Claire Brisset, « La coopération sanitaire française tente de se réorienter », *Le Monde, dossiers et documents*, n°108, février 1984, p. 12.

publique France. Enfin, dernière trajectoire d'une série que l'on pourrait aisément prolonger, François Simondon effectua son service militaire à l'ORANA à Dakar, un institut de l'OCCGE, avant de travailler dans la zone expérimentale de Niakhar au Sénégal, lieu d'innombrables expérimentations démographiques et vaccinales. Il rejoignit ensuite Sanofi et me confirma : « c'est en Afrique que je commence à m'intéresser à la vaccination.[24] »

Naissance d'un marché

En février 1972, la cheffe de la rubrique médicale du *Monde,* Claudine Escoffier-Lambiotte, annonçait le « redressement spectaculaire » de l'Institut Pasteur. Six ans après une crise financière qui avait laissé craindre « la disparition du plus illustre des centres de recherche biologique d'Europe », celui-ci parvint à convaincre l'État de lui accorder une subvention annuelle. Une réforme de structure était également engagée via l'établissement d'une entité commerciale autonome, l'Institut Pasteur Production (dans lequel Sanofi allait prendre 35 % des parts en 1976[25]). Les contrats conclus hors de métropole rendaient nécessaire la construction d'une nouvelle usine dans l'Eure. « Le marché étranger avait été peu exploré jusqu'à présent et il est permis de penser, remarquait Escoffier-Lambiotte, que le développement des campagnes vaccinales entreprises en Asie, en Afrique et en Amérique du Sud devrait lui donner une extension importante au cours des prochaines années. Cette extension serait certes plus solidement assurée si des accords conduisant à l'unification de l'industrie biologique française pouvaient intervenir.[26] »

La journaliste pressentit d'importantes transformations. Sous l'effet du Programme élargi des vaccinations (PEV), lancé par l'OMS en 1974, la demande internationale de vaccins allait exploser. Ce programme fut conçu dans le creuset de l'éradication de la variole à une époque où, pour la première fois, les équipes de l'OMS entrevoyaient la possibilité de venir à bout du virus. Le programme reposait sur une idée simple : introduire

---

[24] Entretien téléphonique de l'auteur avec François Simondon, le 26 mai 2014.

[25] Archives diplomatiques, BSG348/1312, « Panorama sur l'Institut Pasteur Production », 24 mai 1977.

[26] Claudine Escoffier-Lambiotte, « Un redressement spectaculaire est intervenu à l'Institut Pasteur », *Le Monde*, 8 janvier 1972.

la vaccination systématique des enfants dans les pays du Sud. À l'origine, sept maladies étaient concernées (la diphtérie, la coqueluche, le tétanos, la rougeole, la poliomyélite, la tuberculose et la variole). L'agence onusienne définit des taux de couverture vaccinale et des recommandations pour chaque région. Malgré un déploiement lent et laborieux, le PEV renouvela les méthodes, créa des postes, et finit par susciter de l'enthousiasme, ce qui n'était pas la moindre des choses s'agissant d'un champ, l'épidémiologie des maladies infectieuses et de la vaccination, marginalisé sur le plan scientifique. La Station pilote comprit l'importance de ce programme dès le milieu des années 1970. En quête d'une raison d'être, elle chercha à s'y rattacher pour justifier la relocalisation de ses activités en Afrique. « On avait envie de faire partie de l'aventure, c'était quand même une aventure le PEV, confirme Daniel Lévy-Brulh, médecin-épidémiologiste au CIE dans les années 1980. Je ne comprends pas comment le CIE aurait pu dire, "nous ce qui nous intéresse c'est d'aller au Blanc-Mesnil pour faire des prises de sang et regarder si le vaccin x est un peu meilleur que le vaccin y". Ce n'est pas possible, c'est inimaginable.[27] » L'augmentation de la demande mondiale donna aussi un nouveau souffle aux firmes françaises et contribua à accélérer leur concentration. Cependant, c'est moins l'Institut Pasteur Production, pourtant bien positionné à l'international grâce au réseau d'instituts d'outre-mer, issu de la période coloniale, que l'Institut Mérieux qui tira profit de l'extension du marché et finit par absorber son aîné.

Encore fallait-il amorcer un rapprochement entre les deux maisons. Avec Philippe Stoeckel, un vétérinaire diplômé de Sciences Po qu'il prit sous son aile, Charles Mérieux eut l'idée de créer une « agence » placée sous la double tutelle de Mérieux et de Pasteur. L'objectif était de faire converger leurs intérêts scientifiques et économiques en Afrique.

Les gens de l'Institut Pasteur, relate Philippe Stoeckel, ne parlaient pas à Mérieux. Mais Jacques Monod [le directeur de l'Institut Pasteur] avait créé une société filiale, Institut Pasteur Production qui, plus tard, sera divisée en deux : Pasteur Diagnostic et Pasteur Vaccins. Et l'idée de Monod c'est de valoriser les fruits de la recherche par cette société commerciale. Mais assez vite il s'aperçoit que les choses ne sont pas si faciles, que ça serait quand même intéressant de parler à Mérieux, au moins d'avoir des contacts. Charles Mérieux de son côté a créé en 1967 la Fondation Mérieux et il cherche depuis toujours le contact, mais on ne lui parle pas. Mérieux s'est

---

[27]   Entretien de l'auteur avec Daniel Lévy-Bruhl, 11 mars 2014, Saint-Maurice.

toujours défini comme un élève de Pasteur, comme un pastorien, le fils d'un collaborateur de Pasteur, Marcel Mérieux.

Par ailleurs, l'Institut Pasteur de Paris, qui s'était désengagé de la virologie et de la bactériologie au profit de la biologie moléculaire, de la chimie des peptides et du génie génétique, devait trouver un moyen de maintenir le lien avec les Instituts Pasteur africains du réseau, dont le cœur de métier restait les maladies infectieuses. Stoeckel résume : « L'Institut Pasteur Production et le besoin d'être en Afrique vont fournir l'occasion, le déclenchement d'un contact possible.[28] »

Selon une lettre adressée au secrétaire d'État chargé de la Coopération, la fonction originale de l'« Agence Euro-Africaine pour la Médecine Préventive » (AMP), opérationnelle à partir de 1972, consistait à « faire fabriquer, conditionner et vendre par l'Institut Pasteur et l'Institut Mérieux tous les vaccins et sérums nécessaires aux États de l'Afrique francophone[29] ». La vocation commerciale était soulignée par l'implication de Pro-Jet Service, une société créée par Philippe Stoeckel qui proposait aux entreprises et aux administrations publiques un service de vaccination rapide, effectuée à l'aide de pistolets injecteurs à air comprimé – avec l'enregistrement des premiers cas de sida, dix ans plus tard, cette technologie suspectée d'accélérer les contaminations fut abandonnée. Stoeckel comptait étendre les activités de l'entreprise au marché africain grâce à sa participation personnelle dans l'AMP. Si l'on en croit les statistiques glanées dans diverses sources, cette dernière remplit sa mission : en 1977, 23 % du chiffre d'affaires de l'Institut Pasteur Production était réalisé à l'export, pour l'essentiel en direction de l'Afrique[30] ; en 1984, le continent représentait 20 % des exportations de vaccin de l'Institut Mérieux[31]. Charles Mérieux remarqua à la fin des années 1980 qu'il y vendait « beaucoup de vaccins pour l'enfance.[32] » Ce succès ne suffit pas à convaincre l'Institut Pasteur de l'intérêt à soutenir l'AMP sur le long terme. En 1977, l'année ou Pasteur s'en éloigna, la fondation Mérieux

---

[28] Entretien de l'auteur avec Philippe Stoeckel, le 27 mai 2014, Paris.

[29] Fondation Mérieux, E4, Lettre de Philippe Stoeckel à Pierre Billecocq, 14 septembre 1972.

[30] Archives diplomatiques, BSG348/1312, « Panorama sur l'IPP ».

[31] Archives du CIE, Université d'Angers, 1CIDEF483 « Réunion du 29 mars 1984 ».

[32] Charles Mérieux, *Le Virus de la découverte, op. cit.*, p. 168.

prenait déjà en charge la quasi-totalité des frais de fonctionnement de ce qui ressemblait, depuis le début, à sa propre tête de pont en Afrique.

Il s'agissait, à l'évidence, « de pays en développement, très démunis, donc pas exactement d'un "marché"[33] », ou du moins d'un marché au fonctionnement régi par les lois de la coopération. Au-delà de la vente, l'AMP projetait d' « aider les pays du Sud à entreprendre les recherches opérationnelles indispensables à l'adaptation à leur environnement des technologies sophistiquées des pays du Nord.[34] » L'AMP se posa en intermédiaire entre les pays francophones et les agences techniques de l'ONU, couramment suspectées par les médecins français d'être aux mains des Étasuniens. À l'image de la Station Pilote, qui diversifia ses activités en Afrique en organisant, outre des essais cliniques, des conférences, des formations destinées au personnel médical, et mit son expertise à disposition des gouvernements (dont ceux de la Côte d'Ivoire et de l'Algérie en 1977), l'agence dirigée par Stoeckel multiplia les projets et ne se contenta pas d'un rôle de représentant de commerce. Le CIE et l'AMP développèrent des activités de recherche, d'enseignement et de conseil tellement proches qu'ils en vinrent à se partager des zones d'intervention : les pays de l'OCEAC pour le premier, ceux de l'OCCGE (et son réseau étoffé d'instituts de recherche) pour la seconde.

Cinq ans après sa création, alors que Pasteur cherchait à rompre le lien en raison du peu de bénéfices qu'il estimait tirer de l'alliance, l'AMP éleva le CIE au rang de « membre fondateur » et demanda à un Robert Debré au crépuscule de sa vie de prendre la présidence du conseil d'administration. Question de crédibilité auprès des interlocuteurs africains et des fonctionnaires internationaux : « constituée par les Fondations Pasteur et Mérieux, et par le Centre International de l'Enfance, elle [l'AMP] est perçue comme "objective" dans les études vaccinales : suffisamment indépendante de la partie commerciale des Instituts, mais pourtant en rapport étroit avec la technologie, la production et le contrôle pour être efficaces.[35] » L'AMP et le CIE se retrouvèrent dans la situation ambiguë de partenaires-compétiteurs sans disposer des mêmes ressources. L'écart était symbolisé par l'avion avec lequel Stoeckel se déplaçait et auquel il

---

[33] Lettre de Philippe Stoeckel à Raymond Mande, 7 avril 1982, archives du CIE, université d'Angers, 1CIDEF78.

[34] Fondation Mérieux, E4, APMP, *Rapport d'activité, 1989–1990*.

[35] Archives du CIE, Université d'Angers, 1CIDEF78, Lettre de Philippe Stoeckel à Raymond Mande, 7 avril 1982.

allait être identifié par des coopérants se contentant d'une Land-Rover. « Les moyens mis en œuvre pour couvrir le marché africain, spécialement avec un seul homme au début, se justifiait Stoeckel, ne doivent pas être ceux de la marine à voile.[36] » Ouvrant un nouveau chapitre de l'histoire française de la lutte contre les épidémies en Afrique, cette mobilité tant désirée et proclamée, jugée indispensable à une mise en œuvre efficace des campagnes vaccinales, devient un véritable leitmotiv pour Charles Mérieux, un passionné de logistique.

Les premières années de l'AMP coïncident avec l'expérimentation et l'utilisation mondiale d'un vaccin contre la méningite à méningocoque produit par la firme lyonnaise. Le méningocoque est responsable de graves poussées épidémiques dans une bande qui longe le sud du Sahara, du Sénégal à l'Éthiopie, à laquelle Léon Lapeyssonnie donna le nom de « ceinture de la méningite ». Les « aventures épidémiologiques[37] » de ce médecin militaire lui valurent une reconnaissance internationale. Elles manifestaient aussi le repli dans l'hémisphère sud d'une discipline condamnée à des soupirs d'ennui en métropole. Une situation que Lapeyssonnie tourne en dérision dans son ouvrage *Toubib des tropiques*, en particulier lorsqu'il fait le récit de son départ au Niger en 1961, où il doit gérer sa première grave épidémie de méningite :

> Bien qu'il fût le fils du Professeur Robert Debré, dont la thèse et les travaux ultérieurs avaient fait autorité dans le domaine de la méningite cérébro-spinale, le Premier ministre du général de Gaulle songeait plutôt à l'uranium d'Arlet, nouvellement découvert, qu'aux méningocoques lorsqu'il avait demandé que l'on envoie dare-dare une équipe médicale au Niger, pour couper, si j'ose ainsi m'exprimer à propos d'un pays où elle est plutôt absente, l'herbe sous le pied des Russes [qui s'apprêtaient à y dépêcher des médecins tchécoslovaques].[38]

L'épidémie est ramenée sous contrôle grâce à l'administration rapide de sulfamides aux patients, des enfants pour la plupart. Conscient de l'apparition de souches résistantes aux traitements, Lapeyssonnie milita pour le développement d'un vaccin. L'Institut Pasteur, par la voix de son directeur, passa son tour : « à son avis, rapporte l'épidémiologiste, un

---

[36] Fondation Mérieux, E4, Lettre de Philippe Stoeckel à Alain Mérieux, 9 septembre 1972.

[37] Léon Lapeyssonnie, *Toubib des tropiques*, Paris, Robert Laffont, 1982, p. 244.

[38] *Ibid.*, p. 212.

vaccin contre la méningite ne présentait plus aucun intérêt depuis l'usage des sulfamides et des antibiotiques [...]. En fait, il n'avait rien compris.[39] »

Sollicité par l'OMS sur la suggestion de Lapeyssonnie, c'est finalement l'Institut Mérieux qui se mit à l'ouvrage dans la seconde partie des années 1960[40]. Des essais vaccinaux furent organisés dès 1967 à Yoko en Haute Volta, puis à Dakar, à Bobo-Dioulasso, où se trouvait le siège de l'OCCGE, et à Lagos, la capitale du Nigeria. Lapeyssonnie supervisa deux essais en Égypte (1972) et au Soudan (1973). Il convenait de réaliser des expérimentations humaines dans des zones directement affectées par la méningite, car aucun animal ne reproduit la maladie, ce qui rend impossible de déterminer l'efficacité du vaccin en laboratoire. L'AMP de Philippe Stoeckel effectua ensuite des essais de plus grande envergure à Kougoudou (Haute Volta) et à Koutiala (Mali) en 1972 et 1973. Ceux-ci donnèrent le feu vert à une utilisation régulière du vaccin. Les résultats tombèrent à point nommé : en 1974, le Brésil était en proie à des flambées incontrôlables de méninge cérébro-spinale, alimentées par la circulation de la souche africaine de type A. Or, le vaccin utilisé jusque-là en Amérique latine ne prémunissait que contre la souche C. Charles Mérieux s'engagea auprès du gouvernement brésilien à lui livrer le nombre de doses nécessaires d'un vaccin contenant les deux souches. Les usines de Marcy-L'Étoile, près de Lyon, virent leur capacité de production démultipliées grâce à la construction d'un nouveau bâtiment. En l'espace d'un an, près de 90 des 110 millions de Brésiliens reçurent le nouveau vaccin. « Mérieux a rentabilisé immédiatement l'AMP [...] Ça va nous mettre en scelle et crédibiliser l'AMP considérablement[41] » constate Philippe Stoeckel. L'agence qu'il dirigeait continua en effet à tester les vaccins de l'industriel en Afrique. À cet égard, l'année 1979 marqua un tournant : une « zone pilote de vaccination » fut installée dans la région sénégalaise de Kolda, « une expérience unique en Afrique de coopération internationale » qui apporta à l'entreprise, observa Stoeckel, « un champ précieux d'investigation en vaccinologie.[42] » De nombreux essais y furent menés jusqu'en 1994, dont l'un visant à évaluer la performance d'un vaccin

---

[39] *Ibid.,* p. 223.

[40] Baptiste Baylac-Paouly, « Vaccine Development and Collaborations: Lessons from the History of the Meningococcal A Vaccine (1969–73) », *Medical History*, vol. 63, n° 4, 2019, p. 435–453.

[41] Entretien de l'auteur avec Philippe Stoeckel, le 27 mai 2014, Paris.

[42] Fondation Mérieux, E4, « Historique Zone-Pilote de Kolda », 1999.

inactivé contre la poliomyélite ne comportant que deux injections. « Je n'oublie pas, reconnaissait Charles Mérieux, que l'Institut Mérieux doit sa réputation mondiale au vaccin méningite mis au point en Afrique, et au polio-vaccin perfectionné à Kolda[43]. »

Le « vaste continent », pour reprendre un cliché de la littérature de coopérants, apporta à Mérieux les moyens de son ambition. Jusqu'à l'acquisition effective de Pasteur Production par l'entreprise familiale en 1985, celui-ci ne cessa pas d'invoquer l'Afrique pour formuler des propositions d'entente avec son principal concurrent. « Les grands projets africains (en attendant les autres continents) sont incompatibles avec une petite concurrence commerciale qui consisterait à réduire la part de Mérieux sur le marché pharmaceutique [...]. Nous devons développer notre infrastructure actuelle pour satisfaire les besoins du Tiers Monde et surtout exporter aux États-Unis » écrivit-il au directeur de l'Institut Pasteur en 1981, près de dix ans après la création de l'AMP. Mais Charles Mérieux conçut à partir de ses voyages dans l'hémisphère sud une vision de la santé publique qui ne se limitait pas à des questions commerciales[44]. « Le Tiers Monde, énonçait-il en 1981, ne saurait être pour nous un marché classique.[45] » Au-delà de l'ajustement à la baisse des prix (qui ne représentaient, selon lui, que 10 % du coût des politiques de vaccination), l'adaptation des calendriers, la formation du personnel médical et le développement d'une logistique s'imposaient. L'AMP et le CIE prirent en charge les deux premiers volets. En 1978, Charles Mérieux créa une nouvelle organisation, Bioforce, spécifiquement dédiée aux problèmes d'acheminement et de logistique : « Personnellement, énonce-t-il, nous avions compris qu'une improvisation aussi géniale [la campagne éclaire de vaccination contre la méningite au Brésil] ne se répèterait pas. Il fallait, en tenant compte de l'urgence chronique en médecine préventive créer une force opérationnelle intercontinentale de lutte contre les maladies infectieuses. C'est la BIOFORCE.[46] »

---

[43] Fondation Mérieux, E4, Lettre de Charles Mérieux à Philippe Stoeckel, 23 mai 1995.

[44] Lettre de Charles Mérieux à François Gros, 15 octobre 1981, Fondation Mérieux, E3.

[45] Charles Mérieux, « Impératifs industriels et morale du développement », *Le Monde*, 20 mai 1981.

[46] Fondation Mérieux, E3, « Lyon biocapitale de l'Europe du Sud au service de la santé publique en Afrique », 12 octobre 1998.

Mérieux faisait appel à des lieux communs pour inscrire son action en Afrique francophone dans une histoire plus large. Le premier, celui de l'épopée pasteurienne, allait de soi : « les pasteuriens avaient choisi l'Afrique pour créer la plupart des Instituts Pasteur d'outremer[47] », affirmait-il, au risque de tordre une histoire scientifique et coloniale qui s'ouvrit à Saïgon en 1891[48]. Le second trope, plus ouvertement politique, date de l'entre-deux-guerres. Il a ensuite connu plusieurs reformulations. Il établit que l'unification européenne présuppose une collaboration en Afrique[49]. De la même façon que, dans la doctrine Monroe, le contrôle indirect de l'Amérique Latine reviendrait naturellement aux États-Unis, un groupe d'intellectuels et de politiciens européens considéraient que l'Afrique était à disposition de l'Europe. Le partage concerté de ses richesses devait assurer la puissance et l'entente des nations du vieux continent. Du milieu des années 1980 à sa mort en 2001, Charles Mérieux ne se lassa pas de répéter, dans sa correspondance avec des responsables politiques africains et français (dont le sulfureux Jacques Foccart, conseiller Afrique du général de Gaulle et de Georges Pompidou), mais aussi dans la presse, sa volonté de « servir l'Afrique pour unir l'Europe ». Il pouvait mentionner à cette occasion le nom original de l'AMP, « Agence Euro Africaine pour la médecine préventive », un intitulé conservé un an seulement. Dans un entretien de 1989, il associa cette devise jusque-là obscure à des enjeux industriels : « La vaccination est pratiquement un monopole européen : Pasteur-Mérieux, numéro 1 mondial, suivi de RIT américain, 100 % installé en Belgique, des Laboratoires Wellcome, Behring et Sclavo, sans oublier les Instituts d'État du Danemark et de Hollande. Les relations privilégiés, tissées par la France, pour des raisons historiques, ainsi que l'expérience des autres partenaires Allemands, Belges, Hollandais, Anglais, Italiens, acquise sur le terrain, constitue un atout exceptionnel en faveur de cette stratégie. Nous devons tous avoir la même devise : "Servir l'Afrique pour unir l'Europe, telle doit être désormais notre ligne d'action"[50]. »

---

[47] Fondation Mérieux, E3, Projet d'entretien, 12 septembre 1997.

[48] Anne Marie Moulin, « Patriarchal Science: The Network of the Overseas Pasteur Institutes», dans Catherine Jami, Anne Marie Moulin, Patrick Petitjean (dir.), *Science and Empire*, Dordrecht, Kluwer Academic Publishers, 1992, p. 307–322.

[49] Peo Hansen, Stefan Jonsson, *Eurafrique. Aux origines coloniales de l'Union Européenne*, Paris, La Découverte, 2022.

[50] « Entretien avec Charles Mérieux », *Afrique médecine et santé*, n° 34, 1989, p. 6.

La santé publique européenne et internationale sous Georges Pompidou : partages, experts et perspectives d'action au Conseil de l'Europe

CHRISTIAN BONAH ET PAUL-ARTHUR
TORTOSA

L'année 2020, marquée par une urgence pandémique sans précédent récent à l'échelle mondiale et par une reconfiguration politique européenne majeure à la suite du Brexit, a mis en évidence les vulnérabilités des systèmes médicaux européens[1]. Les déclarations publiques pour répondre au choc de la COVID-19 n'ont pas tardé : le 16 septembre 2020, Ursula von der Leyen, présidente de la Commission européenne, a appelé à la création d'une véritable « Union européenne de la santé »[2]. Francesca Colombo, cheffe de la division santé de l'OCDE, a ajouté publiquement : « Cette crise a révélé des faiblesses au niveau national, européen et même mondial. Des discussions sont en cours pour renforcer l'Union européenne dans le domaine de la santé »[3]. Dans le cadre de cette publication portant sur la santé publique en France sous Georges Pompidou, cette contribution entend revenir sur les débats et les actions

---

[1] Gaël Coron, Catherine Sauviat, « L'Europe de la santé au prisme du Covid-19 : quelles avancées ? », *Chronique Internationale de l'IRES*, vol. 171, n° 3, 2020, p. 90–105. Scott L. Greer, Nick Fahy, Sarah Rozenblum, Holly Jarman, Willy Palm, Matthias Wismar (dir.), *Everything you always wanted to know about European Union health policies but were afraid to ask*, Copenhague, European Observatory on Health Systems and Policies, 2019 (2ᵉ édition).

[2] Ursula Von der Leyen, « State of the Union Address 2020 », European Commission, 2020, p. 5.

[3] Francesca Colombo dans l'émission « Après le Covid, l'Europe de la santé », *France Culture*, 20 novembre 2020.

autour d'une Europe de la Santé entre la fin de la Seconde Guerre mondiale et le décès de Georges Pompidou, le 2 avril 1974[4].

Comme le montrent plusieurs contributions dans ce volume, « l'ère
Pompidou », entre 1962 et 1974, n'est pas une période d'investissement
marqué de la France dans les politiques de santé publique[5]. Georges
Pompidou utilise peu les termes de « santé » et de « santé publique » dans
ses discours, souscrivant amplement au projet de la médecine libérale
fixé depuis sa charte de 1927. Plus généralement, sa vision s'accompagne
d'une approche budgétaire des questions de santé qui assujettit celles-ci
aux questions de protection économique et de couverture sociale. Même
si les dépenses de soins et de biens médicaux (DSPM) sont difficiles à
évaluer avant la création du Comité de financement de la Sécurité sociale
en 1979, la période 1962–1974 est marquée par leur forte augmentation
(croissance de 9 % par an). La politique de modernisation de la France
sous Pompidou se décline dans le secteur de la santé en particulier par la
modernisation des hôpitaux, l'extension de la couverture de la protection
sociale et sanitaire à des nouvelles fractions de la population (population
non salariée et non agricole) pour atteindre 90 % des citoyens, et par
le premier conventionnement national des médecins en 1970. Dans le
contexte de forte croissance des dernières années des Trente Glorieuses, la
politique étrangère de Georges Pompidou est pragmatique avec son soutien pour l'entrée du Royaume-Uni dans la Communauté économique
européenne (CEE), bien que fidèle au principe gaulliste d'une indépendance de la France. À la croisée de ces deux lignes de force – primat d'une
approche des questions de santé par la protection économique et sociale
et pragmatisme modernisateur concernant les infrastructures, l'industrie
nationale et le principe d'indépendance de la France – les questions de
santé et de santé publique à l'échelle européenne semblent à la marge des
préoccupations politiques de l'époque.

Et pourtant, il semble exister, selon l'hypothèse centrale de cette
contribution, une institutionnalisation en creux et à bas bruit – portée par des institutions « faibles »[6] – de structures de santé publique à

---

[4]   Laurent Warlouzet, *Histoire de la construction européenne depuis 1945,* Paris, La
      Découverte, « Repères », 2022.

[5]   Pascal Griset (dir.), *Georges Pompidou et la modernité. Les tensions de l'innovation
      1962–1974,* Bern, Peter Lang, 2006.

[6]   Henri Bergeron, « La force d'une institution faible. Le cas d'une agence européenne
      d'information », *Politique Européenne,* vol. 32, n° 3, 2010, p. 39–76.

l'échelle européenne dans la période de 1962 à 1974, à laquelle participe activement la France[7]. Nous proposons ici d'esquisser un premier cadre pour une autre histoire d'une Europe de la santé entre 1945 et le milieu des années 1970 à partir des archives du Conseil de l'Europe (CdE).

Au lendemain de la création par le traité de Paris (18 avril 1951) de la Communauté européenne du charbon et de l'acier (CECA, 1951–1992) en tant qu'organisation basée sur des principes supranationaux, le début des années 1950 voit se multiplier en Europe des initiatives sectorielles pour une unification européenne fonctionnaliste (Communautés européenne de la défense, de la pêche, de l'agriculture, etc.). Ces initiatives incluaient, dès 1952, la création d'une Communauté européenne de la santé (CES). Le projet d'une CES a échoué en 1954. Il se heurte alors aux souverainetés nationales[8], à une crise de « l'européisme » consécutive du projet avorté d'une défense commune[9], aux oppositions de groupes d'intérêt économiques et sociaux, comme l'industrie pharmaceutique suisse[10], et à des visions différentes des acteurs diplomatiques nationaux quant aux relations internationales en matière de santé publique[11]. Cet échec a conduit à une dissociation et à une double succession – CEE et Conseil de l'Europe – de la prise en charge des questions sanitaires et sociales avec l'intégration des enjeux relatifs à la circulation des

---

[7] Sébastien Guigner, « L'institutionnalisation d'un espace européen de la santé : entre intégration et européanisation », thèse en science politique, Université de Rennes 1, sous la direction de Patrick Hassenteufel, 2008. Scott L. Greer, « Uninvited Europeanization: Neofunctionalism and the EU in Health Policy », *Journal of European Public Policy*, vol. 1, n° 13, 2006. Monika Steffen (ed.), *Health Governance in Europe. Issues, challenges and theories*, New York, Routledge, 2005.

[8] Alban Davesne, Sébastien Guigner, « La Communauté européenne de la santé (1952–1954). Une redécouverte intergouvernementaliste du projet fonctionnaliste de "pool blanc" », *Politique européenne*, vol. 41, n° 3, 2013, p. 40–63 ; Alban Davesne, « L'Europe de la Santé, une histoire française », dans Gaël Coron (dir.), *L'Europe de la Santé. Enjeux et pratiques des politiques publiques*, Rennes, Presses de l'EHESP, 2018, p. 19–40.

[9] Laurent Warlouzet, *Histoire de la construction européenne depuis 1945*, Paris, La Découverte, « Repères », 2022, p. 15–16.

[10] Christian Bonah, « L'échec de la Communauté européenne de la santé (1948–1957) », dans Soraya Boudia, Emmanuel Henry (dir.), *La mondialisation des risques. Une histoire politique et transnationale des risques sanitaires et environnementaux*, Rennes, PUR, 2015, p. 93–108.

[11] Céline Paillette, « L'action sanitaire extérieure de la France, 1949–1954. La nostalgie de l'influence, le pragmatisme multilatéral et les Europe(s) de la santé », *Bulletin de l'Institut Pierre Renouvin*, vol. 1, n° 52, 2021, p. 37–45.

médicaments au périmètre de la CEE d'une part, et le renvoi des questions de santé publique et médico-sociales sous la tutelle du CdE, d'autre
part. À partir de cette partition, cette contribution s'interroge sur les
débats et sur les actions autour d'une Europe de la santé entre 1962 et
1974 en suivant comme entrée (a) les institutions et acteurs européens et
internationaux de l'époque ; (b) les thématiques prioritaires, les défis du
présent et à venir, et les situations critiques concernant la santé publique
appréciés par les acteurs pendant l'ère Pompidou. En particulier, nous
reviendrons sur la création en 1954, par le Comité des Ministres du
CdE, d'un Comité européen en matière de Santé publique (CEMSP) et
ses activités postérieures dont la fonction est de fournir au Comité des
Ministres des recommandations sur les questions d'ordre sanitaire qui
devraient être inscrites au programme d'action du CdE.

De la Communauté européenne de la santé (CES) à la double filiation marché et santé publique 1950–1957

Lors du Conseil des ministres du 24 septembre 1952, le ministre français de la Santé publique et de la Population, Paul Ribeyre, propose la
création d'une Communauté européenne de la santé (CES), proposition
réitérée devant le CdE, à Strasbourg, le 26 septembre 1952[12]. Le projet
est peu concerté avec le service des relations extérieures (SRE) du ministère de la Santé publique et de la population pourtant responsable de
coordonner l'action extérieure de la France dans le domaine sanitaire[13].
Il se situe à la croisée des enjeux politiques de la construction européenne
d'une part, et de la santé publique internationale, d'autre part[14]. Les
objectifs et le périmètre de la nouvelle organisation supranationale sectorielle vient à coordonner et à perfectionner la protection sanitaire et
sociale dans les États participants, par la mise en commun des ressources

---

[12]   Archives Nationales (AN), C/15606, « Procès-verbaux de la Commission de la
famille, de la population et de la santé publique (CFPSP) », Séance 29/10/1952.
Secrétariat général du Gouvernement, « Communication de Monsieur le ministre
de la Santé publique et de la Population sur la création d'une Communauté Européenne de la Santé », n° 6592 SG, 23/09/1952, p. 1. Archives COE, 3306, dossier
28029, Création d'une Communauté Européenne de la Santé, 1952.

[13]   AN, 19930242/2, « SRE (Service relations extérieurs Ministère de la Santé publique
et de la population) ».

[14]   Céline Paillette, « L'action sanitaire extérieure de la France … », op. cit.

destinées à soulager malades et infirmes. Concrètement, la CES doit créer « un marché commun notamment des médicaments, du matériel médico-chirurgical, des usines de produits pharmaceutiques, des ressources climatiques et thermales »[15], soit un marché économique sectoriel sanitaire. Mais le projet se caractérise aussi par une approche globale de la santé associant un contexte plus large et une volonté d'action concrète suivant quatre grandes directions : (1) des informations sanitaires ou démographiques, la diffusion des publications scientifiques, les échanges entre fonctionnaires praticiens ou professionnels des divers États afin de faciliter l'action des gouvernements ; (2) un plan économique concernant les ressources dont disposeraient les États membres pour améliorer les conditions sanitaires et sociales de la population, dont le ministre français attend une augmentation grâce à une meilleure organisation de la production et de la distribution des médicaments, des facilités accordées aux échanges, une planification du système hospitalier et la mise en commun des ressources climatiques ; (3) des garanties que donneraient à des peuples voisins les droits ouverts à leurs ressortissants dans les autres pays de la communauté pour bénéficier des législations sociales ; et, enfin (4) la lutte contre les épidémies où toute la communauté serait mobilisée pour secourir un pays atteint[16]. Le caractère supranational, établi par une Haute Autorité, constitue l'innovation majeure du projet de la CES visant une organisation à la fois forte, homogène et restreinte[17].

En décembre 1952 la conférence préparatoire de la CES débouche, non sans difficultés, sur une résolution retenant l'idée d'élaborer une proposition plus précise que la déclaration initiale de Paul Ribeyre. Sur la base de cette proposition, une commission d'experts des pays

---

[15] AN, C/15606, « Procès-verbaux de la Commission de la famille, Communication de Monsieur le ministre de la Santé publique », p. 1.

[16] Pour une première présentation de l'histoire de cette initiative oubliée, voir Christian Bonah « The Birth of the European economic community and questions of drug exchange and standardization », dans Christian Bonah, Christophe Masutti, Anne Rasmussen (dir.), *Harmonizing 20th Century drugs: Standards in pharmaceutical history*, Paris, Glyphe, 2009, p. 221–251. Céline Paillette, « De l'Organisation d'hygiène de la SDN à l'OMS. Mondialisation et régionalisme européen dans le domaine de la santé, 1919–1954 », *Bulletin de l'Institut Pierre Renouvin*, vol. 2, n° 32, 2010, p. 193–198.

[17] AN, C/15606 « Procès-verbaux de la Commission de la famille, Communication de Monsieur le ministre de la Santé publique », p. 1.

concernés doit être convoquée en février 1953[18]. Le 8 janvier 1953, l'instabilité politique du début de la IVe République s'est cependant traduite par le remplacement du gouvernement Pinay par celui de René Mayer, qui tient jusqu'en mai 1953. D'abord ministre du Commerce dans le nouveau gouvernement, Paul Ribeyre retrouve le ministère de la Santé le 11 février. Mais, à partir du 28 juin 1953, le gouvernement de Joseph Laniel, qui succède à celui de Mayer et Paul Coste-Floret, remplace Paul Ribeyre. Toutefois, l'enlisement puis l'abandon du projet de la CES semblent moins dus à l'instabilité politique en France, ou à un désintérêt européen, qu'à un climat politique général particulier, selon le secrétaire d'État aux Affaires étrangères, Maurice Schuman. Responsable des négociations diplomatiques entre États, Schuman envisage de suivre la proposition de séparation des questions économiques des volets sanitaires, sociaux et humanitaires, contrairement à la proposition initiale[19]. La conférence des ministres des Affaires étrangères, qui se réunit en février à Rome et en mai 1953 à Paris, prend la décision de poursuivre l'unification économique européenne par des projets de nature plus universelle, comme le plan Beyen, soumis par le gouvernement hollandais, visant à fixer collectivement des prix pour l'ensemble du marché économique européen. Les six États membres de la CECA décident de libéraliser les échanges économiques et d'abolir les taxes et les restrictions d'importation et d'exportation, non pas pour des catégories spécifiques de biens mais pour tous les secteurs économiques. Adopter cette initiative revenait simplement à évacuer toute considération économique du projet de la CES. Concernant le reste du projet de la CES, c'est-à-dire les aspects non économiques, de la statistique à la documentation, du contrôle des épidémies à la médecine du travail, de l'exercice de la médecine à la législation sanitaire et à la mise en commun des ressources hospitalières, les ministres européens des Affaires étrangères considèrent qu'il s'agit de questions pouvant relever de la compétence du CdE qui, à l'époque, comprenait quinze États membres[20]. Ainsi, plutôt que de créer une CES avec des institutions indépendantes, ils souhaitent que le CdE

---

[18]   Archives nationales du Luxembourg (ANL), Luxembourg. Conseil de l'Europe-Santé et Moralité. Communauté européenne de la santé-Pool blanc 1952–53, AE 9261.

[19]   AN, C/15605, Lettre du ministre des Affaires étrangères à Paul Coste-Floret, 4 août 1953.

[20]   Outre les membres de la CECA, le CdE comprend la Grande-Bretagne, l'Irlande, le Danemark, la Norvège, la Suède, la Turquie et la Grèce.

joue le rôle d'un « cadre général pour une politique européenne »[21]. Ce pour quoi un projet autour de la santé était parfaitement indiqué. Lors de la session du CdE des 6 et 7 mai 1953, le Conseil des ministres lance un appel à propositions pour établir un programme d'action dans le champ de compétence du CdE, à entériner lors de la session de septembre de la même année. Le jeu politique européen de l'année 1953 parvient ainsi à démanteler le projet de la CES avec un partage selon lequel les questions sociales et de santé publique seront intégrées dans le domaine de compétence du CdE. D'autres dispositions, pour un marché européen spécifique du médicament et du matériel chirurgical et radiologique par exemple, disparaissent tout simplement. Intégrer le médicament et les dispositifs et matériaux médico-chirurgicaux au marché économique européen dans le cadre de la CEE revenait à leur attribuer le statut banalisé d'un produit manufacturé comme un autre. Le 25 mars 1957, le traité de Rome institua la CEE. Deux mois plus tard, la commission de la famille, de la population et de la santé publique de l'Assemblée nationale française fut amenée à discuter le projet de loi n° 4676 autorisant le président de la République à ratifier le traité, ce qui signifiait l'abandon définitif du projet de la CES.

Transfert de compétences de la santé publique vers le Conseil de l'Europe : un acteur inaperçu dans un champ sanitaire international saturé.

Les organisations et les institutions à la croisée des politiques de la construction européenne et de la santé publique internationale sont nombreuses dans la décennie qui précède l'arrivée de Georges Pompidou comme Premier ministre de De Gaulle. La multiplication des institutions, qui confine à l'empilement, s'accompagne de situations de concurrence entre institutions internationales et de conflits politiques. Ainsi, les deux représentants de l'Organisation mondiale de la santé, Brock Chisholm et Norman Begg, respectivement premier directeur de l'OMS et du bureau européen de la même institution, critiquent publiquement l'attitude déloyale du ministère français de la Santé publique et le fait que sa proposition de CES entrait en compétition avec l'OMS et les agences de l'ONU[22].

---

[21] *Ibid.*

[22] Anonyme, « Kein Geschäft », *Der Spiegel*, 1ᵉʳ janvier 1953, p. 16–17.

En effet, l'arrivée tortueuse du CdE dans le périmètre des organismes internationaux chargés des questions de santé intervient dans un champ institutionnel déjà bien rempli[23]. Héritier des conférences sanitaires internationales initiées en 1851, l'Office international d'hygiène publique (OIHP), avec son siège à Paris, est créée en 1907 et ne disparaît qu'avec la création de l'OMS en 1948[24]. Après la Première Guerre mondiale, les nations meurtries par la guerre, à l'exception notable des États-Unis d'Amérique, se regroupent sur l'initiative du polonais Luwik Rajchman pour créer en 1922 l'Organisation d'Hygiène (OH) de la Société des Nations[25]. Avec le soutien de la fondation Rockefeller, l'OH prend en charge dans l'Entre-deux-guerres la mise en œuvre de l'hygiène publique internationale alors que l'OIHP continue à organiser les conférences sanitaires internationales et se concentre sur la collecte et la dissémination d'informations épidémiologiques[26].

La fin de la Seconde Guerre mondiale voit naître d'abord une administration des Nations unies pour les secours et la reconstruction (United Nations Relief and Rehabilitation Agency, UNRRA), créée dès 1943 qui apporte des aides d'urgence aux États européens, notamment sur le plan humanitaire[27]. Puis vient l'Organisation des Nations unies (ONU), dont la charte fondatrice est signée à San Francisco en juin 1945. Elle fournit

---

[23] Pour une période ultérieure voir : Sébastien Guigner, « The EU's role(s) in European Public health : the interdependence of roles within a saturated space of international organizations », dans Ole Elgström Ole, Michael Smith (dir.), *The European Union's Roles in International Politics. Concepts and analysis*, London, Routledge, 2006, p. 225–244.

[24] Céline Paillette, « L'Europe et les organisations sanitaires internationales. Enjeux régionaux et mondialisation, des années 1900 aux années 1920 », *Les cahiers Irice*, n° 9, 2012, p. 47–60.

[25] Iris Bowory, *Coming to Terms with World Health. The League of Nations Health Organisation, 1921–1946*, Francfort, Peter Lang, 2009. Susan Gross Solomon, Lion Murard et Patrick Zylberman (dir.), *Shifting Boundaries of Public Health. Europe in the Twentieth Century*, Rochester, University of Rochester Press, 2008 ; Paul Weindling, *International Health Organizations and Movements*, Cambridge, Cambridge University Press, 1995.

[26] John Farley, « The International Health Division of the Rockefeller Foundation: the Russel years, 1920–1934 », dans Paul Weindling (dir.), *International health organisations and movements, 1918–1939*, Cambridge, Cambridge University Press, 1995, p. 203–221.

[27] George Woodbridge, *UNRRA. The History of the United Nations Relief and Rehabilitation Administration*, New York, 1950. Jessica Reinish, « Internationalism in Relief: The Birth (and Death) of UNRRA », *Past & Present*, vol. 6, n° 210, 2011, et Jessica Reinish, « Auntie UNRRA at the Crossroads », *Past & Present*, vol. 8, n° 218, 2013. Le « Programme de rétablissment européen » était le nom officiel du Plan

diverses aides aux pays européens détruits. Le Conseil économique et social de l'ONU, qui joue un rôle capital dans des problèmes aussi importants que la lutte contre le trafic des stupéfiants, l'Unicef et l'Unesco, qui s'intéressent aux problèmes de formation des médecins et des étudiants, l'Organisation internationale du travail (OIT), qui fait de la protection de la santé des travailleurs l'une de ses attributions essentielles, et l'Organisation des Nations unies pour l'alimentation et l'agriculture (FAO), qui mettait l'accent sur les problèmes de nutrition et leurs incidences sur la santé publique, développèrent tous un réseau de relations avec la future OMS.

Le 22 juillet 1946, la constitution de l'Organisation mondiale de la Santé (OMS), agence spécialisée de l'ONU, est adoptée à New York. Elle remplace, non sans débat, entre 1946 et 1948, l'OIHP, l'UNRRA et l'OH de la Société des Nations[28]. Toutes ces organisations, anciennes comme nouvelles, auxquelles participent les États de ce que l'on peut désigner comme l'Europe atlantique, sont cependant soumises aux mêmes limites de structure et d'autorité que celles de la nouvelle OMS. Selon l'instigateur de la CES, Paul Ribeyre, les recommandations que les organisations internationales édictent ne peuvent s'étendre au-delà de cet *everybody's land* que constitue le domaine international véritable, et qui concerne les relations entre États[29]. Elles ne peuvent intervenir dans la vie intérieure d'un pays que par le biais des suggestions qu'elles formulent ou des subventions qu'elles distribuent, suivant le vœu des États membres réunis en assemblée. En 1951, l'Organisation mondiale de la santé crée le bureau régional pour l'Europe, qui établit un premier programme sanitaire européen en février 1952, installé à Copenhague en 1954 – la capitale danoise l'emportant face à Nice à une voix près[30].

Les pays européens ne sont pas en reste dans ce moment d'après-guerre riche en constructions institutionnelles : dans le domaine de la santé internationale, le Pacte de Bruxelles, signé en 1948 par la

---

Marshall, Michael Hogan, *The Marshall Plan: America, Britain and the Reconstruction of Western Europe, 1947–1952*, Cambridge, Cambridge University Press, 1987.

[28] Marcos Cueto, Theodore Brown, Elizabeth Fee, *The World Health Organization. A History*, Cambridge, Cambridge University Press, 2019.

[29] Exposé de Paul Ribeyre (Paris, 12 décembre 1952), dans *Notes et études documentaires*, n° 1718, 18 mars 1953, p. 15–19.

[30] Leo A. Kaprio, *L'OMS en Europe : quarante années, l'élaboration d'une politique commune de la santé*, OMS, Série européenne, n° 40, 1992, p. 1–10.

Grande-Bretagne, la Belgique, les Pays-Bas, le Luxembourg et la France, crée un « Comité de santé publique » commun à ces cinq pays (Union européenne occidentale) conçu comme une première étape vers la réalisation d'une organisation sanitaire spécifiquement européenne, dans le cadre de laquelle des objectifs, essentiellement pratiques, pourraient être atteints plus aisément[31]. Ainsi, depuis 1950 le Comité de Santé publique de l'Union occidentale travaillait à l'établissement d'une « zone sanitaire franche » qui devait permettre de considérer les cinq pays comme un même territoire exempt de formalités sanitaires[32].

C'est dans ce contexte riche en initiatives sanitaires internationales que le CdE est saisi pour la mise en place d'une structure qui devait s'occuper des aspects non économiques du projet de la CES. Depuis le traité constitutif du 5 mai 1949[33], le CdE avait d'ailleurs déjà préparé deux conventions intérimaires concernant la Sécurité sociale[34], non étranger aux questions de santé. L'intégration de compétences dans le domaine de la santé publique européenne au CdE enterre toutefois la possibilité d'une organisation restreinte et forte, escompté avec le projet de CES, puisque la santé publique ne dispose avec le CdE ni d'une structure supranationale, ni d'une géographie restreinte du fait de ses nombreux pays membres.

Les deux comités de santé publique du Conseil de l'Europe dans une Europe à géographie variable

Dans les années 1960, le CdE accueille deux comités d'experts chargés de question de santé publique dont la ressemblance des noms peut prêter à confusion, alors même que leur composition, leurs objectifs et leurs prérogatives sont radicalement différentes.

---

[31]   ANL, Conseil de l'Europe-Santé et Moralité. Communauté européenne de la santé-Pool blanc 1952–53, AE 9261.

[32]   AN, C/19930242_2, note sommaire du Comité de santé publique, à l'attention de M. Chauvet, cabinet du maire, s.d. Cité d'après Céline Paillette, « L'action sanitaire extérieure de la France, 1949–1954 », op. cit.

[33]   Birte Wassenberg, Histoire du Conseil de l'Europe, Strasbourg, Editions du Conseil de l'Europe, 2013. Stefanie Schmahl, Marten Breuer (dir.), The Council of Europe. Its Law and Policies, Oxford, Oxford University Press, 2017.

[34]   Archives COE, 3306, dossier 28029, Création d'une Communauté Européenne de la Santé, 1952.

En 1954, le CdE se dote d'un Comité d'experts en matière de santé publique (CEMSP), renommé Comité européen en matière de santé publique (CESP) en 1965, qui est chargé de conseiller le Comité des Ministres sur deux points : « (1) quelles sont les questions d'ordre sanitaire qui devraient être inscrites au programme d'action du CdE ? (2) quelles sont les mesures à prendre à l'égard de ces questions »[35]. Il rassemble des experts (un ou deux par pays) de tous les États membres du CdE, et incarne une Europe large (de l'Islande à la Turquie) et intergouvernementale. Entre 1954 et 1960, le CEMSP reprend de nombreux éléments du projet de CES : améliorer la coopération des chercheurs et des médecins spécialisés, harmoniser les programmes de formation et les conditions d'exercice des professions médicales, sanitaires et sociales, mettre en commun les ressources hospitalières. Le CdE réagit aux crises du moment, mais il n'y a ni intégration politique ni unification des recherches menées dans les différents pays. Son action se traduit principalement par un ensemble d'interventions intergouvernementales plus ou moins coordonnées autour d'objets ponctuels. À partir des années 1960, l'activité du CESP tend à se structurer autour de la thématique large des « maladies de civilisation », ce qui s'explique par la conjonction de plusieurs dynamiques. Tout d'abord, cette nouvelle structuration s'inscrit dans une tendance plus large d'intérêt pour la question des pollutions de l'air, de l'eau et du sol, mais aussi des pollutions sonores, thème de l'année 1963 que l'on retrouve aussi au cœur du programme du Bureau Européen de l'OMS[36]. Ensuite, l'intégration de la Division de Santé Publique du CoE au sein de la Commission Sociale favorise le glissement de dossiers de l'une vers l'autre : c'est notamment le cas de la problématique du vieillissement et de la prise en charge des personnes âgées, thème de l'année 1964 pour les bourses médicales, mais déjà étudié par la Commission Sociale à la fin des années 1950[37]. Enfin, le statut

---

[35] Archives COE, Comité d'experts en matière de santé publique, 10 juin 1954, EXP/SP (54–1).

[36] Archives COE, CESP, « Rapport sur la lutte contre le bruit », CESP (67). Léo Kaprio, *L'OMS en Europe : quarante années, l'élaboration d'une politique commune de la santé*, Genève, OMS, 1991, p. 19.

[37] Archives COE, CESP, « Les personnes âgées. Problèmes d'hébergement et de soins médico-sociaux », EXP/SP (64), 29. Nicole Kramer, « Vers une coordination internationale de la politique du vieillissement : le Conseil de l'Europe et la République fédérale d'Allemagne dans les années 60 », *Revue d'histoire de la protection sociale*, n° 10, 2017, p. 84–101.

du CESP évolue au milieu des années 1960 : ses effectifs ont été amputés de moitié par souci d'économie, et, ne pouvant poursuivre sa politique de recherche tous azimuts, il devient plutôt « une instance de contrôle et de programmation », proposant de grandes lignes directrices de recherche, déléguant à des sous-comités techniques (dont les plus importants deviennent à leur tour des comités indépendants, comme celui des spécialistes de problèmes sanguins en 1964) la rédaction de recommandations. La proposition du chef de la division de Santé publique Hans Pfeffermann, de construire le programme européen autour de la notion générale « l'homme du XXe siècle face aux progrès de la civilisation », est acceptée sans opposition par les délégations nationales[38].

À partir de 1960, le CdE accueille un deuxième comité d'experts : le Comité de Santé Publique (CSP), qui naît du transfert des activités dans le domaine culturel et social de l'Union de l'Europe occidentale au CdE, décidé en 1959. Le CSP se concentre ainsi sur des dossiers liés aux maladies infectieuses, avec la création d'une zone sanitaire commune pour l'Europe restreinte, mais son activité est vite centrée autour des enjeux sanitaires de la création du marché commun, notamment la sécurité alimentaire[39]. Contrairement au CESP, qui invite des observateurs de pays non-membres du CdE et d'organisations internationales, le CSP se réunit en huis-clos et est surnommé à ce titre par Van De Calseyde, second directeur du Bureau Européen de l'OMS, « la chapelle »[40]. CSP et CESP réunissent donc des acteurs différents, couvrent des territoires qui ne se superposent pas exactement, et s'occupent d'objets dissemblables. Ils incarnent également deux idées antagonistes de l'Europe. En effet, le CSP est caractérisé par une conception du vieux continent comme territoire aux frontières semi-perméables, ouvert au commerce et aux *bona fide travellers* mais fermé aux éléments étrangers « suspects ». Cette vision de l'Europe a une longue durée : elle est déjà au cœur des conférences sanitaires internationales du XIXe siècle cherchant à protéger le continent des pestilences venant d'Orient, et se retrouve encore aujourd'hui dans

---

[38]   Archives COE, Carton 3286, Dossier 2804–5. Pfeffermann à Dr R. Vanni, Président de la XVIe Session du Comité d'Experts en matière de Santé Publique, 29 janvier 1964,

[39]   Pour une vue d'ensemble, voir Archives du COE, Comité de Santé Publique, SG/PA/SP 1 et Archives de l'OMS, EUR/RC26/Min/4, 22 novembre 1976.

[40]   Archives du COE, Carton 3236, Dossier 2, « Memorandum. Note à l'attention de Monsieur le Secrétaire Général. Objet : Visite au Bureau régional d'Europe de l'OMS à Copenhague, 30–31 octobre 1963 », 5 Novembre 1963.

Frontex[41]. À l'inverse, le CESP incarne une Europe ouverte et avant tout définie par son degré de développement économique et social, entraînant une communauté de problèmes sanitaires pour ses populations.

La santé publique au Conseil de l'Europe et l'influence de la France en son sein.

En novembre 1972, la Division de la Santé Publique du CdE publie une brochure d'information sur les activités du Comité européen de santé publique (CESP), depuis ses origines (CEMSP). L'action du CdE s'exerce au moyen de deux organes, le Comité des ministres composé des ministres des Affaires étrangères des États membres et assisté par des Comités d'experts spécialisés d'une part, un organe parlementaire c'est-à-dire l'Assemblée consultative délibérante, d'autre part. L'Assemblée consultative est assistée également par des commissions telle la Commission des questions sociales et de la santé chargée des affaires ayant trait au domaine de la santé publique[42].

Le CE(M)SP se réunit deux fois par an et aborde sa mission par des moyens opérationnels, des bourses médicales permettant des échanges entre des services de Santé publique des États membres, et par des moyens juridiques, à savoir des accords européens assurant la base d'une coopération intergouvernementale ainsi que des résolutions adressées aux gouvernements[43]. En 1972, le CE(M)SP est assisté par trois organismes subsidiaires permanents : le sous-comité des problèmes sanguins, celui des bourses médicales, et le groupe d'études de recherches médicales coordonnées dont le sujet d'intérêt varie annuellement. Entre 1954 et 1972 le comité contribue à 7 accords européens et 20 résolutions, et lance un programme de bourses individuelles, un autre de recherches médicales

---

[41] Marco Liverani, Richard Coker, « Protecting Europe from Diseases: From the International Sanitary Conferences to the ECDC », *Journal of Health, Politics and Law*, n° 37, 2012, p. 925 ; Huber Valeska, « The Unification of the Globe by Disease? The International Sanitary Conferences on Cholera, 1851–1894 », *Historical Journal*, n° 49, 2006, p. 453–476.

[42] Archives COE, Carton 3307, brochure d'information publiée par la Division de la Santé publique, Direction des Affaires économiques et sociales du Secrétariat général, *Les activités du Comité Européen de Santé Publique*, Strasbourg, novembre 1972.

[43] Pour une synthèse des travaux effectués entre 1954 et 1968, voir *Work of the Council of Europe in the field of public health*, par H. Pfeffermann, Septembre 1968, ACoE, B (68) 63.

coordonnées, ainsi qu'un programme de cours européens de transfusion. Marqué par les conséquences de la Seconde Guerre mondiale, le CEMSP débute ses activités par deux accords concernant l'entraide aux mutilés de guerre par une coopération dans le domaine médical[44]. Puis, le comité se consacre à l'entraide dans le domaine des ressources thermoclimatiques (accord n° 38, 1962) et à la possibilité de libre circulation d'équipements médico-chirurgicaux, tels les respirateurs en cas d'épidémie de poliomyélite, destiné aux hôpitaux (accord n° 33, 1960), ou encore celle du « lait humain » (Résolution 70)[45]. Le domaine de la prévention investit par le CEMSP concerne le non-infectieux (l'infectieux étant l'apanage de l'OMS) comme la prévention des accidents routiers, programme de recherches médicales coordonnées de l'année 1968 (Résolution 68) ou encore la prévention des accidents domestiques des enfants en 1970, ainsi que le bruit en 1963 (Résolution 69) et les caries dentaires via une organisation de la fluoruration de l'eau potable. Outre l'évolution des thématiques, de la prise en charge des conséquences sanitaires de la Seconde Guerre mondiale aux maladies de « civilisation », relevant plutôt des maladies chroniques, une partie considérable de l'activité du CE(M)SP concerne à partir de la fin des années 1950 les substances thérapeutiques d'origine humaine, et plus spécifiquement les *blood problems* pour lesquels le CEMSP établit un sous-comité permanent de spécialistes des problèmes sanguins[46]. Un premier accord (n° 26, 1958) répond au souci d'une standardisation européenne en matière de produits sanguins et facilite, en tant que produits n'ayant pas un caractère commercial, leur circulation entre États membres en cas d'épidémies ou de besoin[47]. L'évolution significative des recherches sur les produits sanguins et leurs dérivés accompagne leur utilisation accrue en thérapeutique pour donner à cette activité du CS(M)SP une place de plus en plus centrale : elle rend de ce fait les actions du CdE dans le domaine de la santé internationale plus

---

[44] *Ibid.*, p. 5. Accord n° 20 (1955) sur l'échange des mutilés de guerre entre les pays membres du CdE aux fins de traitement médical, et Accord n°40 (1962) sur l'attribution aux mutilés d'un carnet international de bons de réparation d'appareils de prothèse et d'orthopédie.

[45] *Ibid.*, p. 6.

[46] Archives COE, Carton 3326, dossiers 1–4, *Sub-committee of Specialists on Blood Problems*, 1st – 4th sessions, 1962–1965.

[47] Archives COE, Carton 3307, brochure d'information publiée par la Division de la Santé publique, p. 15.

visibles[48]. Ainsi, outre la sécurité de la transfusion sanguine, le CS(M)SP pousse à la création, en 1969 (Résolution 68), d'une Banque européenne de sang congelé de groupes rares à Amsterdam répondant aux problèmes d'approvisionnement. À partir de 1965, le CESP organisa des cours européens de transfusion sanguine d'une durée de 15 jours dans un des pays membres du CdE.

La fin de l'« ère Pompidou » correspond à un moment charnière pour le fonctionnement du CESP. Outre un bilan des acquis des deux premières décennies et en vue du 25e anniversaire du CdE, le CESP demande en 1971 à l'expert français en son sein, Eugène Aujaleu, une étude sur les perspectives d'action dans le domaine de la santé publique[49]. Cette étude, en partie programmatique et stratégique, peut être appréciée comme un révélateur de l'action sanitaire européenne du CdE pendant la période Pompidou, qu'elle englobe chronologiquement, et en creux de l'action de la France.

La biographie d'Eugène Aujaleu, personnage central de la médecine, de la recherche biomédicale en construction, et de la santé publique française, mérite de s'y arrêter un instant. En effet, il incarne par ses multiples activités nationales et internationales, une courroie de transmission des intérêts français au sein de diverses organisations, dont le CdE. Né en 1903, Eugène Aujaleu étudie la médecine à Toulouse. Il est nommé en 1936 à la chaire d'épidémiologie de l'hôpital du Val-de-Grâce et dirige le service de phtisiologie de l'hôpital militaire Percy. Nommé inspecteur général de la santé publique en 1941, il rallie les forces de la Libération lors d'un séjour pour étudier la peste à Alger fin 1942. Il organise la direction du service de Santé publique et d'Assistance pour le Gouvernement provisoire de la République française puis devient à la Libération directeur de l'Hygiène sociale au ministère de la Santé publique et de la population. Premier directeur général de la Santé en 1956, il quitte cette fonction en 1964 pour prendre la direction de l'Inserm qui vient d'être créé[50], et qu'il conserve jusqu'en 1969. Pendant toute sa carrière de haut fonctionnaire dans le domaine de la santé, Eugène Aujaleu occupe, en

---

[48] *Ibid.*, p. 15–23.

[49] Archives COE, Carton 3307, Comité européen de Santé publique, *Études prospectives et perspectives d'avenir dans le domaine de la santé publique. Rapport présenté par le professeur E. Aujaleu (France)*, Strasbourg, CdE, 1972.

[50] Archives de l'Inserm, « Du laboratoire aux archives », Eugène Aujaleu, disponible en ligne : https://inserm.hypotheses.org/43. Voir également l'entretien de Jean-François Picard avec Eugène Aujaleu, disponible en ligne : https://www.histrecmed.fr/?view=article&id=14:aujaleu-eugene&catid=8:entretiens.

parallèle, deux fonctions internationales importantes de représentant de
la France à l'OMS (à Genève, et non pas au bureau européen de Copenhague) de 1951 à 1982, et de représentant au CE(M)SP du CdE à partir
de 1957 et jusqu'en 1982. Outre sa longévité dans ces deux postes qui
traduit la permanence de son influence sur cette scène sanitaire internationale où il représente la France, cette identité de représentation gouvernementale à l'OMS et au CdE, reconnue par les deux institutions,
permet d'orienter et de coordonner les champs d'action de chacune en
évitant le risque de doubles emplois[51].

Le rapport d'une cinquantaine de pages s'ouvre sur le constat de l'accélération des connaissances scientifiques et de l'évolution des mœurs,
parallèle à la croissance continue des coûts sociaux : ces constats rendent
indispensable la démarche prospective avancée. Le rapport se propose
d'examiner les perspectives concernant le milieu socio-économique et
culturel dans lequel les services de Santé publique seront appelés à travailler dans les vingt ans à venir, l'évolution probable des sciences médicales et des besoins médicaux, ainsi que les problèmes qui doivent, selon
l'auteur, se poser aux services de Santé publique dans un futur plus ou
moins proche. Eugène Aujaleu dresse un tableau qui prévoit, pour la
partie démographique et socio-économique, une croissance économique
raisonnée, une urbanisation de la population, et surtout son vieillissement significatif[52]. Ces évolutions s'opposent, selon l'auteur, à un temps
d'adaptation biologique et social aux changements de plus en plus réduit
pour les individus des sociétés de la fin du XXᵉ siècle. Les altérations du
milieu physique par une pollution croissante (eau, air, radioactivité, etc.)
ainsi que celles des aliments appellent une surveillance accrue par les
services de Santé publique. Concernant l'évolution probable des sciences
médicales, l'expert français considère que les maladies transmissibles,
les cancers ainsi que les maladies héréditaires et endocriniennes pourront diminuer au prix d'un effort considérable par les services de Santé
publique, ce qui ne lui semble pas être le cas pour les maladies appe-
lées « de civilisation » (cardiovasculaires, névroses et toxicomanies)[53]. En

---

[51] Archives du CoE, Carton 3307, Brochure d'information publiée par la Division de
la Santé Publique, 1972, p. 2.

[52] Sur l'investissement du CdE dans la prise en charge de la question du vieillissement,
voir Nicole Kramer, « Vers une coordination internationale de la politique du vieillissement : le Conseil de l'Europe et la République Fédérale d'Allemagne dans les
années 1960 », *Revue d'histoire de la protection sociale*, n° 10, 2017, p. 84–101.

[53] Archives COE, Carton 3307, Comité européen de Santé publique, p. 17.

revanche, l'accroissement de la consommation médicale et l'augmentation du coût de la maladie sont considérés comme certaines par Eugène Aujaleu qui prévoit qu'à l'horizon de 1990 la part du revenu national consacré aux dépenses maladie devrait se situer à 7,5 % (contre 5,59 % en 1970). Une organisation de la distribution des soins de manière à la rendre moins onéreuse lui semble incomber aux gouvernements[54]. Aujaleu prévoie un exercice médical libéral en cabinet de groupe pour la médecine générale (dite praticienne), une informatisation des cabinets, et un essor du recours à la médecine spécialisée, posant la question d'un triage en amont (qui peut accéder à un spécialiste et dans quelles conditions) et d'un besoin de synthèse en aval (intégration des avis spécialisés par la médecine générale). Enfin, l'auteur prévoie un triplement de la consommation pharmaceutique en 15 à 20 ans[55]. En conclusion, Eugène Aujaleu considère que le CdE pourrait réaliser des études faites en commun sur le plan international sur des sujets limités et qu'il pourrait aider à la coordination des actions nationales par des recommandations et conventions. Le catalogue des sujets à étudier à l'échelle européenne est long et nourrit les travaux de la décennie 1972–1980[56]. Le rapport d'Eugène Aujaleu pour le CdE est emblématique pour les politiques de santé publique sous la présidence de Georges Pompidou. Le rapport propose des perspectives d'action. Son étendu inclut les questions économiques et sociales qui encadrent les questions scientifiques et professionnelles médicales. La conduite de cette orientation stratégique dans les instances sanitaires internationales est largement déléguée à l'expert-médecin que représente Eugène Aujaleu. En même temps, la longévité de la fonction de celui-ci au sein de l'OMS et du CdE (1951/1957–1982) fait que ce pilotage expert excède l'ère Pompidou en amont et en aval. En ce sens

---

[54] *Idem*, p. 21.

[55] *Idem*, p. 51.

[56] La liste comporte à titre d'exemple : nouvelles formes d'exercice et d'organisation de la médecine ; action sanitaire et sociale en faveur des personnes âgées, automatisation, informatisation et banques d'organes à l'hôpital, ouverture de l'hôpital au médecin praticien, coordination internationale du contrôle des médicaments, besoins futures en personnel médical et paramédical ou dans le domaine de la prévention, le bilan de santé, comment aider l'homme à mieux s'adapter aux progrès techniques, services préventifs de santé mentale ainsi que l'organisation d'un service national de lutte contre l'altération du milieu et une coordination internationale de la protection des aliments.

il n'est pas spécifique d'une politique de santé publique sous Georges
Pompidou.

Conclusion

La solution de concevoir au sein du CdE un Comité européen de
la santé publique trouve grâce aux yeux d'un certain nombre d'acteurs
de la scène des relations sanitaires internationales. Pour le ministère
des Affaires étrangères français, qui a boudé le projet de la CES, cette
organisation est idoine car le Comité des ministres du CdE est composé des ministres des Affaires étrangères des États membres, et assisté
par des comités d'experts spécialisés nommés par le quai d'Orsay. La
double nomination d'experts à l'OMS et au CdE, comme dans le cas
d'Eugène Aujaleu ou encore de Jacques Parisot[57] pour la France, permet
de contourner une situation de concurrence entre institutions sanitaires
internationales, souvent critiquée dans les discours publics. Dans ce jeu
de doublure, les experts des comités deviennent de fait les organisateurs
de la répartition des tâches entre institutions internationales, et leur
pouvoir est conséquent. Le fonctionnement des deux comités de Santé
publique du CdE, à partir de 1960, n'en reste pas moins diamétralement
opposé : le CE(M)SP incarnant une Europe ouverte adressant de manière
flexible et concrète des problèmes sanitaires européens circonscrits ; la
CES représentant une Europe fermée, se réunissant à huis-clos et foca-
lisée sur la gestion des frontières sanitaires, puis la sécurité alimentaire.
Le positionnement initial du CE(M)SP sur des thématiques que ni la
CEE (médicaments-marchandises), ni l'OMS (épidémies infectieuses) ne
souhaitent prendre en charge, forge dans les années 1950–1960 l'image
d'une organisation européenne faible et marginale dans le domaine de
la santé publique internationale. Pourtant, la force de cette organisation,
initialement faible, est fondée sur des domaines de santé investis (transfusion et produits sanguins, bruits, maladies chroniques et de civilisation, toxicomanie requalifiée d'addictions) qui sont, cinquante ans après
la création du CdE, des domaines de la santé publique internationale
devenus centraux, à la croisée de la santé humaine et de la transformation

---

[57]   Lion Murard, « Social Medicine in the Interwar Years. The Case of Jacques Parisot
(1882–1967) », *Medicina nei Secoli*, vol. 20, n° 3, 2008, p. 871–890.

des milieux de vie[58]. Au moment où le traité de Maastricht en 1992–1993 reconnaît pour la première fois à la CEE (puis l'UE) la possibilité de se saisir du domaine de la santé, le CdE possède une véritable expertise et un savoir-faire pratique sur des sujets émergents. Les années Pompidou délèguent dans ce tableau l'initiative et l'orientation de la santé publique, européenne comme internationale, aux spécialistes, experts et médecins nommés au nom de la France à l'OMS et au CESP du CdE, comme Eugène Aujaleu.

---

[58] Bernard Genetet, *La transfusion sanguine : un demi-siècle de contribution du Conseil de l'Europe*, Strasbourg, Éditions du Conseil de l'Europe, 1998.

Conclusion
Une transformation sans précédent du système de santé sous l'impulsion de Georges Pompidou

ANTOINE DURRLEMAN

MEMBRE TITULAIRE DE L'ACADÉMIE NATIONALE DE MÉDECINE,
ADMINISTRATEUR DE L'INSTITUT GEORGES POMPIDOU, ANCIEN
PRÉSIDENT DE LA CHAMBRE SOCIALE DE LA COUR DES COMPTES

À l'issue de ce très riche colloque, qui a éclairé de manière passionnante de nombreux aspects de la politique de santé conduite sous l'autorité de Georges Pompidou, d'abord comme Premier ministre puis en tant que président de la République, c'est un même constat marquant qui se dégage des interventions d'hier et d'aujourd'hui : ces années où Georges Pompidou a été « aux manettes » ont été dans le domaine sanitaire celles de très rapides et très profonds changements de paradigmes qui ont constitué le socle d'une politique de santé à la modernité très souvent anticipatrice.

Trois points majeurs m'apparaissent plus particulièrement emblématiques de cette politique qui porte dans ses objectifs, sa méthode, ses réalisations l'empreinte personnelle de Georges Pompidou.

Une modernisation sans précédent d'un système de soins rendu accessible à tous

C'est tout particulièrement dans l'organisation d'un système de soins cohérent, performant et accessible que s'est affirmée sa volonté réformatrice. Si une attention très prioritaire a été d'emblée portée à la modernisation de l'hôpital, la nécessaire évolution de la médecine de ville n'en a pas moins été par la suite activement poursuivie.

Comme le rappelait un intervenant, on a pu parler alors de « miracle hospitalier », un miracle qui a implanté sur tout le territoire, bien au-delà des CHU, des hôpitaux modernes, aux plateaux techniques de pointe, dispensant des soins de qualité, et mettant progressivement fin aux salles communes. Ces années 1960 et 1970 ont fait ainsi de l'hôpital le pivot du système de soins, ce qu'il reste encore.

Je ne crois pas exagérer en affirmant que l'Hôpital public a véritablement été ainsi pour la Ve République en ses débuts, sous l'impulsion déterminée de Georges Pompidou, ce qu'a été l'École publique pour la IIIe République : non pas une simple institution mais l'outil de la concrétisation partout sur le territoire d'un droit essentiel, le droit à la santé inscrit dans le préambule de la Constitution de 1946, comme l'avait été le droit à l'éducation, dans une même volonté d'égal accès de chacun à ce droit où qu'il réside, quelles que soient ses ressources. Comme l'École, l'Hôpital est devenu alors et demeure pour nos concitoyens un lieu où s'incarnent au plus haut et au plus près les valeurs républicaines d'égalité et de fraternité.

Comme en matière hospitalière, égalité et facilité d'accès aux soins pour tous ont été les objectifs qui ont guidé la démarche de Georges Pompidou vis-à-vis de la médecine de ville. Les médecins libéraux n'avaient accepté que de passer avec la sécurité sociale des conventions individuelles sur une base volontaire, avec des honoraires et des remboursements aux assurés sociaux hétérogènes. L'institution en 1971 d'une convention nationale négociée entre la sécurité sociale et les syndicats médicaux dont les dispositions notamment tarifaires s'imposaient automatiquement et identiquement à tout praticien où qu'il exerce a complètement changé la donne. Ce dispositif conventionnel est toujours au fondement des relations entre l'assurance maladie et les différentes professions libérales de santé.

Cette action opiniâtre de modernisation du système de santé pour faciliter l'accès aux soins hospitaliers et de ville tant sur un plan géographique que sous l'angle financier s'est accompagnée dans le même temps d'une extension de la protection sociale à de nouvelles catégories professionnelles. Après les exploitants agricoles, les travailleurs indépendants ont ainsi à leur tour bénéficié d'une assurance maladie obligatoire. Cette couverture élargie de la population par la sécurité sociale, mouvement qui s'achèvera après la disparition prématurée de Georges Pompidou, a joué un rôle déterminant en matière d'accessibilité aux soins.

Une politique de santé publique novatrice et anticipatrice

Les « années Pompidou », comme l'ont bien illustré plusieurs interventions, n'ont pas été celles d'une politique de santé statique, voire passéiste. Elles se sont au contraire inscrites dans une dynamique volontariste de progrès et d'anticipation dans le secteur sanitaire comme cela a été le cas aussi dans d'autres domaines de l'action publique, par exemple en matière industrielle.

L'importance déterminante d'une recherche médicale renouvelée en associant plus étroitement recherche fondamentale et recherche clinique portée en particulier par les CHU a été le moteur d'un progrès médical qui a modifié rapidement les prises en charge en particulier de maladies graves et invalidantes trop souvent jusqu'alors considérées comme incurables. La création de l'Inserm a été notamment le puissant vecteur de ce nouvel élan, soutenu par un effort financier en augmentation considérable, qui a profondément changé le regard sur nombre de maladies.

Dépassant une dimension seulement curative, la politique de santé a intégré dans le même temps une dimension de prévention qui a dépassé de loin les seules luttes antituberculeuse et antialcoolique, qui ont longtemps concentré tous les efforts. Cette démarche préventive s'est intéressée d'emblée à de nouvelles problématiques de santé que les changements économiques et sociaux ont commencé alors à faire émerger souvent encore à bas bruit, mais qui sont devenues par la suite absolument majeures et sont toujours au cœur des préoccupations actuelles. Les pouvoirs publics ont été attentifs à ce qui était encore parfois des signaux faibles, et ont su faire preuve d'une sorte de sensibilité du bout des doigts pour les capter et en tenir compte. Il en est ainsi de l'incidence sur la santé de la pollution atmosphérique croissante qui a suscité dès les années 60 de premières mesures, avant qu'en 1970 ne soit annoncé un plan d'action qui marque un changement d'échelle. Autre exemple, la politique renforcée de protection des consommateurs alors mise en œuvre discrètement dans un contexte de changement profond des pratiques agricoles et de mise sur le marché par l'industrie agro-alimentaire de toujours plus d'aliments transformés. La santé publique s'est ainsi élargie à de nouvelles dimensions et à de nouveaux champs dans un mouvement qui n'a cessé depuis lors de s'amplifier.

Un État stratège

La politique de santé activement conduite tout au long de ces années – et cette dimension essentielle de méthode apparaît de manière éclatante dans toutes les interventions – est le fait d'un État stratège qui a pleinement assuré toute sa responsabilité sans pour autant déposséder les autres acteurs, bien au contraire, de leur rôle propre que Georges Pompidou savait essentiel à la réussite de ses objectifs.

Les pouvoirs publics ont su alors dessiner des perspectives hardies et novatrices et se donner les moyens d'atteindre des objectifs volontaristes et audacieux, avec une ténacité, une opiniâtreté, et souvent un courage, impressionnants. Car rien ne fut donné, rien ne fut facile, rien n'est allé de soi. Les obstacles à affronter furent nombreux, les chausse-trappes innombrables, les corporatismes vigilants à toute menace sur leurs intérêts. Mais l'esprit de réforme était appuyé par une volonté politique tout entière tendue vers la nécessité de moderniser le pays, dans le domaine sanitaire comme dans les autres, et l'emporta en sachant ménager les espaces de concertation indispensables à une pédagogie partagée et laisser toute leur place aux acteurs sociaux.

De nombreux intervenants ont mis en lumière à cet égard le rôle fondamental qu'ont joué les commissions du Plan – composées d'experts, de représentants de l'État et de partenaires sociaux – pour tous les 5 ans faire collectivement le bilan de l'existant, discerner et mesurer les besoins restant à satisfaire, se fixer des objectifs quantifiés pour y répondre dans une démarche sinon toujours complètement consensuelle du moins à même de permettre des convergences des différents acteurs sur certains points en termes de diagnostic et de mesures correctrices. Cette planification à la française, « réductrice d'incertitudes » comme le disait l'un des premiers commissaires généraux au Plan, a incontestablement constitué un creuset et un levier pour préparer les esprits à des changements profonds dans un secteur dont Georges Pompidou mesurait parfaitement la très grande sensibilité. Les inscrire comme « une ardente obligation » selon le mot de Pierre Macé, et au surplus dans un calendrier prévisible, évitait une sorte de brutalité dans l'annonce et la réalisation qui n'aurait pu qu'aviver des réactions hostiles.

Il a été rappelé aussi à différentes reprises lors de ce colloque que Georges Pompidou était un libéral et un pragmatique. Rien d'étonnant qu'il ait fermement résisté à la tentation bien française de considérer que seul l'État aurait la légitimité et la capacité à agir au bénéfice de l'intérêt général et devrait de ce fait tout gérer directement par lui-même. Au contraire de toute étatisation, il s'est appuyé aussi systématiquement que possible sur des corps intermédiaires, et tout particulièrement les partenaires sociaux, pour porter avec les pouvoirs publics et mettre en œuvre à leur côté les réformes qui lui semblaient indispensables.

Les exemples de ce *modus operandi* sont nombreux. Ainsi les ordonnances de 1967, qui ont réformé la sécurité sociale en créant notamment la caisse nationale d'assurance maladie des travailleurs salariés, ont institué une gestion paritaire de l'assurance maladie au sein du régime général entre les organisations professionnelles et les syndicats de salariés. Elles leur ont confié la responsabilité d'adapter en permanence prestations et ressources avec un objectif très clairement affirmé de prohibition des déficits, dans une tentative d'acculturation dans notre pays d'un paritarisme rhénan qui, en Allemagne, gérait avec succès les caisses de protection sociale. Cette réforme emblématique est très révélatrice de la philosophie politique de Georges Pompidou. Il en est allé également de même lors de la création de la Caisse autonome nationale d'assurance maladie des travailleurs indépendants, quand a été délégué à des mutuelles ou à des institutions d'assurance choisies par chaque assuré social le soin de prélever les cotisations et de verser les prestations. Autre exemple parmi d'autres, là aussi très caractéristique, le renforcement du syndicalisme médical en lui donnant une responsabilité éminente de négociation des conventions nationales avec l'assurance maladie.

En définitive, la politique de santé qui fut mise en œuvre pendant ces douze années porte dans sa vision comme dans ses réalisations la marque de Georges Pompidou.

Celle d'un humaniste qui portait un projet de société pour la France, profondément convaincu qu'il était qu'un pays ne réussit pas économiquement s'il ne réussit pas socialement et qu'il convenait de faire participer concrètement chacun aux dividendes du progrès.

Celle d'un homme du mouvement qui, révolution tranquille après révolution tranquille, transforma notre système de santé comme jamais avant lui et depuis lui avec une vision si puissamment construite et une telle capacité d'anticipation que, cinquante ans après sa disparition, ce dernier repose toujours largement sur les innovations majeures alors mises en œuvre à son initiative.

Celle d'un Premier ministre et d'un président de la République qui, selon ses propres mots, refusa toujours « d'opposer la grandeur de la France au bonheur des Français ».

Collection Georges Pompidou

Série Archives

La série Archives est consacrée à la publication de volumes thématiques représentatifs de l'action de Georges Pompidou. Les documents sont essentiellement issus des archives de la présidence de la République. Ils se composent de comptes rendus d'entretiens, de notes de collaborateurs, de correspondances, d'interventions dans la presse, etc. Pour l'essentiel, ces publications couvrent la période 1962-1968, où Georges Pompidou fut le Premier ministre du général de Gaulle, et la période 1969-1974, durant laquelle Georges Pompidou fut président de la République française. Chaque volume est mis en œuvre par un universitaire et un chargé de recherches de l'Association Georges Pompidou, qui proposent des analyses inédites de chacun de ces documents. La série est placée sous le patronage conjoint de l'Association Georges Pompidou, par l'intermédiaire de son conseil scientifique, et des Archives nationales.

Série Études

La série Études propose des monographies ainsi que des ouvrages collectifs issus de colloques scientifiques organisés par l'Association Georges Pompidou consacrés à un domaine de l'action de ce dernier. Ces travaux de grande qualité rassemblent contributions scientifiques et interventions de témoins majeurs ayant été associés à l'action de l'ancien président de la République française.

__Directrice de collection__ : Christine Manigand,
Présidente du Conseil scientifique de l'Institut Georges Pompidou

Dans la série Archives

N° 1 Gilles Le Béguec et Frédéric Turpin, *Georges Pompidou et les institutions de la Ve République*, 2006, 281 p., ISBN 978-90-5201-056-4

N° 2 Gilbert Noël et Émilie Willaert, *Georges Pompidou, une certaine idée de la modernité agricole et rurale*, 2007, 481 p., ISBN 978-90-5201-057-1

N° 3 Bernard Lachaise, Jean-Paul Cointet et Sabrina Tricaud, *Georges Pompidou et les élections (1962-1974)*, 2008, 342 p., ISBN 978-90-5201-336-7

N° 4 Éric Bussière et Émilie Willaert, *Un projet pour l'Europe. Georges Pompidou et la construction européenne*, 2010, 447 p., ISBN 978-90-5201- 596-5

N° 5 Élisa Capdevila et Jean-François Sirinelli, *Georges Pompidou et la culture*, 2011, 253 p., ISBN 978-90-5201-685-6

N° 6 Sylvain Schirmann et Sarah Mohamed-Gaillard, *Georges Pompidou et l'Allemagne*, 2012, 408 p., ISBN 978-90-5201-058-8

N° 7 Éric Bussière et Pauline Massis Desmarest, *François-Xavier Ortoli et l'Europe : réflexion et action*, 2016, 267 p., ISBN 978-2-8076-0007-2

Dans la série Études

N° 1 Bernard Lachaise, Gilles Le Béguec et Frédéric Turpin (dir.), *Georges Pompidou, directeur de cabinet du général de Gaulle. Juin 1958 – Janvier 1959*, 2006 (2e tirage 2006), 183 p., ISBN 90-5201-316-0

N° 2 Pascal Griset (dir.), *Georges Pompidou et la modernité. Les tensions de l'innovation, 1962-1974*, 2006, 315 p., ISBN 90-5201-329-2

N° 3 Gilbert Noël et Émilie Willaert (dir.), *Georges Pompidou et le monde des campagnes, 1962-1974*, 2007, 347 p., ISBN 978-90-5201-357-2

N° 4 Bernard Lachaise et Sabrina Tricaud (dir.), *Georges Pompidou et Mai 1968*, 2009, 201 p., ISBN 978-90-5201-468-5

N° 5 Éric Bussière, François Dubasque, Robert Frank et Nicolas Vaicbourdt (dir.), *Georges Pompidou et les États-Unis. Une « relation spéciale » 1969-1974*, 2013, 238 p., ISBN 978-90-5201-337-4

N° 6 Sabrina Tricaud, *L'entourage de Georges Pompidou (1962-1974). Institutions, Hommes et Pratiques*, 2014, 453 p., ISBN 978-2-87574-128-8

N° 7 Frédéric Fogacci, Cédric Francille et Gilles Le Béguec (dir.), *L'élection présidentielle de 1969*, 2016, 266 p., ISBN 978-2-87574-341-1

N° 8 Mathieu Flonneau, Christine Manigand (dir.), *Georges Pompidou et une certaine idée de la France heureuse*, 2018, ISBN 978-2-8076-0845-0

N° 9 Frédéric Tristram et Gilles Le Béguec (dir.), *Penser l'avenir au temps de Georges Pompidou*, 2018, ISBN 978-2-8076-0881-8

N° 10 Gilles Le Béguec, Émilia Robin, Nicolas Rousselier (dir.), *Léo Hamon (1908-1993)*, 2018, ISBN 978-2-8076-0948-8

N° 11 Christine Manigand et Olivier Sibre (dir.) avec la participation de Cédric Francille, *Jean-Bernard Raimond, un diplomate en politique*, 2020, ISBN 978-2-8076-1327-0

N° 12 Christine Manigand et Olivier Sibre (dir.), *Georges Pompidou, Robert Poujade et les défis de l'environnement. Le « ministère de l'impossible »*, 2023, ISBN 978-2-87574-736-5

N° 13 Christine Manigand et Pascal Griset (dir.), *La santé publique sous Georges Pompidou. Politique, recherche et société (1962-1974)*, 2024, ISBN 978-3-0343-4933-8

www.peterlang.com